W0029549

Kleiner Wanderführer

UNTERWEGS MIT
HANS-PETER SIEBENHAAR

Nach einer langen Fährfahrt fiel ich spätnachts halbtot in mein Bett in Pélekas. Angetrieben von großer Neugierde wanderte ich gleich am nächsten Morgen ohne Frühstück zum nahen Aussichtspunkt des Bergdörfchens. Unter einem stahlblau-

en Himmel breitete sich Korfu vor mir aus. Umwerfend! Der grüne Farbklecks im Ionischen Meer war eine Liebe auf den ersten Blick. Das war vor drei Jahrzehnten.

Seit dieser ersten Begegnung habe ich Korfu unzählige Male besucht, bin an den Hängen des mächtigen Inselberges Pantokrátor gewandert, durch uralte Olivenhaine spaziert, habe die malerischen Gassen der Inselhauptstadt erkundet und mich an weitläufigen Sandstränden in das türkisfarbene Meer gestürzt …

Natur und Kultur dieser außergewöhnlicher Insel und nicht zuletzt die Lebensart der Menschen, die dort zu Hause sind, haben mich stets aufs Neue begeistert. Und so versteht sich mein Buch als Einladung an Sie, diese außergewöhnliche Insel am westlichen Rand Griechenlands mit seiner großartigen Natur und seinen liebenswürdigen Menschen kennenzulernen – auch und vor allem abseits der ausgetretenen Touristenpfade.

Text und Recherche: Dr. Hans-Peter Siebenhaar **Lektorat:** Sabine Senftleben, Carmen Wurm (Überarbeitung) **Redaktion:** Annette Melber **Layout:** Gritta Deutschmann/Bintang Buchservice GmbH **Karten:** Hans-Joachim Bode, Carlos Borell, Judit Ladik **Fotos:** siehe S. 9 **Grafik S. 10/11:** Johannes Blendinger **Covergestaltung:** Karl Serwotka **Covermotive:** oben: Alte Festung von Korfu-Stadt (Margret Hornsteiner), unten: Sandstrand bei Marathías © delusi/Fotolia.com, gegenüberliegende Seite: Taverne Foros in Paléc Períthia (Margret Hornsteiner)

5. KOMPLETT ÜBERARBEITETE UND AKTUALISIERTE AUFLAGE 2016

KORFU

HANS-PETER SIEBENHAAR

Korfu – Reiseziele

Korfu-Stadt

Der Norden

Kleiner Wanderführer für Korfu

[GPS] Mittels GPS kartierte Wanderung. Waypoint-Dateien zum Downloaden unter: www.michael-mueller-verlag.de/gps

Was haben Sie entdeckt? Haben Sie *den* Strand gefunden, eine freundliche Taverne weitab vom Trubel, ein nettes Hotel mit Atmosphäre, einen schönen Wanderweg?
Wenn Sie Tipps oder Ergänzungen haben, lassen Sie es uns bitte wissen!

Schreiben Sie an: Hans-Peter Siebenhaar, Stichwort „Korfu"
c/o Michael Müller Verlag GmbH
Gerberei 19, D – 91054 Erlangen
hans-peter.siebenhaar@michael-mueller-verlag.de

Kartenverzeichnis

Zeichenerklärung für die Karten und Pläne

 asphaltierte Straße
Nebenstraße
Piste
Wanderung
Olivenbaum
Zypresse

 Aussichtspunkt
Berggipfel
Badestrand
Leuchtturm
Kirche
Kloster

 Schloss/Burg
Sehenswürdigkeit
Information
Parkplatz
Bushaltestelle
Flughafen

Vielen Dank!

Herzlichen Dank an Margret Hornsteiner für ihre Hilfe bei der Aktualisierung.

Fotonachweis

Hans-Peter Siebenhaar: S. 30, 44,153, 160, 169, 198, 208 | **Silke Bigalke**: S. 21, 26, 39, 97, 101, 110, 139, 140, 148, 178, 211, 213, 240 | **Margret Hornsteiner**: S. 3, 12, 13, 14, 16, 17, 24, 25, 28, 34, 36, 37, 40, 41, 42, 45, 47, 48, 49, 51, 94, 95, 98, 102, 103, 104, 107, 108, 109, 111, 112, 114, 115, 120, 121, 124, 127, 128, 129, 130, 132, 133, 134, 135, 137, 141, 142, 143, 145, 147, 149, 150, 151, 152, 154, 156, 158, 159, 162, 164, 165, 167, 170, 171, 172, 175, 179, 182, 183, 184, 185, 186, 192, 193, 195, 197, 201, 202, 203, 205, 207, 212, 214, 216, 223, 225, 229, 233. 235, 237, 241, 242, 243 | Marie Görz: S43, 123, 221 | **GZF (Griechische Zentrale für Fremdenverkehr)**: S. 23 |

 Mit dem grünen Blatt haben unsere Autoren Betriebe hervorgehoben, die sich bemühen, regionalen und nachhaltig erzeugten Produkten den Vorzug zu geben.

Alles im Kasten

Der Autor

Dr. Hans-Peter Siebenhaar: Jahrgang 1962, Journalist und Buchautor in Wien, Politikwissenschaftler, Studium in Erlangen, Kalamazoo (USA) und Madrid, bereist Griechenland seit einem Vierteljahrhundert. Lieblingsort auf Korfu: Pélekas, auf Paxós: Lóggos.

Wohin auf Korfu?

(1) Korfu-Stadt → S. 54

Ein Spaziergang durch Korfu-Stadt ist wie das Blättern im Geschichtsbuch. Venezianer, Briten, Franzosen – jeder hat in der vielfältigen Insel-hauptstadt architektonische Spuren hinterlassen. Mit ihrer verwinkelten, italienisch anmutenden Altstadt samt prachtvoller Esplanade und seiner gewaltigen Festung zählt sie zu den schönsten Städten Griechenlands.

(2) Der Norden → S. 94

Die abwechslungsreiche Landschaft wird vom mächtigen Berg Pantokrátor überragt. Der Norden ist touristisch sehr gut erschlossen. Die breiten Sandstrände machen Acharávi und Róda zum be-liebten Ziel. Für Individualisten lohnt sich die Bucht von Ágios Geórgios. Touristische Hochburg ist Sidári, ein verbauter Weiler mit kuriosen Bade-buchten, der vor allem bei Briten hoch im Kurs steht.

(3) Korfus Mitte → S. 150

Die Mitte Korfus bietet schöne Badestrände wie z. B. unterhalb des verwinkelten Bergdorfes Pélekas, das schon wegen des Aussichtspunktes „Kaiser's Throne" einen Besucht wert ist, oder in Glifáda inmitten eines Felsenkessels. Für Naturliebhaber lohnt sich die maleri-sche Myrtiótissa-Bucht mit dem gleichnamigen Kloster.

(4) Der Süden → S. 166

Die Region der Gegensätze. Auf der einen Seite gibt es abgeschiedene Dörfer im Landesinneren wie Chlomós und selbst das verschlafene Landstädtchen Lefkímmi, in die sich Besucher nur selten verirren. Auf der anderen Seite wird das Straßendorf Kávos im Sommer zum griechischen Baller-mann. Badefreunde und sportlich Aktive zieht es vor allem an den langen Sandstrand des boomenden Weilers Ágios Geórgios. Naturliebhaber schätzen die Koríssion-Lagune.

Kap
Drástis **Canal
d'Amour**
Perouládes · Sidári
Ágios
Stéfanos
Avlíotes
Karousádes
Magouládes
Arías
Nír
Afiónas
Ágios
Geórgios
Ag.-Geórgios-
Bucht
Arkadádes
Áno
Korakiána
Lákones
Skriperó
Angelokastro
**Kloster
Paleokastritsa**
Paleokastritsa
Liapádes
Kanakádes
Giannádes

(3)

**Ropa
Valley**
Érmones
Vátos
Ka
Kloster Myrtiótissa
Th
Myrtiótissa Beach
Glifádas
Pél
Glifáda Beach
(Golden Beach)
Sinar
Ágios Górdis-Beach
Ágios G
Pe
Pa
Paramón

⑤ Ausflüge: Paxós und Antípaxos → S. 186

Paxós, dessen Namen vom lateinischen pax = „Frieden" abgeleitet st, präsentiert sich bis heute als Naturinsel der Stille. Ausgedehnte Wälder aus Ölbäumen und Zypressen, abgeschiedene Buchten und idyllische Hafenorte machen Paxós zu einem kleinen Paradies für Individualisten. Die türkisfarbenen Strände auf der Nachbarinsel Antípaxos zählen zu den schönsten Westgriechenlands.

Highlights auf Korfu & Paxós

Die Insel Korfu und die kleinen Nachbarinseln Paxós und Antípaxos beeindrucken durch ihre Vielfältigkeit. Eine Auswahl der Highlights ist natürlich immer subjektiv und daher nur als Anregung gedacht.

Schöne Orte

Korfu-Stadt: von den beiden Festungen geprägte Hauptstadt → S. 54

Paléo Períthia (Korfu): venezianisches Ruinendorf, das zu neuem Leben erwacht ist → S. 117

Afiónas (Korfu): malerisches, zwischen zwei Buchten gelegenes Bergdorf → S. 134

Lóggos (Paxós): kleines Fischerdorf mit runder Hafenbucht und historischem Flair → S. 203

Gáios (Paxós): von zwei vorgelagerten Inseln geschütztes, kulturelles Zentrum von Paxós → S. 195

Traumhafte Strände

Acharávi (Korfu): langer Sandstrand an Korfus Nordküste → S. 118

Arílas (Korfu): Sand- und Kiesstrand mit markanter Steilküste → S. 131

Porto Tímoni (Korfu): Zwillingsbucht bei Afiónas → S. 135

Voutoúmi (Antípaxos): Traumstrand mit türkisfarbenem Wasser → S. 211

Vríka (Antípaxos): beliebter Nachbarstranc von Voutoúmi → S. 211

Naturschönheiten

Bergwelt des Pantokrátor (Korfu): → S. 102

Olivenhaine zwischen Pendáti und Paramónas (Korfu): → S. 167

Lagune von Koríssion bei Ágios Mattheós (Korfu): → S. 169

Insel Antípaxos: → S. 210

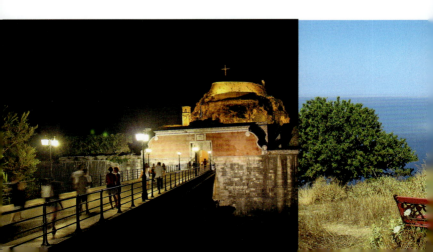

Interessante Museen

Schloss Mon Repos (Korfu-Stadt):
klassizistischer Palast mit
großer Parkanlage   → S. 81

Achilleion (Korfu): Schloss, in dem
die österreichische Kaiserin
Elisabeth wohnte   → S. 87

Archäologisches Museum (Korfu-Stadt): antike Ausgrabungsfunde
wie der berühmte Gorgogiebel
des Artemistempels   → S. 78

**Gouverneurspalast und Museum
für asiatische Kunst (Korfu-Stadt):**
Kalkstein-Palais mit asiatischer
Kunstsammlung   → S. 70

Solomos-Museum (Korfu-Stadt):
Dichterhaus und Ausstellungsraum
des Lyrikers Solomos   → S. 75

**Volkskunde-Museum in
Sinarádes (Korfu):** Einblicke in das
korfiotische Wohnen und Leben
von 1860 bis 1960   → S. 162

Interessante Kirchen, Klöster und Burgen

Kloster Paleokastrítsa (Korfu):
idyllisches Mönchskloster mit
gepflegter Gartenanlage und
kleinem Museum   → S. 142

Neue Festung (Korfu-Stadt):
fantastischer Blick von der 1645
fertiggestellten Festung auf
die Altstadt   → S. 71

Burg Angelokastro (Korfu):
auf einem Felsen bei Paleokastrítsa
erbaute, geschichtlich bedeutsame
Burgruine   → S. 139

Burg Gardíki (Korfu):
beeindruckende Festungsanlage aus
dem 13. Jh. bei Ágios Matthéos
                                     → S. 168

Kloster Myrtiótissa (Korfu):
idyllische Ruhe inmitten von Olivenbäumen an einer traumhaft schönen Bucht
                                     → S. 154

Hafenidylle in Loggós auf Paxós

Hintergründe & Infos

Das Strandbad mitten in Korfu-Stadt: Abkühlung an heißen Tagen

Land und Leute

Kérkyra – wie Korfu auf Griechisch heißt – ist mit 592 qkm die siebtgrößte Insel Griechenlands und die zweitgrößte der Ionischen Inseln. Sie liegt am südlichen Ausgang der Adria und ist nur durch einen wenige Kilometer breiten Kanal vom griechischen und albanischen Festland getrennt.

Mit ihrer mediterranen Landschaft, ihren vielen Sandstränden und ihrem bergigen Hinterland ist die sichelförmige, rund 60 km lange Insel ein Eldorado für Naturliebhaber. Im Anflug sieht sie wie ein grüner Farbklecks im Mittelmeer aus. Millionen von Olivenbäumen, einige viele Jahrhunderte alt, prägen das Bild der Insel. Die Kulturpflanze ist eine Hinterlassenschaft der Venezianer, die einst für jeden gepflanzten Ölbaum eine Prämie zahlten – eine frühe Form der Wirtschaftsförderung. Von 4,5 Millionen Bäumen ist die Rede, niemand hat je genau nachgezählt. Nach der Touristensaison, zwischen November und Februar, ist Olivenernte, dann sind von den Kindern bis zu den Großeltern alle auf den Beinen.

Im Norden präsentiert sich Korfu durch das überwiegend schroffe Kalkgebirge breit und reich an Vegetation, besonders die Pinien duften herrlich. Höchste Erhebung ist der baumlose Pantokrátor, der 906 m in den Himmel ragt. Zum Süden hin wird die Insel immer schmaler und auch landschaftlich lieblicher. Im mittleren und südlichen Teil überwiegt landwirtschaftlich genutztes Hügel- und Flachland mit Olivenbäumen und zahlreichen Zitronen- und Orangenhainen. Die Inselhauptstadt liegt ziemlich genau mittig an der geschützten Ostküste mit Blick auf das Festland.

Etwa 100.800 Menschen leben auf der Insel, davon allein knapp 40.000 in Korfu-Stadt. Rund 98 % der Bevölkerung gehören der griechisch-orthodoxen Kirche an, die winzige anglikanische, katholische und evangelische Minderheit sind u. a. das religiöse Erbe der Briten und Venezianer. Bis zum Zweiten Weltkrieg besaß Korfu auch eine wichtige jüdische Gemeinde. Mehr als die Hälfte der Bevölkerung verdient ihr Geld mit dem Tourismus, Tendenz steigend. Die früher existenziell wichtige Landwirtschaft (Wein, Korinthen, Oliven) und Fischerei spielen heute nur noch eine Nebenrolle.

Wo immer man auf Korfu unterwegs ist, das Meer ist immer nur ein paar Kilometer entfernt. Die Strände der Insel sind durchgehend sandig. An der vor Wind geschützten Ostküste ist jede noch so kleine Bucht touristisch voll erschlossen. Vor allem nördlich von Korfu-Stadt liegen die Zentren des Tourismus (u. a. Kontokáli, Gouviá und Dassiá). Weiter im Norden werden die Buchten kleiner, die Küste felsiger und die Ortschaften sind noch ursprünglicher. An der Nordküste dominieren lange, aber nur schmale Sandstrände. Róda und Sidári sind die wichtigsten Orte des Pauschaltourismus. An der felsigen Nordwestküste gibt es wunderbare Tauchreviere. Die Westküste ist die raue Seite Korfus: Wind und steil abfallende Küsten dominieren und bieten ideale Bedingungen für Surfer. Der Tourismus konzentriert sich hier in den wenigen geschützten Buchten (u. a. Ágios Geórgios).

Das milde Klima, die liebliche Landschaft und die freundliche Inselbevölkerung sorgten seit jeher für zahlreiche Gäste. Auf Korfu wurde historisch der Griechenland-Tourismus erfunden – vor allen anderen griechischen Inseln. Nicht nur die griechische Königsfamilie verbrachte nahe der Inselhauptstadt traditionell ihre Sommerferien, auch die österreichische Kaiserin Elisabeth („Sisi") ließ sich hier im 19. Jh. einen nicht ganz geschmackssicheren Palast bauen. Seitdem blickt der sterbende Achill im subtropischen Garten der blendend weißen Villa leidvoll über die malerische Ostküste. Heute ist das 1890 erbaute Achilleion das beliebteste Ausflugsziel auf der Insel – in der Hochsaison kann der Besuch angesichts des Massenandrangs wirklich aufreibend werden. Aus ganz Europa strömen Besucher nach

Korfu ist polyglott

Korfu. Vor allem besonders viele Briten und Italiener zieht es im Hochsommer hierher, aber auch die Deutschen. Schon Kaiser Wilhelm II. war schlichtweg entzückt von der Schönheit der vielfältigen Landschaft. Der Aussichtspunkt „Kaiser's Throne" bei dem Bergdörfchen Pélekas erinnert an den prominenten Korfu-Aficionado. Von hier bietet sich ein majestätischer Blick auf die untergehende Sonne an der Westküste.

Doch wer über die Insel wandert, beispielsweise auf dem legendären Corfu Trail, wird schnell merken: Bei Spaziergängen im Inselinneren ist nicht mehr als das Zirpen der Zikaden zu hören.

Sonne pur und ein freundlicher Wind

Die meisten Gäste kommen zwischen Anfang Mai und Ende Oktober. In den Sommermonaten gehört Korfu vollständig den Touristen. Selbst im Hochsommer ist Grün die vorherrschende Farbe. Das liegt vor allem an den reichlichen Niederschlägen zwischen Oktober und März. Die schönste Jahreszeit ist zweifellos das Frühjahr. Zwischen Ende April und Mitte Juni grünt und blüht es auf Korfu. Die Temperaturen sind mild, manchmal schon heiß. Eine ideale Zeit zum Wandern, aber auch bereits für den Strand. Zwischen Ende Juni bis Anfang September gibt es beinahe eine Badewetter-Garantie. Die Sonne scheint fast ununterbrochen. Es fällt kein nennenswerter Niederschlag. Die Zeit von Ende September bis Mitte Oktober eignet sich für Reisende, die Korfu ohne großen Rummel kennenlernen wollen. Noch ist das Mittelmeer zum Baden warm genug. Doch die Sommerhitze ist vorbei. Jetzt machen auch ausgedehnte Spaziergänge wieder Spaß.

Im Winter wird es ruhig auf Korfu. Bisweilen kann es aber auf der Insel ziemlich ungemütlich werden – dann, wenn einer der Stürme über das Ionische Meer peitscht. Wer jetzt nach Korfu reisen möchte, muss den Umweg über Athen in Kauf nehmen. Die meisten Hotels und Pensionen haben geschlossen. Nur in der Weih-

Korfu-Stadt

	Ø Lufttemperatur (Min./Max. in °C)		Ø Niederschlag (in mm), Ø Tage mit Niederschlag ≧ 1 mm		Ø tägliche Stunden mit Sonnenschein	Ø Wassertemperatur (in °C)
Jan.	5,1	13,9	132	11	3,8	14
Febr	5,7	14,2	136	11	4,1	14
Mär	6,8	16,2	98	9	5,2	14
April	9,3	19,2	62	7	6,9	16
Mai	12,9	23,8	36	4	8,9	18
Juni	16,4	27,9	14	2	10,8	21
Juli	18,3	30,9	7	1	11,8	23
Aug.	18,6	31,1	18	2	10,7	24
Sept	16,5	27,8	75	4	8,6	23
Okt.	13,4	23,2	148	8	6,1	21
Nov.	9,8	18,8	181	11	4,5	18
Dez.	6,7	15,4	180	13	3,6	16
Jahr	11,6	21,9	1087	83	7,1	19

nachtszeit gibt es eine Art kurze Zwischensaison. Die meisten der Wintergäste schlagen ihr Quartier dann in Korfu-Stadt auf.

Doch auch auf Korfu gibt es unterschiedliche Klimazonen. Während beispielsweise an den Stränden von Gouviá oder Ipsós tropische Hitze herrscht, kann man im Bergdorf Strinílas unterhalb des 906 m hohen Pantokrátor selbst zur Mittagszeit noch gut einen Pullover vertragen.

Musiktradition auf Korfu

Musik spielt auf Korfu eine zentrale Rolle. Die Insel kann 18 Philharmonien, eine Musikhochschule und sogar ein Philharmonisches Museum vorweisen. Die erste Philharmonische Gesellschaft wurde 1840 von korfiotischen Intellektuellen gegründet. Die Vereinigung war Ausdruck des in dieser Zeit wiedergeborenen nationalen Gedankens. Korfu stand zu dieser Zeit unter britischer Herrschaft und die britische Garde weigerte sich, die orthodoxen Feierlichkeiten musikalisch zu begleiten. Erster musikalischer Leiter der Philharmonischen Gesellschaft wurde Nikolaus Mantzaros, der Komponist der Griechischen Nationalhymne. Er gilt zudem als Vater der „Ionischen Schule", der ersten Komponistenschule des modernen Griechenlands. Seine Vision einer musikpädagogischen Institution, die allen gesellschaftlichen Schichten offen steht, lebt bis heute fort. Der Besuch der Musikschulen der Philharmonien ist nach wie vor umsonst. Unterrichtet wird Gesang, Klavier, Streich- und Orchestermusik. Einen hohen Stellenwert genießen die Blasorchester („Banda"), die alle wichtigen Paraden und religiösen Prozessionen begleiten. Die Musikhochschule von Korfu wurde 1992 gegründet, um Volksmusik und byzantinische Musik zu fördern. Die Studenten treten bisweilen in der Altstadt oder auch in Hotels mit mittelalterlicher Musik, mit Rembetiko und mit der „Piazzola" auf. Dem ionischen Volkslied widmet sich auch der 1981 gegründete Chor von Korfu. Er reist speziell im Herbst und Winter durch Europa.

Für Segler ist Korfu mit seinen beiden Nachbarinseln Paxós und Antípaxos ein ideales Revier. Im Gegensatz zum heftigen Meltemi-Wind in der Ostägäis weht hier an Sommernachmittagen der freundliche Maestro. Der Nordwestwind übersteigt aber selten mehr als Windstärke 4. Am Abend flaut er ab.

Insel mit fast italienischer Lebensart

Über vier Jahrhunderte lang hatten die Venezianer auf Korfu das Sagen. Kein Wunder, dass der nördlichste Teil der Ionischen Inseln mit Korfu, Paxós und Antípaxos bis heute eine faszinierende Kombination aus griechischer und italienischer Lebensart ist. Wer durch die engen Gassen der quirligen Inselmetropole Korfu-Stadt flaniert, fühlt sich bisweilen an Italien, den großen Nachbarn auf der anderen Seite des Ionischen Meers, erinnert. Doch Korfu war seit jeher ein multikultureller Ort. Auch andere Länder beeinflussten die Lebensart und die Architektur der Insel. Verwundert reibt man sich die Augen. Ganz in Weiß gekleidete Männer spielen auf grünem Rasen das urbritische Kricket – eine Hinterlassenschaft der Engländer, die von 1815 bis 1864 auf Korfu und den restlichen Ionischen Inseln das Sagen hatten.

Aber auch die Franzosen hinterließen ihre Spuren. Nachdem Napoleon die Venezianer abgesetzt hatte, bauten sie in der Inselhauptstadt die schönste Flanierzone ganz Griechenlands. Und noch eine Besonderheit hat Korfu aufzuweisen: Im Gegensatz zum Rest des Landes wurde die Insel nie von den Türken besetzt. Reichsgraf Johann Matthias von der Schulenburg verteidigte die Insel im Auftrag der Venezianer erfolgreich gegen über 30.000 Türken. Oder glaubt man den Korfioten, dann hielt der heilige Spiridon seine schützende Hand über die strategisch wichtigen Oliveninseln.

Die kleinen Schwesterinseln

Paxós mit der noch kleineren, kaum bewohnten Miniinsel Antípaxos ist mehr als nur einen Tagesausflug wert. Wer das beschauliche Paradies genauer kennenlernen will, sollte sich auf der nur 15 km südlich von Korfu gelegenen Insel ein paar Tage Zeit nehmen. Auf Paxós stehen nur 2300 Einwohnern rund 300.000 Olivenbäumen gegenüber. Vor allem Individualisten kommen auf der grünen, hügeligen Insel auf ihre Kosten. In den vergangenen Jahren erlebte Paxós geradezu einen Bauboom. Vermögende Briten und Italiener verwirklichten sich ihren Traum einer Ferienvilla im Süden. Schöne, fast unberührte Kiesstrände, ausgedehnte Wanderwege und die drei malerischen Hafenorte Gáios, Lóggos und Lákka bescheren Paxós eine treue Stammkundschaft. Zur nahezu unbewohnten Nachbarinsel Antípaxos mit ihren spektakulären Stränden ist es nur ein Katzensprung mit dem Kaiki. Beide Inseln sind exzellente Wanderziele. Auf Paxós und Antípaxos kann man im Frühjahr stundenlang durch die Berge wandern, ohne jemandem zu begegnen.

Feste feiern, wie sie fallen

Die Griechen lieben ihre Feiertage, die sie mit großem Aufwand begehen. Es gibt zwei Arten von Feiertagen: die landesweiten und die lokalen; meist haben sie historische oder religiöse Anlässe. Die oft zweitägigen Feiern mit Essen, Trinken, Tanz und Musik sind Höhepunkte im griechischen Alltag. Ausländer sind dabei immer willkommen.

Landesweite Feiertage

1. Januar: Neujahr

6. Januar: Epiphanie (Dreikönigstag)

Karneval: Die Venezianer haben die Tradition des Karnevals (Apókries) begründet. Korfu gilt als eine Faschingshochburg in Griechenland. Der Karneval beginnt in der siebten Woche vor Ostern und endet mit dem „sauberen Montag" (Kathari Dheftera).

Ostern: Großes Fest, das immer noch nach alter griechisch-orthodoxer Tradition gefeiert wird. Ein Erlebnis! Das Osterfest der griechisch-orthodoxen Kirche wird, da nach dem Julianischen Kalender berechnet, meist später gefeiert als unser Osterfest.

25. März: Griechischer Unabhängigkeitstag (Erinnerung an den Aufstand von 1821 gegen die Türken)

1. Mai: Frühlingsfest und Tag der Arbeit. Traditionell große Demonstration der Linken in Korfu-Stadt.

2. Juli: Feiertag der heiligen Vlacherna. Feste und Prozessionen in Korfu-Stadt, Acharávi und Paxós.

1.–6. August: Feier im Kloster auf dem Pantokrátor. Viele Pilger kommen zu Fuß auf den 906 m hohen Inselberg.

15. August: Mariä Entschlafung. Wird mit viel Pomp gefeiert.

28. Oktober: Ochi-Tag (Erinnerung an das Ultimatum der italienischen Faschisten im Zweiten Weltkrieg).

25./26. Dezember: Weihnachten. Am 24. Dezember ziehen die Kinder durch die Straßen und singen die „Kalanda", Lieder mit Wünschen zu Weihnachten.

Eine Auswahl weiterer Feste und Veranstaltungen

15. Mai bis 30. September: Sound and Light, Musikveranstaltungen in der Alten Festung, tägl. außer So (www.corfuold forytress.com/music-events.html).

21. Mai: Feier der Vereinigung der Ionischen Inseln mit Griechenland im Jahr 1864 in Korfu. Wird in Korfu-Stadt mit einer Militärparade gefeiert.

Juli: Volksfest mit Volkstänzen in Lefkími.

11. August: Prozession durch Korfu-Stadt mit den Reliquien des heiligen Spiridon. Fischerfest (Barkarola) in Lefkími mit beleuchteten Booten und Volksmusik.

14. August: In Mandoúki (Korfu) gibt es eine prächtige Prozession.

August bis Oktober: Zahlreiche Musik- und Tanzveranstaltungen beim Korfu-Festival.

Auf den Spuren der Geschichte

Eines gleich vorweg: Wer nach klassischen Tempeln Ausschau hält, ist auf Korfu an der falschen Adresse. Trotz der großen Historie gibt es nur spärliche Reste, die nur für echte Spezialisten interessant sind. Und das bemerkenswerte Relikt eines Artemis-Tempels, der Gorgo-Giebel, wird im Archäologischen Museum von Korfu-Stadt aufbewahrt. Wer sich für Kunst und Kultur interessiert, kann dennoch in Korfu-Stadt aus dem Vollen schöpfen. Die Stadt gleicht einem Freiluftmuseum, obwohl das Inselzentrum 1943 durch die Bomben der Deutschen schwer beschädigt wurde. Damals brannten das Ionische Parlament, das Theater und die Bibliothek nieder. Die Liste der Top-Sehenswürdigkeiten in der Inselhauptstadt ist lang: die venezianische Festung, die Arkaden an der Esplanade, der neoklassizistische Gouverneurspalast, der kuriose britische Friedhof, das Schloss Mon Repos, die antiken Trümmer von Kanóni … Hier kann man Jahrhunderte Revue passieren lassen. Korfu – von der Fläche ein wenig größer als der Bodensee – ist trotz fehlender Tempel aus der Antike ein Eldorado für Geschichtsinteressierte.

Der sterbende Achill

Ostern auf den Ionischen Inseln

Gründonnerstag – Alle sind gekommen ins kleine Dorf irgendwo auf den Ionischen Inseln. Der Onkel aus Amerika, die Großeltern aus dem Nachbardorf und Maria, die Tochter, die Touristik in Athen studiert.

20 Uhr. Die Kirche ist bis auf den letzten Platz gefüllt. Die Stimmung ist feierlich, Weihrauchschwaden durchziehen den Raum. Die alte Frau vor mir bekreuzigt sich ununterbrochen.

Die monotonen Gesänge des Chores – Manolis, dem der Campingplatz gehört, Stavros, der Bäcker aus dem kleinen Ziegelbau von gegenüber, und der alte Panajotis haben sich heute besonders fein herausgeputzt – dringen über einen völlig übersteuerten Lautsprecher auf die Straße. Der Pope malt mit seinem Weihrauchbehälter immer neue Muster in die Luft. Fast 120 Leute; in der Kirche ist es drückend eng und stickig.

Draußen ist es dunkel geworden, die Lichter in der Kirche werden ausgeschaltet. Auch die Männer aus dem Kafenion drücken sich jetzt durch die Seitentüre in den vollkommen überfüllten Raum. Jetzt beginnt der Karfreitag. Christus wird symbolisch gekreuzigt. Die Ikonen werden mit schweren violetten Tüchern verhängt. Die Gesichter der Gläubigen spiegeln Trauer. Auch die Glocke auf dem graziösen Turm neben dem Eingang ist verstummt. Mit ernsten Gesichtern tragen die Menschen die Trauer ins Land hinaus ...

Karfreitag – Eine eigenartige Stimmung liegt über dem Küstenort, obwohl die Kinder wie sonst auch auf der Platía tollen. 40 Tage fasten die Menschen vor dem Osterfest, so steht es in den Büchern. „Aber", so verrät mir Akribi, „nur noch wenige halten sich daran. Schließlich braucht man viel Kraft für die tägliche Arbeit." Aber in den Tagen vor Ostersonntag verzichten sogar die Modernen auf den Genuss von Fleisch, Käse und Eiern. Olivenöl bleibt dem Wochenende vorbehalten. An diesem Abend sind wieder alle da.

Das „Epitáfios", das heilige Grab, ein Holzgestell mit Baldachin, das mit unzähligen Blumengirlanden und Bändern geschmückt wurde, wird in einer Prozession aus der Kirche getragen. Der Pope verzieht keine Miene, als einer der ohrenbetäubenden Knallkörper, die von Jugendlichen vornehmlich in Menschenansammlungen geworfen werden, unter seinen langen Messgewändern explodiert. Im ganzen Land hört man von allen Seiten das Geräusch der Böller. Es ist so Brauch.

Nur wenige halten sich an den orthodoxen Ritus und bleiben bis um sieben Uhr früh in der Kirche. Die Kinder beginnen zu quengeln, zu groß ist die Anspannung und die Vorfreude auf das ersehnte Fest. Unter dem Donnern der Knallkörper sind die meisten Familien schon nach zwei, drei Stunden wieder auf dem Weg nach Hause – vorbei an verbeulten Transportern und den hochmodernen Limousinen aus Athen.

Ostersamstag – Ich verlasse mein Zimmer für einen Spaziergang zum Meer hinunter. Blühende Hänge in allen leuchtenden Farben empfangen mich. Den Duft des Flieders einatmen, das Summen der Bienen hören. Hier kann man Ostern als Fest der Auferstehung spüren. Auf dem Rückweg begegnet mir Akribi wieder. Sie trägt einen großen Korb mit dem süßen Osterbrot und anderem Gebäck. Mir läuft das Wasser im Mund zusammen, ich wage nicht zu fragen, ob ich einen dieser einladenden Kringel versuchen kann ...

In der Osternacht ist die Kirche so voll, dass eine große Menschentraube noch vor dem Eingang steht. Jeder versucht, wenigstens einen Blick auf den Altar zu erha-

Alter korfiotischer Brauch zum Osterfest

schen oder doch noch einen Stehplatz im Inneren zu ergattern. Die Kinder tragen stolz die Auferstehungskerzen. Jede hat ein andersfarbiges Band, manche sogar eine Comicfigur als Haltevorrichtung. Und endlich, um Mitternacht, ist es dann soweit. Die knisternde Spannung ist auf ihrem Höhepunkt. Die Lichter werden erneut gelöscht. *„Christos anésti!"*, „Christus ist auferstanden!", verkündet der Pope unter dem freudigen Jubel der Kirchenglocken. Umarmungen, Küsse, nur Freunde unter Freunden. Der Osterkuss, der Kuss der Liebe. Vergessen ist die Trauer, die Melancholie der vergangenen Tage. *„Alithós anésti"*, „Wahrhaftig, er ist auferstanden", wiederholen die Menschen wieder und wieder. Das Licht der Kerze am Altar, das Lebenslicht, wird nun behutsam weitergereicht, von einer Kerze zur anderen. Festlich und unendlich feierlich verbreitet sich der helle Schein in der Kirche. Ganz plötzlich kommt Hektik auf, jeder will nach Hause, denn im Kreise der Familie und der Freunde wird noch in dieser Nacht die Ostersuppe gegessen, die bereits am Morgen zuvor zubereitet wurde. Im ganzen Land trägt man mit schützend vorgehaltener Hand die Kerze heim.

Ostersonntag – Wie verändert ist die Welt am nächsten Morgen! Überall steigen Rauchsäulen in die Luft, am großen Feuer duftet es nach Lammfleisch. Im Hof und in den Gärten stehen die festlich gedeckten und mit Speisen überladenen Tafeln. Das Klopfen der rot gefärbten Ostereier ist eine uralte Tradition. Es gibt keinen Verlierer bei diesem Spiel. Von den frühen Morgenstunden bis in die späten Abend wird bei fröhlicher Musik ausgelassen getanzt, gesungen, gelacht und bei einem guten Glas Retsina von alten Zeiten erzählt. Und die Alten, die gestern im Kafenion vor der Kirche saßen, spielen die Bouzoukis.

Touristenmagnet: die alte Festung von Korfu-Stadt

Nach der griechischen **Mythologie** befand sich auf Korfu das Reich des geheimnisumwitterten Königs der Phäaken (griechisch: Paiakes) Alkinoos. Der sagenhafte Odysseus soll bei seiner jahrelangen Irrfahrt durch das Mittelmeer an der Nordwestküste Korfus Schiffbruch erlitten haben, bevor er auf seine Heimatinsel Íthaka zurückkehrte. Die Orte im Reich des Königs Alkinoos werden verschiedenen Stellen der Insel zugeordnet. So soll die Bucht von Érmones an der Westküste der Ort sein, wo Odysseus Nausikaa begegnete, und die Insel Pontikonísi (Mäuseinsel) vor Kanóni gilt als versteinertes Fährschiff der Phäaken. Der Hafen bzw. die Stadt von Alkinoos befand sich in Garítsa (Korfu-Stadt) oder in der Bucht von Paleokastrítsa. Im Zorn über die glückliche Heimkehr des Odysseus umgab Poseidon der Überlieferung nach die Stadt und die Gärten mit hohen Bergen. Archäologen sehen die Spekulationen natürlich nüchterner. Ihr Fazit heißt: Bis heute wurden keine mykenischen Funde gemacht, die wissenschaftlich beweisen, dass Korfu mit dem homerischen Scheria, dem Land der Phäaken, identisch ist.

Funde aus dem Südwesten der Insel belegen aber eindeutig, dass bereits in der Altsteinzeit (30.000 bis 7000 v. Chr.) Menschen auf Korfu lebten. Die älteste wissenschaftlich untersuchte Siedlung liegt in Nordkérkyra, dem heutigen Sidári. Von der neolithischen Epoche (6000 v. Chr.) bis in die Bronzezeit (3000 bis 1000 v. Chr.) war dieser Ort bewohnt.

734 v. Chr. errichtete die Handelsstadt Korinth eine Kolonie auf der Insel, die damals **Kérkyra** hieß. Sie diente als Zwischenstopp für Fahrten nach Sizilien. Aber in den folgenden Jahren entwickelte sich Kérkyra selbst zu einer bedeutenden Handels- und Seemacht. Dem ständigen Zwist zwischen Mutterstadt und Kolonie folgte 665 v. Chr. jene Seeschlacht, die Kérkyra nicht nur erfolgreich für sich entschied, sondern die darüber hinaus der Auslöser für den wesentlich später stattfindenden Peloponnesischen Krieg war: Kérkyra trat dem **Attischen Seebund** bei und unterstützte Athen im Kampf gegen Sparta. Auch 372 v. Chr. kämpfte die Insel für den zweiten Attischen Seebund und leistete den Belagerern aus Sparta erfolgreich Widerstand.

Aber auch Korfu wurde besetzt. Nachdem kurzzeitig Syrakus die Herrschaft über die Insel ausgeübt hatte, fiel sie später an Makedonien und dann an Epirus. 229 v. Chr., als die römische Flotte der Seeräuberei ein Ende bereitete, kam Kérkyra zum **illyrischen Protektorat Roms**. In den späteren Bürgerkriegen zwischen Pompejus und Caesar, Marcus Antonius und Octavian stand Korfu stets auf der Seite der Verlierer. Erst in der frühen römischen Kaiserzeit erholte sich die Insel. Korfu war mit der Hafensiedlung und der Festung von Kassiópi an der Nordküste der wichtigste Flottenstützpunkt zwischen Griechenland und Italien. Cicero machte 50 v. Chr. hier Station. Und Kaiser Nero begann 67 n. Chr. in Kassiópi seine aufsehenerregende Griechenlandreise.

Nach der Teilung des Römischen Reiches (395 n. Chr.) fiel Korfu dem **Oströmischen Reich** zu. In dieser Zeit war man gezwungen, sich mit der Bedrohung aus einer ganz anderen Ecke auseinanderzusetzen: Im Zuge von Völkerwanderungen (5.–12. Jh. n. Chr.) wurde die Insel mehrfach von Vandalen, Ostgoten und Slawen geplündert. Die Bewohner flüchteten ins Gebirge und gründeten dort die neue **Hauptstadt Korfu** (*koryfi* = *Gipfel*). Im 7. Jh. wurde die Stadt mit Mauern, Gräben und Forts befestigt, sie fiel aber trotzdem 1089 einem Überraschungsangriff der Normannen zum Opfer, bevor **Venedig** – dem hartnäckigen Widerstand der Bevökerung zum Trotz – Korfu für sich beanspruchte und die Festung besetzte.

1267 übernahm die Herrschaft **Karl I. von Anjou**, König von Neapel, dessen Geschlecht 120 Jahre lang mit grausamer Härte regierte. Die Bevölkerung Korfus suchte Schutz vor deren Übergriffen – und wandte sich deshalb an Venedig. Zwischen 1386 und 1797 unterstand Korfu (und auch die Ionischen Inseln) erneut den **Dogen von Venedig**.

Während die Türken das restliche Griechenland besetzt hielten, blieb Kérkyra der einzige Teil, den sie nie einnehmen konnten. In der **Seeschlacht von Lepanto** (1571) brachten venezianische Galeeren der türkischen Flotte die entscheidende Niederlage bei. An der Schlacht nahmen 15.000 Seeleute aus Kérkyra teil. Und auch 1716 hielt Korfu einer Belagerung der Türken stand: Bei Ipsós landeten schließlich

Paleopoli – eine der wichtigsten antiken Sehenswürdigkeiten von Korfu-Stadt

über 30.000 Türken, die aber von dem österreichischen General Johann von der Schulenburg und seinen Mannen unter schweren Verlusten zurückgeschlagen wurden.

Unter dem jahrhundertelangen Einfluss Venedigs erlebte Korfu eine kulturelle Blütezeit. Noch heute erinnern in *Korfu-Stadt* etliche Gebäude und Plätze an die Vorherrschaft der Dogen. Der jüdischen Gemeinde, deren Mitglieder im 15. und 16. Jh. aus Spanien und Neapel vertrieben worden waren, brachte die politische Verwaltung in Korfu viel Toleranz entgegen, mehr als in Venedig selbst.

Nach der Auflösung der Republik Venedig besetzten 1797 **Napoleons Truppen** Korfu, sie mussten die Insel aber nach einem heftigen Gefecht mit der russisch-türkischen Flotte wieder aufgeben, um sie danach erneut zu erobern. Die Festungsanlagen, die unter Napoleon entstanden, waren derart solide, dass selbst die Briten keinen Angriff wagten. Sie konnten der Insel erst durch den *Wiener Kongress* (1815) habhaft werden, als Europa von den vier Großmächten England, Russland, Österreich und Preußen neu aufgeteilt und Korfu dabei den **Engländern** zugesprochen wurde. Es entstanden die „Vereinigten Staaten der Ionischen Inseln" unter britischem Protektorat. Im Kolonisieren sehr bewandert, führten die Engländer zahlreiche Reformmaßnahmen durch (Religionsfreiheit, Ausbau der Infrastruktur, Gründung einer Universität).

Trotz allem waren die Korfioten mit den Engländern nicht zufrieden: Die Briten verboten Korfu sogar, sich am griechischen Krieg gegen die Türkei zu beteiligen. Die **Enosis-Bewegung** (Vereinigung mit dem Festland) gewann zunehmend an Stärke und der Widerstand gegen das britische Empire führte letztlich auch zum Erfolg: 1864 traten die Engländer Korfu freiwillig an Griechenland ab.

Korfu war zu Beginn des 20. Jh. auch ein Zentrum der Arbeiter- und Bauernbewegung. 1911 wurde vom korfiotischen Schriftsteller und Intellektuellen Dinos Theo-

Die eindrucksvolle Georgskirche in der alten Festung
gehört zu den größten Korfus

tokis die erste sozialistische Partei gegründet. Im Jahr 1912 kam es zu Streiks von Arbeitern und Fischern, die einen Zwölf-Stunden-Tag verlangten.

1916 trat Griechenland in den **Ersten Weltkrieg** ein, Korfu wurde zu einem Militärstützpunkt der Alliierten und 1916/17 zum Sitz der serbischen Regierung. 1917 schloss man hier den Vertrag zur Gründung des jugoslawischen Staates. 1923 bombardierte und besetzte die italienische Flotte die Insel.

1940 war Korfu wiederholt Ziel der Luftangriffe italienischer Faschisten. Der Hafen wurde fast völlig zerstört. Während des **Zweiten Weltkriegs** wurde Korfu wie die übrigen Ionischen Inseln von den Italienern besetzt (1941–1943). Am 14. September 1943 bombardierten die Deutschen Korfu-Stadt und fügten der Inselhauptstadt die wohl schwersten Zerstörungen ihrer Geschichte zu: Ein Drittel des Zentrums lag in Trümmern, 5000 Menschen waren ausgebombt, viele historische Häuser ausgebrannt oder schwer beschädigt, so z. B. die Ionische Akademie oder das Theater. Nach der Kapitulation des faschistischen Italien und dem deutsch-italienischen Konflikt kämpften italienische Soldaten gegen ihren früheren Verbündeten. Am 24. und 25. September 1943 besetzten die Truppen Hitlers die ganze Insel. Die Deutschen schreckten vor keiner Gewalttat zurück, um den Widerstand der Inselbevölkerung zu brechen. Die meisten italienischen Offiziere wurden von den Deutschen umgebracht, 14.000 Soldaten gefangen genommen. Die neuen Besatzer machten sich daran, die jüdischen Korfioten in deutsche Konzentrationslager zu bringen. Rund 2000 Juden wurden zuerst nach Lefkás oder Korinth und von dort im Sommer 1944 mit dem Zug in die Vernichtungslager der Nazis geschafft. Weniger als hundert von ihnen kehrten nach dem Ende des Zweiten Weltkriegs in ihre griechische Heimat zurück.

In den 1950er-Jahren begann die **Entwicklung zur Ferieninsel**. Die Initialzündung war der „Club Mediteranée", den der gleichnamige französische Reiseveranstalter 1951 im Badeort Ipsós errichtete. Die leichte Erreichbarkeit per Fähre von Italien und die guten Flugverbindungen sorgten bereits in den 1960er-Jahren für einen ungeahnten Boom. Die ehemalige Auswandererinsel wurde zum Einwandererziel für die gesamte Region. Doch nicht nur bei ausländischen Touristen ist Korfu beliebt, sondern auch bei Griechen. Schließlich zählt sie zu den wenigen wirklich grünen Inseln in Griechenland. Um 1970 eroberte der Massentourismus Korfu. Die meisten großen Hotelkomplexe wurden in dieser Zeit ohne allzu große Rücksicht auf Landschaftsbildung und Umweltinteressen errichtet. Der jahrzehntelange Boom hatte auch Folgen: Das Preisniveau ist höher als anderswo in Griechenland.

Heute machen sich die dramatischen Auswirkungen der griechischen Schuldenkrise auch auf Korfu bemerkbar. Manche Taverne und manches Restaurant musste aufgeben. Die eine oder andere Hotelrenovierung wurde angesichts fehlender Kredite verschoben. Im Gegensatz zum Boom der 80er- und 90er-Jahre auf Korfu hat auf der nordgriechischen Ferieninsel eine neue Bescheidenheit Einzug gehalten. Angesichts der weiter angespannten wirtschaftlichen Situation sind die Einheimischen mehr denn je bemüht, die Gäste zufriedenzustellen, denn die Abhängigkeit vom Tourismus hat sich seit der Wirtschafts- und Finanzkrise noch verstärkt, da die wenigen Firmen auf der Insel massiv unter den ökonomischen Turbulenzen der vergangenen Jahre gelitten haben.

Die von Boulevardmedien provozierte Diskussion um eine angebliche Deutschfeindlichkeit der Griechen ist schlichtweg Unsinn. Die traditionelle Gastfreundlichkeit in Hellas überlebt auch diese Krise. Und die Korfioten? Sie freuen sich über jeden Gast, der ihre malerische Insel besucht. Das Beste: Die Freude ist ernst gemeint.

Bilderbuchankunft: Die Klosterinsel Vlacherná liegt
inmitten der Einflugschneise des Flughafens von Korfu

Anreise

Die reizvollste Anreisemöglichkeit nach Korfu ist die Überfahrt mit dem
Schiff vom italienischen Stiefel über das Ionische Meer, die schnellste und
bevorzugte der direkte Flug, der von zahlreichen deutschen, österreichischen und Schweizer Flughäfen in der Hauptreisezeit angeboten wird.

Fliegen mit und ohne Pauschalangebot

Reine Flugangebote haben auch die großen Reiseveranstalter im Programm, ein
einfacher Klick auf den entsprechenden Button des jeweiligen Internetauftritts
oder – ganz konventionell – eine Erkundigungstour beim nächsten Reisebüro fördern die vielfältigsten Ergebnisse zutage. Wer mehr von seinem Reiseveranstalter
will, kann sich dort natürlich auch mit einem Komplettpaket versorgen. Das **Angebot an Pauschalreisen** für Korfu ist groß und vielfältig, denn nicht nur der größte
Griechenland-Veranstalter *Attika-Reisen* (www.attika.de) oder Konzernriese *TUI*
(www.tui.de) haben die Insel fest im Visier. Zu haben ist vom bescheidenen Hotel
über das venezianische Landgut im Landesinnern bis hin zu Wanderrundreisen in
Kombination mit Badeurlaub (z. B. bei TUI) bei den Veranstaltern so ziemlich alles.
Besonders beliebte Termine – z. B. zu Sommerferienbeginn oder Pfingsten – sind
allerdings häufig bereits im Februar/März restlos ausverkauft, frühzeitiges Buchen
ist also ratsam.

Das gilt auch für die **Airlines**, über die man seinen Flug direkt buchen kann. Ohne Zwischenaufenthalt wird die Insel derzeit u. a. von *Air Berlin, Germanwings* und *easyJet* angeflogen, allerdings nur von Mai bzw. Juni (*easyJet*) bis Oktober. Abflughäfen von Air Berlin sind u. a. Düsseldorf, München, Nürnberg, Frankfurt/M., Köln/Bonn, Hamburg, Salzburg, Wien, Linz oder Zürich. Germanwings bedient die Strecke von Stuttgart, Karlsruhe, Köln/Bonn, Bremen, Hamburg, Dresden und Berlin, easyJet ausschließlich von Berlin. Die Flugdauer von München beträgt etwa zwei Stunden.

Nicht direkt, sondern mit Zwischenstopp in Athen oder Thessaloniki, wird die Insel von *Olympic Air* und *Aegean Airlines* angeflogen, Letztere mit dem Kooperationspartner *Lufthansa.* Von den Zwischenstoppflughäfen Athen und Thessaloniki gibt es mehrmals täglich Anschlussflüge nach Korfu. Die Flugdauer ab Frankfurt nach Athen beträgt etwa zweieinhalb Stunden, von der Hauptstadt auf die Insel rund eine Stunde.

Egal, für welche Option man sich entscheidet: Am Ende kommt man am stark frequentierten, in die Jahre gekommenen Airport Kapodistrias von Korfu an. In der Hochsaison sind bis zu 100 Starts und Landungen täglich keine Seltenheit. Da kann es im Terminal schon mal hektisch zugehen (allgemeine Flughafeninformationen unter ✆ 26610/30180, Flughafen-Fundbüro ✆ 26610/33576).

Preisvergleiche für Flüge Die Tarife für Flüge nach Korfu sind je nach Saison stark schwankend. Preisvergleiche kann man im Internet z. B. unter **www.swoodoo.de**, oder **www.skyscanner.de** anstellen. Über reine Flugangebote kann man sich aber auch bei den Vermittlern für Pauschalangebote informieren (s. u.). Am preisgünstigsten kommt man freilich meist weg, wenn man bei einer der Low-Cost-Airlines *Air Berlin, Germanwings* oder *easyJet* selbst bucht.

Fluggesellschaften   Air Berlin, ✆ 030/34343434 (0–24 Uhr), www.airberlin.com.

Germanwings, ✆ 0180/6320320 (5–24 Uhr), www.germanwings.com.

easyJet, ✆ 0180/6060606 (8–20 Uhr), www.easyjet.com.

Aegean Airlines, ✆ 069/2385630, www.aegeanair.com.

Lufthansa, ✆ 069/86799799 (0–24 Uhr), www.lufthansa.com.

Olympic Air, außerhalb Griechenlands ✆ 0030/2103550500, www.olympicair.com.

Pauschalangebote Einzuholen sind sie natürlich bei jedem Reisebüro. Als Internetportale stehen u. a. zur Verfügung: **www.travel-overland.de**, **www.expedia.de** oder **www.ltur.de**.

Rail & Fly Unter dem Stichwort „Rail & Fly" oder „Zug zum Flug" bieten einige Reiseveranstalter (und z. T. auch Fluggesellschaften wie etwa Air Berlin oder Germanwings) die kostenfreie oder preisreduzierte Fahrt mit der Deutschen Bahn zum gewählten Abflughafen an – eine in jedem Fall bedenkenswerte Option.

Fly & Drive Eine nur möglicherweise interessante Option sind die Fly-&-Drive-Angebote der Reiseveranstalter. Zwar steht der gebuchte Mietwagen dann im Normalfall praktischerweise bei Ankunft am Flughafen bereit; er muss aber nicht unbedingt günstiger sein als ein erst auf der Insel gemieteter Wagen.

Transfer vom Flughafen Der Zielflughafen Ioannis Kapodistrias (CFU) liegt sehr zentral im Süden von Korfu-Stadt. Der blaue Stadtbus Nr. 15 pendelt zwischen Flughafen und dem San-Rocco-Platz in Korfu-Stadt. Während der Sommersaison ab Flughafen: erster Bus Mo–Fr um 7 Uhr, Sa 10.30°Uhr, Sonn- und Feiertag 9.15°Uhr; letzter Bus Mo–Fr um 22.05°Uhr, Sa 22°Uhr, Sonn- und Feiertag 22.40 Uhr; Fahrtzeit 10 Min., 1,50°€/Pers. www.corfucitybus.com.

Ein **Taxi** kostet für die etwa 3 km zur Altstadt ca. 11°€ bzw. 16°€ bei Vorbestellung. Notfalls kann man aber auch in einer halben Stunde zum Zentrum (Esplanade) laufen.

Selbst fahren – mit und ohne Fährpassage

Wer nicht fliegt, fährt … lange. Möglich sind der Landweg über den Balkan mit anschließender kurzer Fährpassage von Igoumenítsa oder die Fahrt nach Italien mit ausgedehnter, bis zu 28-stündiger Fährpassage über die Adria.

Der **Landweg** verläuft über den legendären Autoput, der nach groß angelegten Umbaumaßnahmen viel von seinem einstigen Image als „gefährlichste Route Europas" verloren hat, aber hohe Mautgebühren kostet. Was naturgemäß so geblieben ist wie ehedem, ist die immense Entfernung: Von München sind es gut 1800 km, die trotz aller Modernisierungsmaßnahmen auf Teilstücken immer noch in überschaubarem Tempo zurückgelegt werden müssen. Für die gesamte Strecke über Österreich, Slowenien, Kroatien, Serbien und Mazedonien veranschlagt der ADAC eine Fahrtzeit von über 20 Stunden, was bei der Hinzurechnung von Pausen und eventuell einem Übernachtungsaufenthalt schnell zu einem Gesamtzeitaufwand von zwei bis zweieinhalb Tagen anwächst. Durch die hohe Anzahl an Flüchtlingen seit Sommer 2015 kann es zudem insbesondere auf dem Rückweg zu nicht kalkulierbaren Verzögerungen kommen. Finanziell hält sich der Aufwand dagegen in Grenzen: Zu den Spritkosten kommt eine Maut von etwa 110 € für Pkw (hin und zurück), für Vignetten (Österreich und Slowenien) zahlt man etwa 50 €.

Kommen wir zur Alternative, der **Fährpassage von Italien**. Von Nord nach Süd stehen als Abfahrtshäfen zur Verfügung: Triest (ab München ca. 510 km), Venedig (540 km), Ancona (770 km), Bari (1224 km) und Brindisi (1336 km). Von dort steuert man entweder Korfu direkt an oder die auf dem griechischen Festland liegende Hafenstadt Igoumenítsa, von wo mehrmals täglich Fähren auf die Insel übersetzen (Fahrtzeit von dort je nach Fährtyp 1–1:45 Stunden). Neben den (hohen) italieni-

Blick über Korfu-Stadt und den neuen Hafen

schen Spritpreisen fallen für die Anfahrt zu einem der Adriahäfen noch die folgenden Kosten an: je nach Wohnort und Anfahrtsroute eine Autobahn-Vignette für Österreich (10 Tage Gültigkeit 8,70 €, 2 Monate 25,30 €) bzw. die Schweiz (einzige Variante: Jahresvignette 38,50 €), dazu bei Anreise über Österreich die Streckenmaut für die Brennerautobahn (9 €) bzw. die Tauernautobahn (11 €) sowie die Autobahngebühren in Italien. Letztere belaufen sich etwa für die Fahrt von München nach Triest auf 24,20 € (hin und zurück), für die nach Venedig auf 58 €, nach Ancona auf 81,20 € und nach Bari und Brindisi jeweils auf 148,80 €.

Was die **Dauer der Fährpassage** betrifft, liegen Triest und Venedig mit etwa 28 Stunden an der Spitze der Skala, von Ancona sind es 18 Stunden (mit Superfast Ferries/Anek), von Bari 8–10 und von Brindisi 6–9. Die Dauer der Überfahrt dürfte auch eines der Entscheidungskriterien für die Wahl der **Unterbringung an Bord** sein: Möglich sind die Deckpassage (man sucht sich irgendwo an Deck bzw. im Schiffsinneren ein freies Plätzchen zum „Campieren"), die Reservierung eines Pullmansitzes (ein zum Liegestuhl umfunktionierbarer, recht unbequemer Sitz im Schiffsinneren) oder die einer Kabine (nichts für Klaustrophobiker ...). Über dieses konventionelle Angebot hinaus haben einige Linien mittlerweile zusätzlich die Option „Camping an Bord" im Programm: Man übernachtet in seinem eigenen Wohnmobil (Wohnwagen), welches zusammen mit vielen, vielen anderen auf einem während der Fahrt jederzeit zugänglichen Extra-Deck zu stehen kommt. Preislich entspricht das Ganze der Deckpassage, ist also für Wohnmobilisten eine günstige Art der Überfahrt.

Allgemeine Fähr-Infos Der Andrang auf Fährpassagen ist immens. Vor allem Auto- und Wohnmobilfahrer sollten **unbedingt weit im Voraus** buchen. Ohne feste Buchung besteht insbesondere im Juli/Aug. kaum eine Chance auf einen Fährplatz. Das gilt speziell für Ancona und Brindisi.

Wenn Sie **Hin- und Rückfahrt gleichzeitig buchen**, können Sie interessante Rabatte nutzen – z. B. bei einigen Linien 50 % auf den Rückfahrpreis Ihres Wagens und bis zu 30 % auf die Rückfahrt für Personen.

Mindestens 2 Std. vor der Abfahrt am Hafen sein – unter Umständen verliert man sonst seinen reservierten Platz.

Der **Fahrrad- und Tiertransport** ist auf allen Fährlinien frei.

Suchen und Buchen via Internet Möglich ist die Suche nach den Fährverbindungen auf verschiedenen Portalen, am komfortabelsten erschienen uns **www.greek ferries.gr**, **www.ocean24.de** sowie mit Abstrichen **www.ok-ferry.de** und **www.travel ling.gr** (nur Englisch).

Abfahrts-/Ankunftshäfen Von Triest, Venedig, Ravenna und Ancona steuern die Fähren meist nur **Igoumenítsa** an. Die Strecken werden von verschiedenen Reedereien bedient (u. a. Minoan Lines, Anek-Superfast Ferries). In der Hochsaison bestehen tägliche Verbindungen.

Direktverbindungen nach Korfu gibt's nur von **Bari** (tägliche Verbindungen u. a. von

Zahlreiche Fähren verbinden Korfu mit dem Festland und den Nebeninseln

Anek-Superfast Ferries, Agoudimos Lines, Ventouris Ferries und Blue Star Ferries) und **Brindisi** (je nach Anbieter 2- bis 5-mal wöchentlich, u. a. Grimaldi Lines).

Die Fähren zwischen **Igoumenítsa** und Korfu pendeln unregelmäßig je nach Saison, angefahren werden sowohl Korfu-Stadt (öfter) als auch Lefkímmi im Süden der Insel. Keine Reservierung nötig. Die Überfahrt dauert rund 75 Min.

Preisbeispiele Von **Ancona** nach **Igoumenítsa** mit Schiffen der Anek Line (Hochsaison Juli/Aug.; diverse Rabattmöglichkeiten, insbesondere bei gleichzeitiger Buchung der Rückfahrt): Deckpassage ab 97 €, Pullmansitz/ Schlafsessel ab 114 €, Kabine ab 192 € pro Pers. Pkw ab 146 €, Wohnwagen bis 6 m Länge 146 €, Motorrad ab 57 €.

Von **Igoumenítsa** nach **Korfu-Stadt** pro Pers. rund 10 €, für das Auto 40 € (einfache Fahrt). Tickets verkauft am Fährhafen Schalter 6 (Kérkyra Lines; www.ionionlines.eu). **Nach Lefkímmi** im Süden Korfus: Pers. 7 €, Auto 26 €. www.lefkimmilines.gr.

Von **Bari** nach **Korfu** mit Schiffen von Superfast Ferries (einfache Fahrt, Hochsaison Juli/Aug.): Deckpassage ab 87 €, Pullmansitz ab 100 €, Kabine ab 162 € pro Pers. Pkw ab 101 €, Wohnwagen bis 6 m Länge 101 €, Motorrad ab 47 €.

Tipp: Das Mitnehmen eines eigenen Fahrzeugs lohnt sich im Gegensatz zu vielen anderen griechischen Inseln bei einem längeren Aufenthalt auf Korfu auf jeden Fall. Das Straßennetz ist für griechische Verhältnisse überdurchschnittlich gut ausgebaut. Allerdings hat sich das Angebot an Fähren durch die Wirtschaftskrise ausgedünnt. So ist zum Beispiel Paxós mit der Autofähre nur noch über Igoumenítsa erreichbar.

Bahn fahren

Von Deutschland, Österreich und der Schweiz fahren täglich mehrere Züge zu den italienischen Adriahäfen Venedig, Ancona, Bari und Brindisi. Es empfiehlt sich auch hier das rechtzeitige Reservieren einer Platzkarte, vor allem, wenn man nachts umsteigen muss. Die Zugfahrt von Wien zu den südlicher gelegenen Häfen dauert in der Regel etwas länger als von Frankfurt aus; lediglich Triest und Venedig sind von der Donaumetropole in nur acht Zugstunden zu erreichen.

Nach Venedig gilt zum Beispiel das Europa Spezial Angebot der Deutschen Bahn (www.bahn.de). Eine Fahrt von Frankfurt am Main nach Venedig kostet ab 39 € und dauert ca. 10–12 Stunden.

Unterwegs auf Korfu und Paxós

Die meisten Besucher auf Korfu mieten sich zumindest für ein paar Tage einen fahrbaren Untersatz, um einsame Strände oder abgelegene Bergdörfer auf eigene Faust zu erkunden. Auf Paxós kann man auf ein eigenes Auto durchaus verzichten. Die kleine Insel lässt sich am besten zu Fuß oder per Zweirad erkunden.

Wer auf Auto oder Motorrad verzichten möchte, kommt sowohl auf Korfu als auch auf Paxós auch mit dem Bus in die meisten Ortschaften und zu den wichtigsten Sehenswürdigkeiten. Allerdings muss man dabei auf Korfu meist einen Umweg über Korfu-Stadt in Kauf nehmen. Eine der schönsten Alternativen in Sachen Mobilität sind Bootstouren. Während die Besucher auf Paxós ein eigenes Boot mieten können, um beispielsweise zur Nachbarinsel Antípaxos einen Badeausflug zu unternehmen, ist man auf Korfu meist auf organisierte Bootsausflüge angewiesen. Wer die Inseln wandernd erkunden möchte, findet am Ende des Buches ein eigenes Kapitel mit 15 Tourenvorschlägen (→ S. 216).

Mit dem Auto oder Zweirad

Egal, ob auf zwei oder vier Rädern: Die Vorteile eines fahrbaren Untersatzes sind unschlagbar. Korfu besitzt ein Straßennetz nach mitteleuropäischem Standard. Weite Teile der Insel sind aber steil und gebirgig und deshalb nur schwer zu erschließen. Das gilt insbesondere für die Dörfer rund um den höchsten Inselberg Pantokrátor. Die wichtigsten Straßen gehen von Korfu-Stadt nach Róda/Sidári/Acharávi in den Norden und nach Lefkímmi in den Süden.

Viele Schotterpisten sind heute längst geteert. Das gilt insbesondere für die Stranddörfer an der Westküste wie St.-Barbara-Beach oder Gardénos-Beach. Fahren Sie trotzdem vorsichtig, vor allem abseits der Hauptrouten sind die Straßen oft recht schmal und die Kurven eng. Die Korfioten – besonders die Busfahrer – sind für ihr flottes Tempo bekannt. Vor einer Kurve zu hupen ist durchaus üblich.

Achtung! Tiere haben immer Vorfahrt! Häufig liegen Ziegen, Hühner oder Hunde auf der Fahrbahn und haben für einen verwegenen Mobilisten nur ein gelangweiltes Schnaufen übrig. Alles andere als gelangweilt wird jedoch der Besitzer reagieren, falls er die Reste seines Vierbeiners von der Straße kehren muss. Auch auf die dreirädrigen Karren der Landbevölkerung sollte man ein Auge haben; sie fahren voll beladen nur sehr langsam und das Überholen ist wegen der vielen Kurven nicht immer sofort möglich.

Mit dem **Motorrad** auf Korfu und Paxós unterwegs zu sein, ist ein herrliches Erlebnis. In den bergigeren Regionen öffnen sich hinter jeder Kurve neue Ausblicke, zudem herrscht wenig Verkehr. Der Asphalt sollte dennoch nie aus den Augen gelassen werden. Schlaglöcher und Steine auf den Straßen sind keine Seltenheit, ebenso kann der Belag wegen der Hitze aufgeweicht oder extrem glatt sein.

Parken Mit Ausnahme von Korfu-Stadt und einigen Badeorten wie Gouviá oder Dassiá kein Problem. Die Polizisten sehen bisweilen über Halteverbote hinweg. Pedantisch ist die Polizei dagegen in Korfu-Stadt.

Hinweis für Heimreisende: Immer wieder parken Reisende wenige Stunden vor Ablegen der Fähre nach Italien ihr Fahrzeug verkehrswidrig in der Innenstadt von Igoumenítsa auf dem nordgriechischen Festland, gehen noch einmal gemütlich zum Essen und stellen bei ihrer Rückkehr fest, dass die Nummernschilder fehlen. Dann beginnt der Wettlauf gegen die Zeit ...

Verkehrsbestimmungen Höchstgeschwindigkeiten für Pkw: Autobahn 130 km/h, außerhalb von Ortschaften 90–110 km/h, innerorts 50 km/h.

Für Motorräder: Autobahn 90 km/h, außerhalb von Ortschaften 70 km/h, innerorts 40 km/h (!). Es besteht Helmpflicht.

Promillegrenze: 0,5 ‰ (für Motorradfahrer und Führerscheinneulinge bis 2 Jahre 0,2 ‰).

Gelbe Linien an den Straßenrändern markieren **Parkverbot**, blaue Linien **gebührenpflichtige** und weiße Linien **gebührenfreie Parkzonen!** Auf Vorfahrtsstraßen gilt ebenfalls Parkverbot.

Im **Kreisverkehr** haben grundsätzlich die einfahrenden Fahrzeuge Vorfahrt.

Mobil telefonieren ist nur mit Freisprechanlage erlaubt.

Pannenhilfe/Notfall Im Falle einer Autopanne ist der griechische Automobilclub **ELPA** in **Korfu** unter ☎ 26610/37359 (Büro) und 10400 (24-Stunden-Pannendienst) zu erreichen.

Im **Notfall** die Verkehrspolizei von Korfu verständigen, ☎ 26610/39294. Der Rettungsdienst ist unter der europäischen Notrufnummer ☎ 112 erreichbar.

Versicherungsschutz Die **grüne Versicherungskarte** ist offiziell zwar nicht mehr obligatorisch, aber es empfiehlt sich, sie mitzuführen, da sie bei Unfällen und Kontrollen immer wieder verlangt wird und eine mögliche Schadensabwicklung erleichtern kann. Es empfiehlt sich kurzzeitig der Abschluss einer Vollkasko-, zumindest aber einer Diebstahlversicherung. **Diebstähle** von neuen Motorrädern sind keine Seltenheit. In diesem Fall muss neben dem Verlust noch mit Problemen beim Zoll gerechnet werden.

Tankstellen Das Tankstellennetz ist auf Korfu und Paxós gut ausgebaut, die Preise schwanken z. T. stark zwischen den Tankstellen. Vergleichen lohnt sich ...

Ein beliebtes Fortbewegungsmittel sind Quads

Mietfahrzeuge Neben den großen Anbietern wie Avis, Sixt/Budget, Hertz oder Europcar gibt es auch zahllose kleine Verleihstationen mit Niederlassungen in Korfu-Stadt, am Flughafen sowie in allen größeren Ortschaften. Auch für kleine Mopeds ist übrigens ein Führerschein Klasse A erforderlich. Eine beliebte Alternative sind deshalb Quads, die ohne Motorradführerschein gefahren werden dürfen. Testen Sie vor der Fahrt Bremsen, Gangschaltung, Reifenprofil, Luftdruck und Ölstand.

Preisbeispiele (pro Tag in der Hauptsaison): Kleinwagen (z. B. Fiat Panda) rund 60 €, offener Suzuki Jeep 79 €. Alle Agenturen vermieten gegen eine geringe Gebühr auch Kindersitze. 50-ccm-Maschine ab 20 €; 125-ccm-Roller ab 25 €; Motorräder ab ca. 40 €; Quads/ATVs ab 35 °€ (50 ccm), 40 °€ (80 ccm), 50 °€ (200 ccm). Günstigere Preise gibt es bei längerem Mietzeitraum. Handeln ist bei lokalen Anbietern durchaus möglich – vor allem in der Nebensaison.

Der **Versicherungsumfang** spielt für den Preis eines Mietfahrzeugs eine erhebliche Rolle. Alle Firmen bieten eine Haftpflichtversicherung (Third-Party-Insurance) an, die nach griechischem Recht nur Sach- und Personenschäden bis zu einer bestimmten Höhe abdeckt. Was darüber hinausgeht, müsste der Fahrer aus eigener Tasche begleichen. Eine zusätzliche Haftpflichtversicherung kann man schon zu Hause bei verschiedenen Unternehmen abschließen. Ansonsten bieten Leihfirmen meist Vollkasko mit hoher Eigenbeteiligung für Schäden am Leihwagen an. Die Eigenbeteiligung kann aber ebenfalls „wegversichert" werden. Ausgeschlossen sind oft Schäden, die auf Pisten entstanden sind. Deshalb: Verträge genau lesen!

> Wer auf Korfu ein Auto mietet, darf die Insel mit dem Leihfahrzeug nicht verlassen, denn auf den Fähren sind die Autos nicht versichert. Diese Regelung gilt auch für landesweite Autovermietungen. Doch wer ein paar Tage auf der Nachbarinsel Paxós verbringen möchte, braucht sowieso angesichts der Größe der Insel kein Auto. Ein Moped oder eine Vespa reicht vollkommen als Fortbewegungsmittel aus und ist zudem noch preiswerter.

Mit dem Bus

Korfu hat ein sehr gut ausgebautes Bussystem. Der Nachteil ist, dass alle Linien in Korfu-Stadt zusammenlaufen. Lediglich im Nordteil verläuft eine Querverbindung. Es gibt blaue und grüne Busse:

Die *blauen Busse*, die am San-Rocco-Platz in Korfu-Stadt abfahren, verbinden die Inselhauptstadt mit nahe gelegenen Vororten oder Dörfern wie Kanóni, Evropoúli, Kouramádes, Kontókali, Dassiá, Achilleion, Gastoúri, Ágios Ioánnis (Aqualand) und Pélekas. ☎ 26610/32158, www.corfucitybus.com.

Die *grünen Busse*, die an der Avramiou-Str. in Korfu-Stadt abfahren, verbinden die Inselhauptstadt mit den entfernten Orten wie Ágios Górdis, Ágios Matthéos, Ágios Stéfanos, Érmones, Glifáda-Beach, Kassiópi, Kávos, Messóngi, Paleokastrítsa, Pyrgí, Róda, Acharávi, Sidári, Sparterá, Lefkímmi. ☎ 26610/28927, www.ktelkerkyras.gr.

Auf **Paxós** gibt es nur eine Linie, die alle drei Hafenorte Gáios, Lóggos und Lákka miteinander verbindet. Auf der kaum bewohnten Insel **Antípaxos** gibt es kein öffentliches Transportsystem.

Nähere Informationen bei den Inseln bzw. Orten.

Fahrscheine Im Bus erhältlich, bei den Busbahnhöfen auch im Voraus am Schalter. Auf längeren Strecken werden sie in der Regel mit Sitzplatzreservierung ausgestellt. Tickets immer bis zum Ende der Fahrt aufbewahren, es wird häufig kontrolliert! Bei

Fahrten ohne Sitzplatzreservierung muss man sich in eine etwaige Warteschlange vor der Bustür einreihen – denn wenn der Bus voll ist, fährt er ab.

Preise Im Stadtbereich (A Zone) einfache Fahrt 1,50 €; im näheren Stadtbereich (B Zone) 2,20 €. Tagesticket 5 €. Bei den grünen Bussen ist die teuerste Strecke auf Korfu von der Inselhauptstadt nach Kávos ganz im Süden: einfach 4,40 € (Fahrtzeit rund 1:30 Std.). Auch die Verbindungen von den Ionischen Inseln nach Athen sind relativ preiswert. Die Fahrt von Korfu nach Athen kostet 44,30 €.

Abfahrtszeiten Die gedruckten Fahrpläne und Aushänge an Haltestellen stimmen nicht immer hundertprozentig. Die im Reiseteil des Buches angegebene Häufigkeit der Verbindungen ist als Orientierungshilfe zu verstehen. Die Angaben gelten nur für die Saison von Mai bis Okt. Von Nov. bis März finden wesentlich weniger Fahrten statt.

Achtung: Oft fahren Busse, wenn sie einigermaßen voll sind, schon einige Minuten vor dem eigentlichen Abfahrtstermin los. Auf jeden Fall mindestens 15 Min. vor der Abfahrt da sein.

Mit dem Taxi

Ein bequemes Verkehrsmittel – erkundigen Sie sich vor Fahrtantritt über den Preis zum Zielort. Taxifahrer sind gesetzlich verpflichtet, jedem Gast eine Rechnung mit Mehrwertsteuer auszustellen; Trinkgeld ist nicht obligatorisch. Die folgenden Preise gelten der Orientierung:

Preise Grundgebühr 1,29 €/km in der Stadt ca. 0,80 €, außerhalb der Stadt ca. 1,30 €. Bei Abfahrt vom/zum Flughafen fällt eine zusätzliche Gebühr von 2,90 € an. Eine Fahrt vom Flughafen zur Esplanade kostet ca. 11 € (bei vorab gebuchter Abholung 16 €). Aufschlag für jedes Gepäckstück ab 10 kg 0,50 €. Funktaxis sind auf Korfu unter ☎ 26610/33811 zu erreichen. www.corfutaxi.gr.

Bootsausflüge

Auf Korfu und Paxós spielen Bootsausflüge eine wichtige Rolle. Zum Beispiel ist eine Inselumrundung mit einem der kleinen Kaikis, die der steilen, zerklüfteten Westküste nahe kommen, ein echtes Erlebnis.

Das Angebot an Bootsausflügen ist unüberschaubar. Im Nordwesten von **Korfu** werden Trips zu den drei kleinen Diapontischen Inseln angeboten, von Korfu-Stadt geht es gerne nach Paxós und Párga (Festland) und zum Baden in der Kombination Paxós und Antípaxos. Außerdem gibt es Tagestouren nach Albanien. Auf **Paxós** kann man sich auch problemlos ein Boot mieten und individuelle Ausflüge unternehmen. Details zu allen Schiffsverbindungen unter den jeweiligen Ortskapiteln.

Bootsausflüge nach Paxos sind beliebt

Hotel Corfu Palace gilt als das beste Haus in der Inselhauptstadt

Übernachten

Das Angebot an Übernachtungsmöglichkeiten auf Korfu ist außergewöhnlich gut. Im Inselinneren gibt es hingegen immer noch relativ wenige Hotels. Eine Ausnahme ist der Bergort Pélekas an der Westküste von Korfu.

Korfu ist eine der teuersten Inseln Griechenlands. Das gleiche gilt für das benachbarte Paxós. Wer Geld sparen will und es ruhig mag, sollte nicht im Juli oder August auf die Inseln kommen. Es gilt die Faustregel: Je weiter weg von den Sommerferien, desto preiswerter wird ein Aufenthalt.

Hotels, Pensionen und Privatzimmer

Hotels sind in Griechenland seit kurzer Zeit wie in Deutschland, Österreich und der Schweiz nach dem Sternesystem bewertet, zum Teil findet man aber auch noch die alten Kategorien (Luxus, A, B, C, D und E). Die Einhaltung des Sternestandards und der Preise werden von der Touristenpolizei überwacht. Sie müssen in den Zimmern deutlich sichtbar angeschlagen sein und die Besitzer dürfen nicht mehr verlangen, als auf dem Aushang steht. Frühstück wird nicht in allen Häusern geboten, kostet extra und lässt häufig zu wünschen übrig.

Pensionen sind häufig Familienbetriebe mit angenehmer Atmosphäre, die sich in den Städten, aber auch in kleineren Orten ohne Hotels angesiedelt haben. Ein Doppelzimmer liegt je nach Saison und Ausstattung bei etwa 40–70°€.

Privatzimmer sind eine preiswerte Alternative zu Hotels. An manchen abgelegenen Stränden oder Dörfern sind sie zudem die einzige Übernachtungsmöglichkeit. Achten

Sie auf Schilder mit den Aufschriften *„Rent Rooms"*, *„Rooms to let"* oder *„Domatia"* (griech. = Zimmer). Privatzimmer kosten in der Regel je nach Saison und Ausstattung zwischen 40 und 50 €. Handeln ist in begrenztem Umfang möglich, in der Hauptsaison jedoch nur bedingt.

Die **Preisangaben für Doppelzimmer** (DZ) in den Ortskapiteln gelten immer für zwei Personen und beziehen sich auf die Hochsaison. Häufig werden Preisaufschläge für die Benutzung eines zusätzlichen dritten Bettes erhoben.

Ferienwohnungen

Ferienwohnungen sind eine beliebte Alternative zu Hotels. Viele sind neu gebaut und im Komfort durchaus zufriedenstellend. Ein *Apartment* besteht in der Regel aus Wohnzimmer, Schlafraum, Küche oder Kochecke (Herd, Spüle, Kühlschrank) und Dusche/WC; ein *Studio* besitzt nur einen Raum mit integrierter Kochecke und Dusche/WC. In der Hochsaison empfiehlt es sich Ferienwohnungen bereits von zu Hause aus zu buchen und sich zu vergewissern, wie weit der nächste Ort mit Einkaufsmöglichkeiten entfernt ist. Manchmal liegen die Häuser etwas ab vom Schuss. Apartments gibt es je nach Komfort und Ausstattung in der Hochsaison ab etwa 40 €/Tag.

Viele Ferienwohnungen und Apartments sind online buchbar, z. B. über Portale wie www.booking.com oder www.expedia.de. Einen guten Überblick privater Unterkünfte bietet die Seite www.corfu24.de.

Camping

Camping hat auf **Korfu** in den vergangenen Jahren an Bedeutung verloren. Dennoch verfügt die Insel noch über fünf Campingplätze im Nordteil der Insel. Alle Plätze liegen nahe oder direkt am Meer, Ausstattung und Zustand sind jedoch sehr unterschiedlich. Auf **Paxós** gibt es keinen Campingplatz.

Leider öffnen die meisten Zeltplätze erst im Mai und schließen bereits Anfang Oktober wieder. Vielfach sind die Besitzer nämlich nur „Saisonarbeiter", die außerhalb der Ferienzeit ganz anderen Berufen nachgehen. Wer im Frühjahr unterwegs ist, sollte sich darauf einstellen.

Campingplätze Ostküste (nördlich von Korfu-Stadt): in Gouviá (→ S. 96), Dassiá (→ S. 99) und Ipsós (→ S. 100). **Nordküste:** in Ágios Ioánnis (→ S. 123). **Westküste:** in Paleokastrítsa (→ S. 141).

Außerhalb der offiziellen Campingplätze **in freier Natur zu zelten, ist in ganz Griechenland verboten,** schon allein wegen der Brandgefahr. Auch das Übernachten mit Schlafsack am Strand wird nicht toleriert. Wer sogar meint, sein Hauszelt aufbauen zu müssen oder gar ein Feuer macht, dem drohen drastische Geldstrafen. In solchen Fällen greift auch die Polizei rigoros ein.

Essen und Trinken

Korfu steht in Griechenland wegen seiner eigenständigen Regionalküche hoch im Kurs. Der italienische Einfluss ist hier unverkennbar. Pasta ist fester Bestandteil der Küche, Salami – Salado genannt – eine der Spezialitäten der Ionischen Inseln.

Während in Korfu-Stadt vor allem italienisch inspiriertes Essen in Mode ist, wird in den Bergdörfern deftige, nahrhafte Hausmannskost serviert. An der Küste stehen Fisch und Krustentiere im Mittelpunkt, die allerdings ihren Preis haben.

Fast alle Restaurants sind Familienbetriebe. Das Angebot richtet sich nach dem eigenen Anbau oder dem örtlichen Markt. Restaurant *(Estiatorion)* und Taverne *(Taberna)* unterscheiden sich heute nur noch unwesentlich. Früher war das Estiatorion das „bessere" Lokal mit der größeren Auswahl. Selten stößt man noch auf die *Psarotabérna*, das ausgesprochene Fisch-Lokal. In einer *Pistaría* liegt der Schwerpunkt auf gegrilltem Fleisch: Lamm, Rind, Hähnchen und natürlich auch die berühmten Souvlakía. Den Besuch einer *Oúzeri* sollten Sie auf keinen Fall versäumen. Hier gibt es eine große Auswahl an Mezédes (Appetithäppchen) zum Lieblingsgetränk der Griechen. Süßes gibt es meistens nur im *Sácharoplastíon*, in der Konditorei; manchmal aber auch im Restaurant als Dessert.

Gegessen wird sowohl mittags als auch abends etwa eine Stunde später als in Mitteleuropa. Im Sommer werden oft bis Mitternacht Hauptgerichte serviert, denn die Abende sind lang.

Zwei Personen müssen für eine vollständige Mahlzeit mit Getränken etwa mit 40–50 € rechnen. Anders als in Mitteleuropa kostet der Liter Wasser, gläschenweise,

Berühmte Taverne Foros im verlassenen Bergdorf Paléo Períthia

Frisches Obst und Gemüse – die Auswahl ist groß

kein halbes Vermögen. Für Griechen gehört die preiswerte Flasche Wasser selbst-
verständlich zum Essen. Obwohl das **Trinkgeld** üblicherweise im Preis inbegriffen
ist, wird es mittlerweile auch in Griechenland erwartet. War man zufrieden, lässt
man ein paar Cent- und Euro-Münzen auf dem Tisch liegen.

Das *Kafenion* ist eine der wichtigsten gesellschaftlichen Einrichtungen. Jedes noch
so kleine Bergdörfchen hat ein solches Kaffeehaus. Meist verbergen sich hinter diesem Begriff nicht mehr als ein paar Tische und Stühle in einem schmucklosen Innenraum und ein paar Sitzplätze an der Straße. Für Frauen ist der Besuch tabu, sie
treten höchstens als Bedienungen in Erscheinung. Bei Touristinnen ist man(n) dagegen großzügig.

Korfiotische Spezialitäten

Die korfiotische Küche vereint aufgrund der wechselhaften Geschichte verschiedene Einflüsse, vor allem die venezianische Herrschaft hat ihre Spuren in den Koch-
töpfen hinterlassen. Der Name vieler traditioneller Gerichte erinnert noch heute an
ihren italienischen Ursprung. Auf Korfu haben sich noch die Gewürze des Orients
dazu gesellt. Daneben kamen aufgrund der geografischen Lage der Insel an den
Handelsrouten von Ost nach West mit Händlern im Laufe der Jahrhunderte immer
wieder neue Sorten und Pflanzen nach Korfu. Diese gediehen auf den fruchtbaren
Böden und im milden Klima prächtig, z. B. Kumquat-Orangen, Ingwer oder die
korfiotische Bergamotte. Neben den weitläufigen Olivenhainen, die das Inselbild
prägen, werden in Korfu u. a. Wein und Mandeln angebaut.

Eine korfiotische Spezialität ist die als **Salado** bekannte luftgetrocknete Salami,
meist stammt sie aus den Bergdörfern rund um den Pantokrátor. Sie wird u. a. auf
dem vormittäglichen Wochenmarkt in Korfu-Stadt angeboten. **Noumbolo** ist eine
geräucherte Wurstspezialität, auch Korfu-Prosciutto genannt. Hierfür wird Schweine-

lende am Stück mit Pfeffer, Gewürzen und aromatischen Kräutern (Salbei, Lorbeer, Rosmarin, Mastix) geräuchert und anschließend luftgetrocknet.

Bei den Hauptgerichten ist **Rindfleisch** der Spitzenreiter unter den Fleischsorten auf Korfu und Paxós. Der größte Teil muss allerdings importiert werden. Die Naturgegebenheiten Griechenlands sind für Milchkuhhaltung, Rinder- und Schweinezucht kaum geeignet. Dafür gibt es mehr als genug **Schafe und Ziegen**. Wesentlich teurer als Fleisch sind **Fisch** und anderes **Meeresgetier**, da die Fanggründe der Ionischen Inseln zum großen Teil leer gefischt sind. In der Nähe von Kassiopí, im Nordosten der Insel, gibt es eine Fischfarm, wo Dorade und Wolfsbarsch in Aquakultur gezüchtet werden. Der Preis für Fisch wird übrigens (zumindest bei Spezialitäten) auf den Speisekarten meist pro Kilo oder pro 100 g angegeben.

Entgegen der weit verbreiteten Ansicht, dass die griechische Küche nur Fleisch und Fisch zu bieten hat, gibt es eine Vielzahl **vegetarischer Gerichte**. Gemüse und Obst kommt auf Korfu meist direkt aus dem Garten. Seit der Finanzkrise greifen viele Restaurants und Tavernen verstärkt auf eigene Produkte

Brot gibt es zu allem

in Bio-Qualität zurück, anstatt z. B. Tomaten aus Holland zu importieren. Die Vielfalt und den intensiven Geschmack der heimischen Sorten können Sie sehr gut bei einem Besuch auf dem Markt in Korfu-Stadt entdecken (→ S. 54).

Einen wunderbaren Einblick in die Geschichte und Traditionen der korfiotischen Küche bietet das Buch von Vasiliki Karounou (2015): „Korfiotische Küche. Auf der Suche nach den Ursprüngen".

Fleischgerichte

Sofríto: Das Kalb- oder Rindfleisch in einer weißen Knoblauch-Weinsoße ist eines der beliebtesten Gerichte der korfiotischen Regionalküche.

Pastitsádo: geschmortes Rindfleisch mit Pasta und würziger Tomatensoße, ein beliebter Klassiker auf Korfu.

Stifádo: Bei dieser griechischen Spezialität handelt es sich um zartes Rindfleisch mit leckerem Zwiebelgemüse (mit Zimt gewürzt).

Fischgerichte

Bourdetto: beliebtes Fischgericht auf Korfu und Paxós. Seeteufel, Kabeljau oder auch andere Fische in einer speziellen Soße aus Tomaten und Paprika.

Gópa: das preiswerteste Fischgericht. Die in Mehl gewendeten, winzigen Ochsenfischchen werden in Öl ausgebacken.

Psarósoupa: eine besondere Spezialität ist diese aufwendige Fischsuppe, die nur in ausgesprochenen Fischtavernen erhältlich ist.

Xifías: Schwertfisch, sehr lecker; die meterlangen Prachtexemplare werden säuberlich in dicke Scheiben zerteilt.

Vegetarische Gerichte

Tsigareli: ein traditionelles korfiotisches Gericht aus wilden Karotten, Fenchel, Spinat und wilden Kräutern, das früher als Arme-Leute-Essen galt. Tsigareli wird auch für gefüllte Teigtaschen und Pies verwendet.

Agriolachana: Wildgemüse, das in einem Sud aus Zitronensaft, Wein und Olivenöl serviert wird.

Briam: im Ofen gebackenes Gemüse, meist aus Kartoffeln, Zucchinis, Auberginen, Paprika und Zwiebeln.

Nachspeisen/Süßes

Karidopita: leckerer Walnusskuchen, gewürzt mit Nelken und Zimt. Besonders saftig, weil der Kuchen mit Zuckersirup getränkt wird.

Flaouna: ursprünglich ein süßes Ostergebäck aus Zypern, in den Bäckereien der Lefkímmi-Region eine ganzjährige Kuchenspezialität.

Pasta Frola: in der korfiotischen Version des italienischen Klassikers wird der Kuchen aus Mürbeteig mit Pflaumenmarmelade gefüllt.

Baklává: süße Blätterteig-Roulade mit Honig und Nüssen gefüllt, stammt ursprünglich aus der Türkei.

Lukumádes: besonders lecker! In Öl frittierte Teigkugeln, mit Honig übergossen.

Bugátsa: Blätterteiggebäck mit Quarkfüllung, ebenfalls sehr empfehlenswert.

Risógalo: Milchreis – gibt es leider nur noch selten.

Getränke

Traditionell ist **Wasser** *(neró)* das wichtigste Getränk. Früher war es üblich, im Restaurant zum Essen und zum Kaffee Wasser gereicht zu bekommen. Leider wird das immer seltener. Die Wasserqualität auf den Inseln ist unterschiedlich. Auf Korfu kann man das Leitungswasser bedenkenlos trinken, auf der kleinen Insel Paxós ist dies nicht empfehlenswert.

Der meiste Fisch auf Korfu kommt längst aus Zuchtanlagen

Das Weingut Korikis an der Nordwestküste bietet Wein ab drei Euro an

Wer den typischen griechischen **Kaffee**, ein starkes, schwarzes Mokkagebräu in winzigen Tassen, bekommen will, muss ausdrücklich *Kafé ellinikó* oder „Greek coffee" verlangen. Im Zweifelsfall bekommt man, wenn „Kaffee" gewünscht wird, Nescafé serviert. Auf den Ionischen Inseln haben in den letzten Jahren verstärkt Espresso, Cappuccino etc. Einzug gehalten. Eine gute Erfrischung an heißen Tagen ist ein *Kafé frappé*, welcher mit Eiswürfeln serviert wird.

Kafé ellinikó: *éna elafrí kafé* = schwach; *métrio* = mittelstark, mit Zucker; *vari glikó* = sehr süß; *skéto* = ohne Zucker; *varí glikó me polí kafé* = sehr süß und sehr stark.

Nescafé: *sestó* = heiß; *frappé* = kalt; *skéto* = schwarz; *me sáchari* = mit Zucker; *me galá* = mit Milch.

Schon seit der Antike wird auf Korfu **Wein** angebaut. Heute sind 7 % der landwirtschaftlichen Fläche mit Reben bepflanzt. Die Korfioten trinken ihren Wein fast ausschließlich selbst. Der Export spielt keine große Rolle. Auf der Insel wurde in den vergangenen Jahren die Qualität im Weinbau gesteigert. Eine Spezialität ist der Weißwein aus der lokalen Sorte *Kakotrygis*. Der buttergelbe Wein, der aus der Kakotrygis-Traube gewonnen wird, ist in der Regel trocken mit starken floralen, honigartigen Geschmacksnoten – ähnlich dem Riesling – und passt gut zu Fisch und Krustentieren. Fragen Sie auf Korfu und Paxós auch nach dem Hauswein: in der Regel ein guter Begleiter zum Essen. Viele Einheimische bevorzugen jedoch den geharzten *Retsina* (die rote Variante heißt *Kokkinéli*).

Wer gerne einen Tropfen von den Ionischen Inseln trinkt, dem empfehlen Kenner den trockenen *Robola*. Dieser Weißwein wird auf Kefaloniá, aber auch auf Korfu produziert und ist nicht ganz billig. Dafür ist er in allen Teilen Griechenlands für seinen hervorragenden Geschmack bekannt. Eine Weinprobe ist z. B. auf dem Theotoky Weingut im Ropa-Tal möglich.

Trinkgeld lässt der Gast
auf dem Tisch zurück

In den meisten Tavernen gibt es Flaschen- und offene Weine. Letztere sind preiswerter, da sie meist von Weinbergen der Umgebung stammen. Oft sind sie auch geschmacklich besser. Verlangen Sie Wein *apo to varéli* (= vom Fass).

Kaum zu glauben, aber es stimmt, dass das **Bier** dem Wein den Rang abgelaufen hat. Vor allem tagsüber, gerade beim Mittagessen, wird es häufiger bestellt als der klassische Retsina. Doch leider kommen fast alle Biere von Großkonzernen; unter den griechischen Brauereien sind Mythos und Fix noch am stärksten vertreten. Der Name „Fix" geht übrigens auf den bayerischen Braumeister Johann Karl Fuchs (griech. *fix*) zurück, der mit König Otto I. 1832 nach Griechenland kam. Im Nordwesten von Korfu, in Arílas, gibt es seit einigen Jahren eine kleine Brauerei, die korfiotische Bierspezialitäten nach dem bayerischen Reinheitsgebot produziert.

Außer auf Ouzo und Metaxa verweisen die Einwohner Korfus stolz auf ihre eigene alkoholische Spezialität, den **Kumquat-Likör**. Das süße, orangefarbene Getränk wird aus der Frucht des Zwergorangenbaums gewonnen, der Mitte des 19. Jh. von den Engländern nach Korfu gebracht wurde. Heute sind die Mini-Orangen eine Art Markenzeichen der Insel geworden. Es gibt eine Vielzahl von Produzenten und Marken – eine Verkostung lohnt sich auch deshalb, weil sich die Liköre in Süße und Bitterkeit unterscheiden.

Ingwerbier – ein korfiotischer Durstlöscher

Ein Markenzeichen Korfus ist das alkoholfreie Ingwerbier. Es ist eine Hinterlassenschaft der Engländer aus dem 19. Jh. Das ungewöhnliche Getränk wird aus Zitronensaft, natürlichem Zitronenöl, geriebenem Ingwer, Wasser und Zucker hergestellt. Ingwerbier (*Tzizimbirra*) gibt es zum einen als alkoholfreie Limonade. Der süße Durstlöscher stammt aus der kleinen „Brauerei" von Georgios Cheimarrios im abgeschiedenen Bergdörfchen Kalafatiónes (bei Sinarádes). Seit Kurzem gibt es auch wieder eine Bier-Variante aus der Microbrewery Corfu Beer in Arílas. Das „1842 Ginger Beer" in den auffälligen blauen Flaschen hat einen Alkoholgehalt von 2 % und ist längst nicht so süß wie die gleichnamige Limonade. Beide Getränke werden nur in kleinen Mengen hergestellt und sind in ausgewählten Lokalen und Supermärkten auf der Insel erhältlich.

An Strandliegen mangelt es nicht

Baden und Sport

Auf Korfu und Paxós kommen Sportlernaturen und Aktivurlauber auf ihre Kosten. Das Angebot im Bereich Wassersport lässt keine Wünsche offen.

An vielen Stränden nahe den Touristenorten gibt es die Möglichkeit, Surfbretter zu leihen oder Wasser- und Jet-Ski zu fahren, um nur ein paar zu nennen. Auch jenseits des Strandes bieten insbesondere die großen Hotels einiges an sportlicher Unterhaltung. Weitere Informationen zu den Angeboten finden sich auch bei den jeweiligen Orten.

Baden

Seine Beliebtheit als Reiseziel hat Korfu vor allem seinen exzellenten Stränden zu verdanken. Begonnen hat der Tourismus an der geschützten Ostküste rund um die Inselhauptstadt. Vor allem die drei weiten Buchten mit Orten wie Kontókali, Gouviá, Dassiá, Ipsós und Pirgí wurden bereits in den 1970er-Jahren komplett erschlossen und sind heute mit Hotels ziemlich zugebaut. Doch wer dem Rummel aus dem Weg gehen will, hat es leicht. An der gesamten Westküste gibt es spektakuläre Sandstrände mit wenig oder gar keinem Kies. Vor allem im Inselsüden liegt man selbst in der Hochsaison in einem Abstand von 50 m zu seinen Nachbarn. Die Nordküste hat sich mit ihren langen Kiesstränden ebenfalls zu einem Zentrum des Badetourismus entwickelt, beispielsweise in Orten wie Róda und Acharávi. Im Gegensatz zum laut-schrillen Sidári mit seinen außergewöhnlichen Buchten (Canal d'Amour) geht es aber in den Badeorten des Nordwestens wie Ágios Geórgios noch gemächlich zu.

Das Wasser an den Stränden Korfus ist sehr sauber, allerdings wurden 2015 nur sieben Strände mit der blauen Flagge ausgezeichnet (Kontokáli, Alikés Potamou, Dassiá, Almyros, Canal d'Amour, Dafníla, Marina Gouviá). Über 20 Strände haben die renommierte Auszeichnung zwischenzeitlich verloren – nicht etwa wegen schlechter Wasserqualität, sondern u. a. wegen fehlender Beschilderung und nicht erfüllten Naturschutz- und Sicherheitsauflagen. Nur wenige Strände sind wirklich bewacht. Deshalb ist Vorsicht geboten. Quallen sind eher selten. Vor allem an kiesigen und steinigen Stränden sollte der Badegast auf Seeigel achten.

Zum Baden mit kleinen Kindern sind vor allem die Strände an der Ostküste zu empfehlen. Das Meer dort ist flach und im Gegensatz zur Westküste windgeschützt, sodass keine starke Brandung aufkommt. Außerdem ist es in der Regel möglich Hotelpools kostenlos zu benutzen, solange man ein Getränk oder einen Snack an der Poolbar kauft.

FKK Generell ist FKK verboten. Der Myrtiótissa-Strand an der Westküste hat sich nichtsdestotrotz zum reinen FKK-Strand entwickelt. Auch am Ende der Bucht von Ágios Stéfanos gibt es einen FKK-Abschnitt. Im Allgemeinen ist in den touristischen Hochburgen auf Korfu das Oben-ohne-Baden an der Tagesordnung.

Surfen/Kitesurfen/SUP

Möglichkeiten zum individuellen Surfen gibt es wie Sand am Meer. Surfbretter werden an vielen großen Stränden für rund 10°€ pro Stunde vermietet. Zum Zentrum für Wind- und Kitesurfer hat sich Ágios Geórgios im Süden der Insel entwickelt.

Neben klassischem Wind- und Kitesurfen gibt es auf Korfu auch Stand Up Paddling (SUP). Beim Stehpaddeln lassen sich die Küstenlinie und abgelegene Buchten aus einer anderen Perspektive erkunden, z. B. im Nordosten bei Koloura oder im Westen bei Paleokastrítsa. Für SUP-Equipment muss man etwa mit 15°€ pro Stunde rechnen. Die beste Brise gibt es an der rauen Westküste. Entsprechende Angebote sind bei den Orten genannt.

Wasserski/Parasailing

Wasserki ist in fast allen Touristenorten möglich (ca. 30°€). Auch Parasailing wird inzwischen in den größeren Badeorten und von vielen Strandhotels angeboten (ca. 40°€ für eine Person; 60°€ für zwei Personen). Ein Ritt auf dem Bananaboat liegt bei rund 15°€.

Segeln

Segelschulen finden Sie in vielen Touristenorten auf Korfu und auch auf Paxós, ebenso Verleiher. *Regatten* finden von April bis September statt. Der 1976 gegründete Segelclub von Korfu, der heute mehr als 200 Mitglieder zählt, hat seinen Sitz an der Nordseite der Alten Festung in Korfu-Stadt. Er veranstaltet alle zwei Jahre die Meisterschaft für das östliche Mittelmeer. Auf Korfu kann vom einfachen Segelboot bis zur luxuriösen Jacht alles gemietet werden. Schiffsverleiher findet man im großen Jachthafen von Gouviá, dem wichtigsten Segelhafen der Ionischen Inseln. Seit 1977 existiert dort bereits der Verleiher Salvanos (Marina Gouvia, ✆ 26610/99419, http://adyachtsales.com).

Tauchen

Das Tauchen mit Pressluftgeräten ist in Griechenland zum Schutz der kulturellen Unterwasserschätze sehr stark reglementiert. Allerdings gibt es gerade um Korfu und Paxós zahlreiche Tauchgebiete, die für rein sportliche Zwecke freigegeben sind. Es versteht sich von selbst, dass Geräte zur Lokalisierung von Antiquitäten nicht erlaubt sind. Das Unterwasser-Fischen mit Atmungsgeräten ist ebenfalls verboten.

Die an Buchten, Riffs und Grotten reiche Küste um Paleokastrítsa gilt als das attraktivste Tauchrevier auf Korfu. Weitere spannende Gebiete sind Érmones mit einem neuzeitlichen Wrack 40 m unter dem Meeresspiegel, Arílas mit seinen Riffs und die Bucht von Timóni bei Afiónas mit ihren schroffen Felsen. Für Anfänger lohnt sich insbesondere die südöstliche Küste von Korfu. Es gibt kaum Strömung, das Wasser ist seicht und es lassen sich zahlreiche Kleinfische leicht beobachten.

Tauchreviere **Korfu**: entlang der Küste innerhalb einer Zone von 500 m in folgenden Gebieten erlaubt: zwischen Kap Róda und Kap Drástis; von Paleokastrítsa bis Kap Arkoudíla (ausgenommen im Gebiet Lagoúdia-Inseln); vom Kap Kountoúri bis Kap Agni (ausgenommen im Gebiet der Inseln Vido und Lazarétto).

Paxós: innerhalb einer Zone von 500 m in folgenden Küstenzonen erlaubt: Kap Lákka bis Kap Koukoútsa; Gebiet von Erimítis bis Kap Poúnta; Gebiet Pitharía bis Kap Geromónachos und Kap Trypitós bis Kap Loútou.

Tauchschulen **Dive Easy**, in Acharávi, ☎ 26630/29350, www.divecorfu.com.

The Waterhoppers, ein bereits 1979 gegründetes Tauchzentrum in Ipsós, zahlreiche Kurse an der Ostküste, ☎ 26610/93867, www.waterhopperscorfu.gr.

Corfu Diving, in Paleokastrítsa, geführt von einem deutschen Tauchlehrer, ☎ 26610/43710, www.corfudiving.com.gr.

Paxos Oasis Sub, in Lákka/Paxós, ☎ 2662/300395, www.paxosoasisub.com.

Water Planet, Tauchzentrum in Gáios/Paxós, ☎ 6972111995, www.waterplanet.gr.

Die Ionischen Inseln sind ein Segelparadies

Weitere Sportmöglichkeiten

Golfen Es gibt nur einen Golfplatz auf Korfu im Ropa-Tal, 17 km westlich von Korfu-Stadt (→ S. 54). 18-Loch-Platz mit Übungsplatz und elegantem Clubhaus mit Restaurant. Gebühr (Greenfee) für 18 Loch 55 €, 30-minütiger Einzelunterricht für 35 €, Golfequipment auch zum Leihen. ✆ 26610/94220, www.corfugolfclub.com.

Sonnenuntergang über Korfu

Mountainbiking Die Inseln eignen sich mit ihren zahlreichen Bergen, den holprigen Pisten und Ziegenpfaden wirklich bestens dafür. Vor allem das Gebiet um den höchsten Inselberg Pantokrátor ist ein reizvolles Ziel. Denn hier gibt es zahlreiche Bergstrecken (allerdings ohne Schatten). In praktisch allen Urlaubsorten und Städten kann man inzwischen Mountainbikes leihen. Nicht immer sind sie allerdings in bestem Zustand. Geführte Mountainbiketouren werden z. B. in Dássia angeboten.

Reiten Das Angebot für Reiter wächst. Die Sivaland-Reitschule nahe Kombítsi und Ágios Ioánnis bietet neben klassischen Reitkursen spezielle Kurse für Kinder und therapeutisches Reiten an. ✆ 26610/94220.

Auf Reitwandern spezialisiert hat sich die gebürtige Britin Sally-Ann Lewis in Áno Korakiána. ✆ 6946653317, www.trailriders corfu.com.

Tennis Dieser Sport hat auf der Insel eine lange Tradition. Schließlich entstand in Korfu-Stadt der erste Tennisclub von ganz Griechenland. Die vier gepflegten Plätze sind auch stundenweise zu mieten, falls gewünscht auch mit Tennislehrer. Corfu Tennis Club, I. Romanou 4, Korfu-Stadt, ✆ 26610/37021, http://corfutennis.weebly.com.

Die meisten der großen Hotelanlagen auf Korfu verfügen über ein paar Hartplätze. Der Zustand dieser Plätze ist sehr unterschiedlich. Nicht alle werden gut in Schuss gehalten, zudem liegen sie meist völlig schutzlos in der brütenden Sonnenhitze. Es stellt in der Regel allerdings kein Problem dar, auch als Nicht-Hotelgast einen Platz zu mieten.

Wandern Korfu und Paxós sind ideal für kurze und längere Wanderungen, insbesondere im Frühling und Spätsommer. Der Corfu Trail ist ein Fernwanderweg, der rund 200 km von der Süd- zur Nordspitze der Insel führt. Mehr zum Thema finden Sie im „Kleinen Wanderführer" am Ende des Buches.

Die Geburt des griechischen Tennissports in Korfu-Stadt

Die Briten haben mit nur geringem Erfolg das Kricket-Spiel auf der Insel etabliert, mehr Erfolg hatten sie mit dem Tennis. 1896 fand auf Korfu das erste Tennisspiel in Griechenland statt. Am südlichen Rand der Altstadt, nur ein Häuserblock von der Nobelherberge Corfu Palace, entstand 1915 der erste Tenniscourt in Hellas. Der von jungen begüterten Griechen, die in ihrem Lebensstil damals den Briten nacheiferten, gegründete Club besteht noch heute. Gäste des Corfu Palace dürfen das 4000 qm große Gelände samt einer britisch inspirierten Lodge benutzen. Seine schwierigste Zeit erlebte der traditionsreiche Club während der italienischen Besatzungszeit im Zweiten Weltkrieg: Der Tennisverein verweigerte den Faschisten – wenn auch mit diplomatischen Ausreden – den Zutritt. Die Militärs rächten sich und beschlagnahmten die Klubeinrichtungen als Quartier für eine Artillerieeinheit samt Zugtieren.

Korfu ist vielseitig

Wissenswertes auf einen Blick

Ärztliche Versorgung/Apotheken

Ärzte: Hellenic Medical Care S.A. unterhält über 21 Stützpunkte auf der ganzen Insel. Korfu-Stadt: Ethnikis-Antistaseos-Str. 18, ☏ 26610/48200.

Deutsch sprechende Ärzte: Allgemeinmediziner: Dr. Th. Michalopoulos, Marasli-Str. 36, ☏ 26610/37540 oder 6977215331; Zahnarzt: Dr. Michael Markatis, Zafiropoulou 17–19, ☏ 26610/33564; Gynäkologe: Dr. Nicolaus Moukas, Mantzarou-Str 18, ☏ 26610/80720 (Notruf: ☏ 6946/072658). Dr. Elena Tekidou im Dorf Acharávi (ganz im Norden der Insel) über Fredo Cafe, ☏ 26630/63200 (Notruf: ☏ 6944/953535).

Krankenhäuser: moderne, großzügige Poliklinik in Kontokáli, dem nördlichen Vorort von Korfu-Stadt, Odos Paleokastrítsa (ausgeschildert), ☏ 26610/360400, www.corfu generalclinic.gr.

Apotheken sind durch ein grünes, meist blinkendes Kreuz gekennzeichnet. Normale Ladenöffnungszeiten; an den Wochenenden gibt es Notdienste (siehe Aushang).

Diplomatische Vertretungen

Deutschland: Honorarkonsul Konstantin Gisdakis, Kapodistriou-Str. 23 (über dem Restaurant Aegli), Korfu-Stadt. Mo–Fr 10–13 Uhr. ☏ 26610/36816, korfu@hk-diplo.de.

Österreich: Honorarkonsul Spiridon Ioannou, Mostoxidou-Str. 78, Korfu-Stadt. Mo und Fr 10–12 Uhr. ☏ 26610/42440, oekonsulat korfu@yahoo.gr.

Schweiz: Das Honorarkonsulat ist bis auf Weiteres vakant, nächste Vertretung ist die Schweizer Botschaft in Athen. ☏ 2107230364, ath.vertretung@eda.admin.ch.

Fotografieren

Archäologische Stätten darf man jederzeit ohne Stativ und Blitzlicht knipsen. Für kommerzielle Zwecke (mit Stativ) brauchen Sie eine Genehmigung des Amtes für Altertümer und Restauration in Athen. Wer für wissenschaftliche Zwecke fotografieren möchte, erhält die Genehmigung kostenlos.

Geld

In den Dörfern im Süden sind Bankfilialen bzw. Geldautomaten nur vereinzelt zu finden, sonst weit verbreitet. Umtausch von Schweizer Franken in Banken, Hotels und privaten Wechselstuben. In den meisten Restaurants und Hotels werden Kreditkarten akzeptiert.

Hunde

In Restaurants und Cafés sind Hunde nicht gern gesehen, ebenso in öffentlichen Verkehrsmitteln. An den meisten Stränden herrscht aus hygienischen Gründen ein absolutes Hundeverbot.

Information

Griechische Zentrale für Fremdenverkehr: Die Homepage der GZF (in Griechenland: Ellinikos Organismos Tourismou – EOT) bietet eine Übersicht über alle touristisch interessanten Orte auf den Ionischen Inseln, www.visitgreece.gr.

Informationen auf Deutsch zu aktuellen Entwicklungen bietet **Radio Korfu**, www.radio-korfu.de.

Die englischsprachige **Corfu Gazette** informiert monatlich über Veranstaltungen und gibt Ausflugs- und Restauranttipps. Online verfügbar auf dem Korfu-Portal http://realcorfu.com.

Vor Ort kann man sich bei Fragen an die **Touristenpolizei** wenden. In den größeren Städten haben die blau uniformierten Polizisten eigene Büros. In kleineren Städten und Dörfern übernimmt die örtliche Polizeistation diese Funktion.

Internet

In nahezu allen Hotels, Pensionen, Restaurants und Cafés – sogar im abgelegensten Bergdorf – wird freies WiFi angeboten. Das Passwort erhält man meist auf Nachfrage beim Kellner bzw. an der Rezeption. Das Netz ist jedoch nicht immer stabil, die Signalstärke teilweise sehr schwach.

Karten

Es gibt vor Ort viele kostenlose Landkarten für Korfu, die allerdings nicht in allen Details stimmen. Am besten ist noch die Karte von Freytag & Berndt (Maßstab 1:50.000). Zu empfehlen sind auch die topografischen Wanderkarten von Anavasi für Korfu (1:56.000) und Paxós (1:17.000). Bei den Wanderungen im „Kleinen Wanderführer" sind jeweils Karten abgebildet (→ S. 216).

Notrufnummern

Euro-Notruf: ✆ 112 (gebührenfrei).

Polizei: ✆ 100. Korfu: ✆ 26610/39294 (Verkehrspolizei); Paxós: ✆ 26620/32222.

Erste Hilfe: ✆ 166 oder 26610/39403. Korfu: Allgemeines Krankenhaus ✆ 26610/88200 oder 88223, Privatklinik ✆ 26610/36044; Paxós: ✆ 26620/31466.

Waldbrand: ✆ 191.

Öffnungszeiten

Archäologische Stätten: in der Regel Di–Sa 9–17 Uhr, Sonn- und feiertags 10–17 Uhr. Bekannte Stätten im Sommer bereits ab 8.30 Uhr. Am besten vorab nach den aktuellen Öffnungszeiten erkundigen.

Banken: Mo–Do 8–14.30, Fr 8–14 Uhr. In Touristenorten auch nachmittags und an Wochenenden, auf Korfu in der Hochsaison meist nochmals zwischen 17 und 18 Uhr.

Geschäfte: ab 8/9 Uhr bis ca. 13.30/14.30 Uhr, dann 17/17.30–20.30 Uhr. Souvenirläden oft durchgehend bis 22 Uhr oder länger.

Kioske: meist bis spät in die Nacht. Während der Siesta oft, aber nicht immer geschlossen.

Museen: täglich (außer Mo) 8–15 Uhr. Spezielle Infos bei den jeweiligen Ortschaften.

Post: werktags 7.30–14 Uhr.

Rauchen

Eigentlich gilt ein strenges Rauchverbot in öffentlichen Gebäuden und Gaststätten. In Bus, Taxi und Auto ist das Rauchen bei Anwesenheit von Kindern unter 12 Jahren untersagt. Das Verbot wurde jedoch von der Bevölkerung weitgehend ignoriert und da keine Kontrollen durchgeführt werden, ist das Rauchen in öffentlichen Räumen weiterhin stark verbreitet.

Telefonieren

Im Nordosten Korfus kann es vorkommen, dass sich das **Handy** in das albanische Mobilfunknetz einwählt. Dann gelten nicht die einheitlichen EU-Tarife, was unter Umständen sehr teuer werden kann.

Ländervorwahlen: Deutschland ℡ 0049; Österreich ℡ 0043; Schweiz ℡ 0041; Griechenland ℡ 0030.

Toiletten

Papier darf (meist) nicht hinuntergespült werden. Dafür steht ein Plastikkorb in der Ecke bereit.

Waldbrandgefahr

Auf Korfu und Paxós besteht aufgrund der geringen Niederschlagsmengen in den Sommermonaten akute Waldbrandgefahr. Folgende **Regeln** unbedingt beachten: kein offenes Feuer machen, Zigaretten sorgfältig ausdrücken, Alu-Dosen nicht achtlos wegwerfen (reflektieren Sonnenstrahlen), ebenso wenig Flaschen/Glas (bündeln Sonnenlicht). **Notrufnummer**: ℡ 191.

Zeit

Die Osteuropäische Zeit (OEZ) ist der MEZ das ganze Jahr um eine Stunde voraus.

Zoll

Die Ausfuhr von **antiken Gegenständen** ist strikt untersagt.

Bei folgenden Mengen stellen die Behörden den „persönlichen Bedarf" nicht in Frage:

Alkohol: 10 l Spirituosen; 20 l Zwischenerzeugnisse (Port/Sherry); 90 l Wein oder weinhaltige Getränke, davon höchstens 60 l Sekt/Schaumwein; 110 l Bier. **Tabakwaren**: 800 Zigaretten; 400 Zigarillos; 200 Zigarren; 1 kg Tabak. Auch ein Überschreiten dieser Richtmengen stellt kein Problem dar, wenn Sie glaubhaft machen können, dass die Waren ausschließlich zum Eigenverbrauch bestimmt sind.

Für Schweizer gelten niedrigere Mengen: 200 Zigaretten oder 100 Zigarillos oder 50 Zigarren oder 250 g Tabak; 1 l Spirituosen, 1 l Zwischenerzeugnisse oder 2 l Wein oder 2 l Bier sowie Geschenke bis 200 sFr.

Vom Gipfel des Pantokrátor kann man bis nach Albanien sehen

Korfu

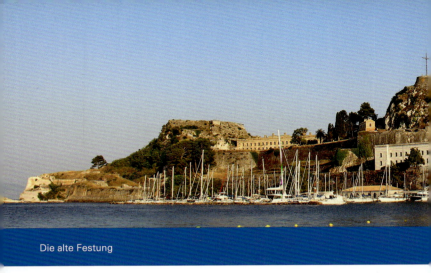

Die alte Festung

Korfu-Stadt

Ein bisschen Italien, ein bisschen Griechenland. Korfu-Stadt ist ein liebenswertes Unikat. Die malerische Stadt wird durch eine Landzunge in zwei Hälften geteilt: im Süden Garítsa, im Norden Ágios Nikólaos.

Die augenfälligsten Sehenswürdigkeiten sind die Festungen auf dem Hügel. Das historische Zentrum ist durch seine wechselhafte Baugeschichte geprägt. Der Einfluss der Venezianer, Engländer und Franzosen ist nicht zu übersehen. Ein Spaziergang über die Esplanade ist wie das Blättern im Geschichtsbuch. Leider nagt der Zahn der Zeit an der Altstadt. Doch in den vergangenen Jahren wurden viele prachtvolle Gebäude aus dem 18. und 19. Jh. renoviert. Enge und verwinkelte Gassen und Gässchen erinnern an eine italienische Hafenstadt, nicht selten sind zwischen den Häusern Wäscheleinen gespannt. Dass auch Frankreich seine Hand im Spiel hatte, zeigen die Arkadenhäuser am großen Spianada-Platz (Esplanade), die im französischen Empirestil des 19. Jh. erbaut wurden. Das Kricketfeld, ebenfalls am Spianada-Platz, trägt dagegen die Handschrift der Engländer.

In den Sommermonaten quillt Korfu-Stadt (vielfach ist auch Kérkyra zu lesen) vor Besuchern über. Es herrscht Marktstimmung in den engen Straßen, auf den kleinen gemütlichen Plätzen und zahlreichen Treppen. Boutiquen, Souvenirläden, Cafés, Tavernen und Souvlakibuden locken die Kundschaft. Nicht wegzudenken sind auch die zahlreichen Verkäufer von bunten Luftballons (ein dankbarer Job, sie bewegen sich den ganzen Tag im Schatten). Die Stadt besitzt Flair, zeigt Charakter und bietet trotz aller Menschenmassen Gemütlichkeit.

Leider ist der Straßenverkehr in der Hochsaison ein Ärgernis. Alles staut sich in den schmalen Durchfahrtsstraßen, Auspuffgestank und Lärm sind die Folge. Auch der Bau einer Umgehungsstraße hat bislang nicht die erhoffte Entspannung gebracht. Auch im südlich gelegenen Stadtteil Kanóni (→ S. 83), bekannt durch sein

malerisches Kloster Vlacherná, einst eines der beliebtesten Wohngebiete, beeinträchtigt der nahe Flughafen den Ferienspaß.

Ferdinand Gregorovius: Korfu – ein hinreißendes Schauspiel der Natur

Der Schriftsteller Ferdinand Gregorovius (1821–1891) schrieb bei seiner Reise durch Hellas im Jahr 1880 ein kleines, spannendes Büchlein namens „Korfu – eine ionische Idylle", das zwei Jahre später erschien. Darin schwärmt der Autor, der sich mit seinem kulturhistorischen Monumentalwerk „Geschichte der Stadt Rom im Mittelalter" längst einen Namen gemacht hatte, in höchsten Tönen von der Inselhauptstadt: „Die Stadt Korfu, die sich vom Hafen mit vielen Gassen und Hallen aufwärts zieht und die beiden Seiten mit einem Kranz von Vorstädten einfasst, ist zwar ansehnlich genug; aber die grünen Ölwälder ringsum, die schattigen Berge, die azurnen Meeresweiten, die leuchtenden Golfe lassen sie nur als monumental wirksames Glied in diesem hinreißenden Schauspiel der Natur erscheinen. Warme Luftströme wehen darüber hin vom Spiegel der See; man atmet Duft des Meeres und der Orangengärten zugleich. Die Esplanade mit ihren Pinien und einer grünen Rasenfläche, worauf das Ehrenmal des Lords Maitland, ein kleiner ionischer Rundtempel, steht, ist wohl der schönste Platz, den eine Stadt haben kann. Von zwei Seiten umgeben ihn Gebäude zum Teil mit Portiken und der Regierungspalast aus gelblichem Malteserstein. Nach dem Meere schließen ihn steinerne Balustraden hinter Blumengärten; an seiner Ecke steigt machtvoll das Kastell empor mit schwarzen Felsenwänden, welche blühende Ranken schön umwinden. Überall strahlt das Meer aus Golfen und rötlichen Felsenbuchten."

Schwimmen und Sonnenbaden sind in Korfu-Stadt nur bedingt möglich. Im Norden gibt es so gut wie überhaupt keine Möglichkeiten, die Hafenanlagen ziehen sich kilometerweit hin. Dennoch gibt es drei empfehlenswerte Strandbäder (→ Baden).

Basis-Infos

Information Das Büro der **Griechischen Zentrale für Fremdenverkehr** (E.O.T) ist nach Alikés (→ S. 182) umgezogen. Achtung: Auf vielen in Korfu verkauften Stadtplänen ist das Office noch falsch eingezeichnet! Auskünfte unter ✆ 26610/37520 oder 37639-40, www.kerkyra.gr.

In Korfu-Stadt gibt es eine **Touristeninformation** am Rathaus (Evangelistrias 4), die in den Sommermonaten geöffnet ist. Auskunft unter ✆ 26610/37520.

Der Bezirksausschuss für Fremdenverkehrsförderung und die **Touristenpolizei** befinden sich in der Samari-Str. 13, einer Seitenstraße des zentralen San-Rocco-Platzes, wo auch die blauen Busse abfahren. Hier erhält man schnelle Hilfe. Meist steht sogar ein Polizist vor dem Gebäude. ✆ 26610/30265 oder 39503.

Diplomatische Vertretungen → „Wissenswertes auf einen Blick", S. 49.

Verbindungen Fähren: Je nach Saison stündliche Abfahrt nach Igoumenítsa. Keine Reservierung nötig. Die Überfahrt dauert

rund 75 Min., Passagiere sollten 30 Min. vor Abfahrt am Hafen sein. Pro Pers. ca. 10 €, Auto 40 € (einfache Fahrt). Ticketverkauf am Fährhafen (New Port) Schalter 6 (Kérkyra Lines), ✆ 26610/81808, www.ionionlines.eu.

Nach Paxós gibt es täglich mehrere Schiffsverbindungen (→ Gáios/Verbindungen, S. 196). Neben der Fähre gibt es auch kleinere Passagierschiffe (Kamelia Lines) sowie das Tragflügelboot „Flying Dolphin".

Diverse Agenturen stehen für den Ticketkauf zur Verfügung, jedes Büro ist für eine andere Fährgesellschaft zuständig. Abgelegt wird in der Regel vom Hafen unterhalb der Neuen Festung. Im kleinen Terminal befindet sich das Sette Venti Café, das 24 Std. geöffnet hat (Ethnikis-Antistasseos-Str. 10).

Manche Fähren legen auch am internationalen Hafen im Norden der Stadt an. Auskunft zu Abfahrtszeiten gibt das Hafenamt: ✆ 26610/32655, 33108 oder 30096.

Ab Korfu-Stadt fährt auch eine Autofähre die Route Korfu–Erikoússa–Mathráki–Othoní–

Für Gehfaule: Kutschfahrten durch Korfu-Stadt

Blick von der neuen Festung über die Dächer der Altstadt

Erikoússa–Korfu (je nach Jahreszeit wechseln die Abfahrten, daher vor Ort erfragen).

Flughafen: Der Airport liegt direkt am Meer im Süden von Korfu-Stadt, ca. 3 km vom Stadtzentrum entfernt (Taxi ca. 11 €; Buslinie Nr. 15 1,50 €).

Blaue Busse: Am zentral gelegenen *San Rocco Square* (auch bekannt unter dem Namen *Platía Georgiou Theotóki*) fahren die blauen Busse ab, die sowohl im Stadtgebiet (Zone A), als auch im Großraum Korfu-Stadt (Zone B) verkehren. Dazu zählen auch die Verbindungen nach Dassiá, Gouviá, Ipsós, Kontokáli, Benítses, Achilleion, Pélekas, Ágios Ioánnis/Aqualand, Potamós, Evropoúli und Kanóni. Auskunft: ✆ 26610/31595, www.corfucitybus.gr.

Die Bushaltestellen einiger Linien befinden sich jedoch teilweise „um die Ecke" oder sogar einige Hundert Meter entfernt. Besser vor der geplanten Abfahrt beim Ticketverkäufer in einem weißen Kiosk an der Kopfseite des Platzes nachfragen. In dem Fahrplan, der dort erhältlich ist, sind die unterschiedlichen Haltestellen eingezeichnet. Busse nach Kanóni (Linie 2A) starten z. B. am Eingang der Alten Festung (via San Rocco Square, tägl. 7–23 Uhr alle 20 Min., So im 40-Min.-Takt, Ticket 1,50 €.) Busse zum Achilleion (Linie 10) an der Mitripolitou-Methodiou-Str. Die Abfahrtszeiten variieren je nach Saison, ein aktueller Busplan steht online zur Verfügung.

Übrigens können Bustickets auch in den anderen Kiosken am Platz gekauft werden, der Vorverkaufspreis ist etwas günstiger als der Preis an Bord.

Grüne Busse: Wer den Norden und Süden der Insel erkunden will, kann dies mit den grünen Überlandbussen tun. Der Busbahnhof befindet sich in der *Avramiou-Str.* südlich der Anlegestelle der großen Fähren. Von hier fahren die grünen Busse zu den entfernteren Ortschaften und Stränden Korfus. Auskunft: ✆ 26610/28928, www.ktelkerkyras.gr.

Ein kleiner Schalter informiert über Abfahrtszeiten und Preise, Tickets können sowohl an Bord als auch an Ticketautomaten am Busbahnhof gekauft werden (Letztere funktionieren allerdings nur bedingt). Die angegebenen Abfahrtszeiten stimmen.

Details zu den Busverbindungen finden sich in den jeweiligen Ortskapiteln.

Beispiele von Korfu-Stadt: Paleokastrítsa tägl. 12-mal für 2,30 €, Sidári tägl. 8-mal für 3,40 €, Kávos tägl. 10-mal für 4,40 €, Athen tägl. 3-mal für 44,30 €, Thessaloníki tägl. 2-mal für 35,30 €.

Ausflugsfahrten Von Korfu-Stadt werden zahlreiche organisierte Ausflüge angeboten, die vor allem auf Hotelgäste und Kreuzfahrttouristen ausgelegt sind. Buchbar über Agenturbüros am Neuen Hafen oder online, z. B. unter www.ichnos.gr oder www.corfutrips.com. Inselrundfahrten (inkl. Achilleion,

Onkel Toms Werkstatt

Schmuck, Spielzeug, Salatschüsseln, Bilderrahmen – auf den ersten Blick ist an diesem Sortiment nichts ungewöhnlich. Und doch ist es besonders: Hier besteht alles aus Olivenholz. In seinem „Workshop" fertigt Thomas Kumara-

kos – oder „Tom", wie er sich selbst nennt – seit über 40 Jahren die verschiedensten Gegenstände aus dem erstaunlichen Material. Seine kleine Werkstatt befindet sich in einer Seitengasse und wird von den vorbeiströmenden Touristen oft übersehen. Doch wer den kleinen Abstecher macht, wird belohnt: Er darf Tom bei der Arbeit zu sehen. Der rüstige Alte steht in orangefarbenem Arbeitsanzug regelmäßig hinter seiner Drechselbank. „Jedes Stück ist einzigartig", schwärmt er. „Keine Maserung gleicht der anderen." Mit seiner Schnitz- und Drechselkunst hat es Tom auch schon in die örtlichen Zeitungen geschafft: Stolz präsentiert er die eingerahmten Artikel an der Wand. Wem das Angebot übrigens nicht ausreicht, kann auch Sonderwünsche äußern. Die Arbeiten haben wegen des teuren Materials und der Handarbeit allerdings ihren Preis: Für Pfeffer- und Salzstreuer sollte man mit 22 € rechnen, große Olivenholzschüsseln gibt es ab 40 €. Workshop „by Tom", Nik. Theotoki-Str. 8, ℰ 26610/46683.

Mäuseinsel, Kassiopi und Paleokastrítsa für ca. 40 €), Tagesausflüge nach Paxós und Antípaxos (ca. 38 €) oder Albanien (38 €).

Baden Im **Zentrum** liegt ein kleines, wenig bekanntes Strandbad abseits des Verkehrs. Es befindet sich (nördlich) hinter dem Gouverneurspalast im Stadtteil Faliraki. Die Strandbar Imabari ist renoviert, wie auch die Einstiegstreppen und Umkleiden. Der lange Holzsteg ist hingegen ziemlich altersschwach und darf nicht mehr betreten werden. Das Bad ist ein Treffpunkt für Familien, Kinder und Jugendliche aus dem benachbarten Campiello-Viertel. Kein Eintritt, das Wasser ist aufgrund des vielen Schiffsverkehrs nicht immer sauber.

Am östlichen Rand der Altstadt (südlicher Rand der Esplanade), unterhalb der Uferstraße Dimokratias (beim Hotel Corfu Palace), befinden sich der Segelclub und der

Beachclub. Den kleinen Strand benutzen auch Altstadtbewohner, um an heißen Sommertagen mal eine Runde im Meer zu schwimmen.

Das **Strandbad Mon Repos** gehört zu den schönsten Möglichkeiten sich abzukühlen. Es liegt in der Garítsa-Bucht, etwa 2 km südlich der Altstadt: Duschen, schattenspendende Laubbäume, Taverne, Liegestuhlverleih, Kinderspielplatz und langer Steg. Hier kann man auch einen ganzen Badetag verbringen. Der Strand ist schmal und flach. Der Weg von der Altstadt entlang der Uferstraße Dimokratias ist (trotz des Verkehrs) ein Vergnügen. Eintritt 1,50 €, Kinder 0.70 €.

Parken In der Hauptreisezeit einen Parkplatz für sein Auto zu finden, erfordert viel Geduld und gute Nerven. An den meisten Durchfahrtsstraßen gilt grundsätzlich Halteverbot. Es gibt auf der Esplanade (Spiana-da-Platz) einen großen bewachten Park-platz gegen Gebühr (3 €/Tag); die Autos stehen allerdings fast überall in der prallen Sonne. Eine Alternative ist der Parkplatz am Alten Hafen: 3 €/Tag (Caravan 6 €). Einige Abstellmöglichkeiten im Schatten findet man an der Parallelstraße zur Uferstraße *Dimokratias*, ca. 10 Min. Fußmarsch von der Altstadt entfernt. In der Hochsaison kommt auch der Abschleppwagen in schwerwie-genen Fällen zum Einsatz.

Pferdekutschen   In Korfu-Stadt stehen zahlreiche Droschken bereit. Eine Rund-fahrt durch die Stadt (ca. 60 Min.) kostet rund 40 €. Verhandeln lohnt sich. Die Kut-scher übernehmen aber auch Taxifunktion.

Wie vor 100 Jahren kann man sich zum Strand transportieren lassen.

Post   Hauptpostamt in der Avenue Alexan-dras 26, Mo–Fr 7.30–20.30 Uhr geöffnet (für Geldüberweisungen und Auslandspakete allerdings nur vormittags bis 13 Uhr); ✆ 26610/27861.

Taxi   Taxistände gibt es an der Esplanade und am Busbahnhof San Rocco Square; oder unter ✆ 26610/ 33811.

Zweirad- und Autoverleih   Entlang der Hafenanlage finden Sie zahlreiche Agentu-ren. Auch wenn in den Prospekten feste Preise stehen, lohnt sich das Verhandeln. Bei den meisten Tarifen ist noch viel Luft.

Einkaufen

Ob Gold- und Silberschmuck, Stücke aus Olivenholz oder *Koum Quat* (ein typisch korfiotischer Likör aus Zwergorangen) – die Geschäftsleute in den Altstadtgassen haben sich auf die Bedürfnisse des internationalen Publikums eingestellt. Zwi-schen Ledertaschen und T-Shirts sind uns noch folgende Geschäfte aufgefallen. **Wichtig**: Montags und mittwochs sind viele Geschäfte ab 14 Uhr geschlossen. Die Souvenirläden sind aber meist bis spät in den Abend hinein geöffnet.

>>> Mein Tipp: **Blumenschmuck Thallo**, je-des Schmuckstück ist hier ein Unikat, denn es ist aus echten Blüten, Blättern oder Früchten gefertigt. Sie werden getrocknet und dann versilbert, vergoldet oder mit Kupfer überzogen. Einen kleinen, silbernen Olivenzweig gibt es ab 30 €. Ag. Pandon 22, www.thallo.com. <<<

Panaretos Keramik, in einer Seitengasse nahe der Neuen Festung haben die beiden Keramikkünstler Kostas Panaretos und sei-ne Frau, die Halbschweizerin Klio Brenner, ihre Galerie. Neben aufwendigen dekorati-

ven Stücken gibt es auch kunstvolle Tassen und Schüsseln ab ca. 8 €. Agias Sofias 23. Ihre Werkstatt befindet sich an der Hafen-straße, El. Venizelou 38, www.ceramicart.gr.

>>> Mein Tipp: **Lalaounis**, wie in New York, Paris, London, Genf und Athen unter-hält Lalaounis, Griechenlands berühmtester Juwelier, auch in Korfu eine Niederlassung. Nicht gerade ein Ort für Schnäppchen, aber für Leute, die griechische Goldschmiede-kunst mit ausgefallenem Design schätzen. Nördliches Ende der Esplanade, Kapodis-triou-Str. 35. <<<

Der Markt – Paradies für Feinschmecker

Ein Besuch des farbenprächtigen Marktes auf der Rückseite der Neuen Fes-tung gehört zu den Erlebnissen besonderer Art. Frischer Fisch in allen Sorten, leckeres Obst und Gemüse in Hülle und Fülle. Alles, was das Meer und der Boden Griechenlands hervorbringen, wird hier angeboten: von einfachen Sardinen oder Tintenfischen bis hin zu Bio-Obst und -Gemüse, Honig und anderen korfiotischen Spezialitäten. Der Markt findet täglich außer sonn- und feiertags statt. Feinschmecker stehen für ihren Einkauf früh am Morgen auf, denn in der Regel sind bis 11 Uhr die besten Produkte längst verkauft. Ab 14 Uhr ist der Markt geschlossen. Lochagou-Spirou-Vlaikou-Str.

Der **Zeitschriftenladen** in der Theotoki-Straße 47, einer wichtigen Einkaufsstraße im
Zentrum, ist einer der besten Zeitschriften-
und Buchläden. Hier gibt es nicht nur Zeitungen und Zeitschriften von der „Frankfur-
ter Allgemeinen" übers „Handelsblatt" bis
zum „Spiegel", sondern auch verschiedene
Taschenbücher auf Englisch und Deutsch.
Ein weiterer Laden mit internationaler Pres-
se befindet sich auf der Kapodistriou-Stra-
ße, parallel zur Esplanade.

Guilford House, in der Guilford-Gasse 63
befindet sich der kleine Laden von Pamela
Revis mit alten Möbeln und dekorativen
Haushaltsgegenständen im englischen Stil.
Geöffnet 10.30–14.30 Uhr.

Terracotta, moderne, ausgefallene Kunst
von griechischen Designerinnen. Die Palet-
te reicht von der extravaganten Keramik bis
zum filigranen Silberkettchen. Erstaunlich
preiswert. Filarmonikis-Str. 2.

The Land of Corfu, spezialisiert auf Na-
turkosmetik mit eigener Bio-Linie aus Oliven und Kumquat. Bietet zudem eine gute
Auswahl an Bio-Olivenölen und Spezialitäten aus Korfu. Mit drei Filialen vertreten,
u. a. Filarmonikis-Str. 25. ■

Übernachten

Die Hotels von Korfu-Stadt haben bis auf
wenige Ausnahmen (z. B. Corfu Palace)
keinen Swimmingpool, sondern sind
reine Stadthotels. Am schönsten wohnt
man rund um die Esplanade im Herzen
der Altstadt. Preisgünstige Pensionen
und Hotels findet man im Hafengebiet.
Ein Teil der Hotels liegt auf der Halbinsel
Kanóni (→ S. 84).

***** **Corfu Palace** 🟦, der in die Jahre gekommene Corfu Palace gilt als das beste
Hotel der Inselhauptstadt, nicht zuletzt wegen seiner zentralen Lage in der Altstadt
und dem malerischen Panorama von den
Zimmerbalkonen. Das Traditionshaus an
der Uferpromenade besitzt auch einen kleinen Garten mit Palmen, am Meerwasser-
pool wird es deshalb bisweilen recht eng
(auch Hallenbad vorhanden). Wohlfühlen
werden sich hier vor allem nicht lärmempfindliche Stadtbummler. Der Jachthafen liegt gleich gegenüber. Mit 106 Zimmern und 200 Betten zählt das Corfu Palace

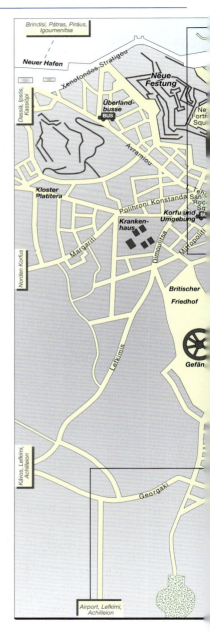

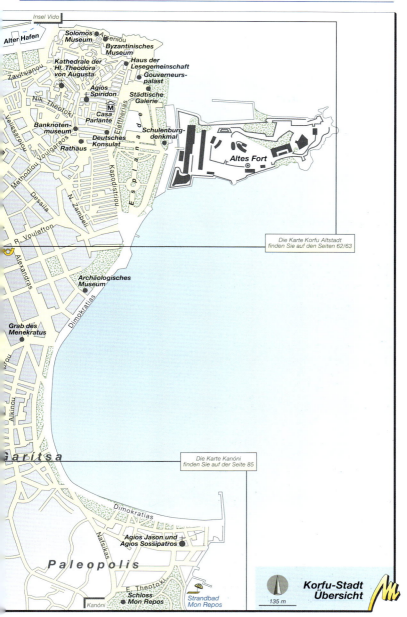

Insel Vido

Alter Hafen

Solomos Museum

Xeniou

Byzantinisches Museum

Kathedrale der Hl. Theodora von Augusta

Haus der Lesegemeinschaft

Zavitsianou

Gouverneurs-palast

Agios Spiridon

Städtische Galerie

Nik. Theotoki

Casa Parlante

Banknoten-museum

Velissariou

Schulenburg-denkmal

Methodiou

Voulgareos

Rathaus

Deutsches Konsulat

E s p l a n a d e

Eleftherias

Kapodistriou

N. Zambeli

Dessila

Altes Fort

R. Vouletton

Alexandras

Die Karte Korfu Altstadt finden Sie auf den Seiten 62/63

Archäologisches Museum

Dimokratias

Grab des Menekratus

Alkinou

Die Karte Kanóni finden Sie auf der Seite 85

a r i t s a

Dimokratias

Agios Jason und Agios Sossipatros

Naisikas

P a l e o p o l i s

E. Theotoki

Schloss Mon Repos

Kanóni

Strandbad Mon Repos

135 m

Korfu-Stadt Übersicht

längst nicht zu den größten Hotels auf der Insel. Keine Zimmer zur Rückseite. Auf der weitläufigen Frühstücksterrasse mit dem schönen Ausblick auf das griechische Festland lässt sich gut der Tag beginnen. Der Service ist von unterschiedlicher Qualität. Viele griechische Stammgäste. Die Preise schwanken je nach Jahreszeit sehr: DZ/Frühstück im Winter ab 144 €, im Sommer aber ab 377 €. Halbpension pro Pers. 44 € extra in der HS. Leoforos Dimocratias 2, ✆ 26610/39485, www.corfupalace.com.

*** Bella Venezia ⎯⎯, wer mitten in Korfu-Altstadt wohnen und historisches, etwas nostalgisches Ambiente genießen möchte, ist hier an der richtigen Adresse. Die neoklassizistische Villa – früher eine Schule – an einer westlichen Parallelstraße zur Esplanade (Spianada-Platz) zählt zu den beliebtesten Hotels der Inselhauptstadt. Die Zimmer der Villa sind unterschiedlich ausgestattet und differieren in der Größe. Schauen Sie sich deshalb das jeweilige Zimmer an. Frühstück, das keine Wünsche offen lässt, im von Bougainvilleen umrankten Gartenhof. Netter Service. 31 Zimmer, ganzjährig geöffnet. DZ 120 €. Zambeli-Str. 4, ✆ 26610/46500 oder 44290, www.bella veneziahotel.com.

*** Arcadion ⎯⎯, das 5-stöckige Hotel an der Esplanade ist für Liebhaber der Altstadt ein ideales Quartier. Die Zimmer sind klassisch eingerichtet. Von den Balkonen bietet sich ein schöner Blick auf die Festung und den Park. Einst trafen sich im Café des heutigen Hotels die Unterstützer des korfiotischen Politikers Georgios Theotokis, nach dem auch eine wichtige Straße in der Altstadt benannt ist. Das Arcadion hat aber zwei Nachteile. Zum einen befindet sich im Erdgeschoss der Ableger einer amerikanischen Frikadellenbraterei, zum anderen ist es auf Grund der zentralen Lage im Sommer ziemlich laut. Es empfiehlt sich daher (nicht nur wegen der Aussicht) Zimmer in den obersten Stockwerken zu reservieren. Ganzjährig geöffnet. DZ/Frühstück   120–250 €.   Kapodistriou-Str.   44, ✆ 26610/30104 oder 37670, www.arcadion hotel.com.

**** Cavalieri ⎯⎯, die venezianische Villa am Rande der Esplanade ist das bekannteste Hotel der Stadt. Das schöne Herrenhaus war in den 60er- und 70er-Jahren Treffpunkt er Schönen und Reichen. Heute wird das 1963 eröffnete Hotel von griechischen Business-Reisenden geschätzt. Vor allem die hohen, großen Zimmer (teilweise mit Balkon) nach Osten bieten einen traumhaften Blick über die Esplanade hinüber zum griechischen Festland. Die vielen Jahre sind allerdings an der Einrichtung nicht spurlos vorübergegangen. Für Ruhebedürftige eignen sich die Zimmer zur Esplanade aufgrund des Verkehrs nur wenig. Auch der Service erscheint verbesserungswürdig. Das kleine Frühstück wird leider in einem dunklen Salon eingenommen (Selbstbedienung). Beliebt ist im Sommer die Dachterrasse, die aber nur am Abend geöffnet wird. Viele Einheimische und Gäste genießen das romantische Ambiente und das Altstadt-Panorama bei einem Drink. Das Essen ist leider relativ teuer und mittelmäßig. Ganzjährig geöffnet. DZ 90–270 €. Kapodis-

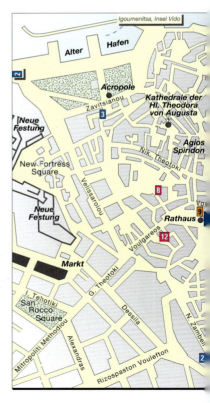

triou-Str. 4, ✆ 26610/39041 oder 39336, www.cavalieri-hotel.com.

** Atlantis ②, vis-à-vis vom internationalen Hafen „Neo Limani". Obwohl laut, sind die 61 Zimmer fast immer ausgebucht. Preiswertes Restaurant. Ganzjährig geöffnet. DZ 70–125°€. Xen.-Stratigou-Str. 48, ✆ 26610/35560, www.atlantis-hotel-corfu.com.

** Konstantinoupolis ③, das Traditionshaus am alten Hafen wurde zur Zeit des britischen Protektorats gebaut. Eine Familie aus Konstantinopel, die es auf der Flucht vor den Türken nach Korfu verschlagen hatte, bewirtschaftete es ab 1878 als Hotel. Am Rand der Altstadt gelegen, mit Blick auf den Alten Hafen. Gediegene Einrichtung und historisches Ambiente, ganzjährig geöffnet. Sehr zuvorkommender, deutsch-

sprachiger Service. 31 Zimmer mit Klimaanlage. DZ 78–200 €, Frühstück 4 €. K. Zavitsianou-Str. 11, ✆ 26610/48716, www.konstantinoupolis.gr.

*** Palace Mon Repos ② (→ Karte S. 85), im südlich der Altstadt gelegenen Stadtteil Garítsa befindet sich beim Strandbad Mon Repos das gleichnamige Mittelklassehotel der Familie Rizos. Die Herberge wirkt von innen besser als von außen. Von den Zimmern hat man eine schöne Aussicht. Am besten Zimmer nach Nordosten mit Blick auf das Alte Fort nehmen. Durch die Küstenstraße relativ laut. Schöner Spaziergang am Meer zum 1 km entfernten Zentrum, geöffnet von April bis Okt. DZ ab 140 €. Anemomilos, ✆ 26610/32783.

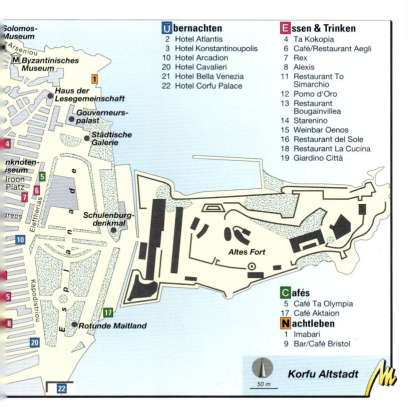

Übernachten
- 2 Hotel Atlantis
- 3 Hotel Konstantinoupolis
- 10 Hotel Arcadion
- 20 Hotel Cavalieri
- 21 Hotel Bella Venezia
- 22 Hotel Corfu Palace

Essen & Trinken
- 4 Ta Kokopia
- 6 Café/Restaurant Aegli
- 7 Rex
- 8 Alexis
- 11 Restaurant To Simarchio
- 12 Pomo d'Oro
- 13 Restaurant Bougainvillea
- 14 Starenino
- 15 Weinbar Oenos
- 16 Restaurant del Sole
- 18 Restaurant La Cucina
- 19 Giardino Città

Cafés
- 5 Café Ta Olympia
- 17 Café Aktaion

Nachtleben
- 1 Imabari
- 9 Bar/Café Bristol

Korfu Altstadt

50 m

Essen & Trinken   → Karten 62/63

Die Vielfalt an Restaurants und Tavernen in Korfu-Stadt ist beeindruckend. Gastronomisches Zentrum ist die Altstadt, in den engen Seitengassen reiht sich eine Taverne an die andere. Rund um die Esplanade gibt es eine Reihe von Lokalen, die auch anspruchsvolle Gäste zufriedenstellen. In der Mittagszeit und abends sind die Tavernen in der Regel sehr gut besucht.

Bougainvillea [13], der Platz gegenüber dem Rathaus ist so zauberhaft wie das Essen. Der Familienbetrieb setzt auf die traditionelle griechische Küche. Frische Produkte von guter Qualität und gute Gewürze sorgen dafür, dass das Bougainvillea zu den beliebtesten Tavernen in der Altstadt gehört. Unter einer riesigen, von Arkaden gestützten Bougainvillea-Pflanze nimmt man Platz. Candlelight-Stimmung. Besonders lecker ist der gegrillte Tintenfisch mit Zitrone. Hauptgerichte ab 10 €. Gute Tageskarte, empfehlenswertes Stifado. Mittleres Preisniveau. Sehr nette Bedienung. Rathausplatz, ℡ 26610/41607.

》 Mein Tipp: To Dimarchio, es gibt preiswerte, authentische Restaurants in Korfu-Stadt, doch diese Taverne überzeugt mit exzellenten Produkten und einer aromatischen Küche. Darunter korfiotische Gerichte, die durchaus innovativ zubereitet werden, und eine ganze Reihe vegetarischer Gerichte. An kühlen oder gar regnerischen Tagen lohnt sich ein Besuch wegen der angenehmen und eleganten Speisezimmer im 1. Stock mit schönem Ausblick auf den Rathausplatz. Die Terrasse befindet sich übrigens direkt neben der des Bougainvillea. Rathausplatz, ℡ 26610/39031. 《

Del Sole [16] die kleine, malerische Taverne direkt neben La Cucina gilt als eines der besten italienischen Lokale der Stadt. Das kulinarische Vergnügen hat aber seinen Preis: Pasta ab 8 €, Fleischgerichte ab 15 €. Gegessen wird an kleinen Marmortischen. Malerisch. Im Sommer auch mittags offen. Guilford-Str. 17, ℡ 26610/32411.

》 Mein Tipp: Giardino Città [19], das kleine Restaurant genießt bei Einheimischen einen exzellenten Ruf. Lag es früher etwas außerhalb, ist es jetzt, wie der Name verrät, in der Altstadt angekommen. Klassische italienische Küche zu allerdings auch hohen Preisen. Hauptgerichte ab 20 €, frische Pasta ab 13 €. Öffnet erst um 19.30 Uhr. Guilford-Str. 9, ℡ 26610/30723. 《

Meeresvielfalt

Korfu-Stadt →Karten S. 60/61 und S. 62/63

Bunter Augenschmaus

Rex 7, für viele Einheimische zählt das bereits 1932 gegründete Restaurant in der Seitengasse hinter der Esplanade zu den besten Lokalen der Stadt. Das Rex genießt seit Jahrzehnten einen guten Ruf. Im Sommer gehört es den Touristen, im Winter den Einheimischen. Dem Gast wird raffinierte griechische Küche serviert, die überdurchschnittlich gute Rohprodukte verarbeitet. Besonders lecker ist die korfiotische Spezialität Pastitsado (Rindfleisch mit Pasta). Bei dieser Qualität ist das Restaurant nicht einmal teuer: Die meisten Fisch- und Fleischgerichte liegen um 15 €. Es kann auch ein ganzer Hummer bestellt werden; enttäuschend sind nur die Pizzen. Geschulte, aber meist überforderte Kellner. Frühzeitig einen Platz sichern, denn das Rex ist mittags und abends bis auf den letzten Platz besetzt. Elegantes Interieur. Kapodistriou-Str. 66, ✆ 26610/39649, http://restaurantrex.gr.

Aegli 6, das Restaurant an der Esplanade ist seit mehr als vier Jahrzehnten ein Klassiker in der Inselhauptstadt. Nicht nur der bevorzugte Standort, sondern auch die feine, frische Küche locken die Gäste an. Eine Vitrine mit Meerestieren verführt zur Einkehr. Wer an der Esplanade keinen Platz findet, bekommt meist in der parallelen Gasse einen Tisch. Zu empfehlen sind neben den korfiotischen Klassikern auch die vegetarischen Vorspeisen wie z. B. gefüllte Aubergine oder Zuccinibällchen (Kolokithokeftedes) mit Zaziki sowie das selbst gemachte Sauerteigbrot. Übrigens ist das Restaurant an Regentagen angesichts seiner gemütlichen Innenräume ein beliebtes Ziel. Besitzer des Aegli ist der deutsche Generalkonsul Konstantin Gisdakis. Kapodistriou-Str. 23, ✆ 26610/31949.

Café Ta Olympia 5, dieses Café unter den Arkaden an der Esplanade ist seit Jahrzehnten eine Institution. Es wurde 1928 von Zisimos Papafloratos gegründet. Schnell entwickelte sich das Olympia zu einem Literaten- und Künstlertreffpunkt. Noch heute versammeln sich Freundeskreise zum Plausch über Gott und die Welt im Olympia. Der alte Charme ist im Innenraum noch teilweise spürbar, ansonsten wurde das Traditionscafé zu einer modernen Eisdiele umgestaltet.

Café Aktaion 17, am nördlichen Ende befindet sich dieses beliebte Straßencafé. Von der Terrasse genießt man den schönen Blick auf die Festung und die Gastrítsa-Bucht. Für Schatten sorgen Eukalyptus- und Akazienbäume. Neben einer großen Auswahl an Bieren serviert das Aktaion auch leckere Appetizer. Der Service ließ jedoch lange auf sich warten.

To Simarchio 🔟, schon allein an diesem Platz am Abend zu sitzen, ist ein romantisches Vergnügen. Der Rathausplatz mit seinem venezianischen Palazzo bildet die Szenerie dafür. Man wird von aufmerksamen Kellnern umsorgt. Internationale Küche (auch Pasta) zu gehobenen Preisen. Für ein Hauptgericht sollte man ab 13 € rechnen. Gute griechische Weine. ✆ 26610/39031.

》》 Mein Tipp: La Cucina 🔟, das italienische Restaurantino in der Guilford-Gasse zählt zu den besten von Korfu-Stadt. Die Pizzen genießen unter Einheimischen einen sehr guten Ruf. Der freundliche Besitzer, der mit seinem exzellenten Englisch brilliert, serviert die leckeren Gerichte aus dem Ofen. Auch gute Salate und interessante italienische Weine. Die Taverne verfügt nur über wenige Tische, deshalb frühzeitig kommen oder reservieren. Es gibt auch einen großen, stilvoll eingerichteten Innenraum mit Klimaanlage, an heißen Sommerabenden durchaus ein Vergnügen. Junges Publikum. Gehobenes Preisniveau: Für eine Pizza sollte man mit 10 € rechnen. Reservierung unter ✆ 26610/45029, Guilford-Str. 17 (nicht verwechseln mit dem gleichnamigen Restaurant wenige Häuser weiter nördlich auf der Guilford-Str.). 《《

》》 Mein Tipp: Weinbar Oenos 🔟, an der idyllischen Ecke Guilford- und Moustoxidou-Str. kann man den Abend entspannt ausklingen lassen. Ausgesuchte griechische, italienische und internationale Weine ab ca. 17 €. ✆ 26610/20999. 《《

🍃 **Pomo d'Oro** 🔟, in seinem Restaurant bietet Aristotelis Mergoulas moderne mediterrane Küche auf gehobenem Niveau. Die raffinierten Gerichte spiegeln die Leidenschaft des Chefkochs wider, der sein Hand-werk in Bologna gelernt hat. Das Restaurant liegt in einer ruhigen Seitengasse der Evgeniou-Voulareos-Straße. Das stilvolle Ambiente sowie die idyllische Terrasse machen das Restaurant zum perfekten Ort für Genießer. Skaramanga-Platz 11, ✆ 26610/81785, www.facebook.com/pomodorocorfu. ∎

Ta Kckopia 🔟, auf dem kleinen, versteckten Platz unweit der Esplanade sitzt der Gast idyllisch unter Palmen. Das kleine, gemütliche Restaurant ist stets gut besucht. Das Essen ist gut und günstig, die Bedienung ist freundlich und aufmerksam.

Imabari 🔟, die Loungebar liegt traumhaft gegenüber der Alten Festung, unterhalb des Gouverneurspalastes. Die Karte ist klein, aber es wird besonderer Wert auf regionale Produkte gelegt. Neben selbstgemachter Limonade und Cocktails gibt es Meze, Salate, frische Sandwiches und Frühstück. An die Bar schließt ein Bade- und Sonnenliegenbereich an, der an heißen Tagen zu einer Erfrischung lockt (Umkleiden vorhanden). Faliraki-Strand. ✆ 26611/00340. ∎

》》 Mein Tipp: Starenino 🔟, die bekannte Traditionsbäckerei bietet eine große Auswahl gefüllter Blätterteigtaschen und hausgemachter Pies (ab 2 €) an. Perfekt für ein Picknick zum Mitnehmen, auf Wunsch auch warm. Guilford-Str. 59. 《《

🍃 **Alexis** 🔟, der kleine Milchladen mit eigener Molkerei liegt in einer Seitengasse der Altstadt und wurde bereits 1950 gegründet. Die Milch kommt von der Insel, bei den Einheimischen ist der Laden vor allem wegen der frischen Butter bekannt. Sehr zu empfehlen sind auch der Milchreis (auf Wunsch mit Zimt) und die Puddingsorten. Ayion-Vassiliou-Str. 12. ∎

Nachtleben   → Karten 62/63

Bis Mitternacht trifft man sich in den Bars und Cafés der Altstadt rund um die Esplanade, danach geht es zum Discostrip, zu den Musikkneipen, Clubs und Diskotheken, die sich an der Straße nach Kontokáli (rund 2 km westlich des Zentrums, unweit des Jachthafens) wie an einer Perlenschnur aufreihen.

Altstadt Dachgarten Cavallieri 🔟, einen besseren Platz am frühen Abend gibt es nicht. Aperitif mit Blick über die verwinkelte Altstadt. Ein Klassiker. Kapostristriou-Str. 4.

Amaze, die Bar besticht mit einer einzigartigen Location direkt am Wasser. Mit Blick auf die Insel Vido und die Alte Festung feiert vor allem junges, studentisches Publikum. Faliraki (neben En Plo/Imabari).

》》 Mein Tipp: Bristol 🔟, die Bar im Zentrum der Altstadt unweit des Rathauses ist Treffpunkt der jungen Leute. Tagsüber ruhiges Cafe, wird es abends richtig voll, man genießt Cocktails und Biere in außergewöhnlichem Art-déco-Interieur. Service von wechselnder Qualität. Evgeniou-Voulgareos-Str. 40. **«**

Koxlias, meist überfüllte Bar unter den Arkaden (Liston), die bei den Einheimischen schwer angesagt ist. Der Treffpunkt hat von März bis Nov. geöffnet. Junger, netter Service. Gute Cocktails bei angesagter Musik. Eleftherias-Str. 16.

Discostrip an der Ethnikis-Antistaseos-Str. The Club, beliebter Club mit griechischer und internationaler Elektro-Musik.

54 Dreamy Nights, der Club ist bekannt für seine Lightshow und Elektrobeats.

Yard Club, internationale und griechische Clubmusik.

In der Altstadt

Esplanade – Alte Festung – Gouverneurspalast – Neue Festung – Rathaus – Kirche Ágios Spirídon – Kathedrale der heiligen Theodora von Augusta – Haus der Lesegemeinschaft – Ionisches Parlament – Byzantinisches Museum – Banknotenmuseum – Solomos-Museum – Casa Parlante

Esplanade

Die Esplanade – griechisch Spianada genannt – zählt zu den schönsten Plätzen Griechenlands. Das parkähnliche Plateau am östlichen Rand der Altstadt (Campiello) liegt direkt gegenüber dem Alten Fort. 1576 begannen die Venezianer Altstadthäuser abzureißen, um ein freies Schussfeld bei der Verteidigung der Festung zu haben. Das spätere Exerziergelände wurde erst im 19. Jh. in einen Park umgewandelt. Im nördlichen Teil des Parks kann man am Wochenende oder oft auch am Abend die Kricketspieler beobachten. Vom Café oder von einer der zahlreichen

Arkadenhaus

Korfu-Stadt →Karten S. 60/61 und S. 62/63

Bänke aus lässt sich das Treiben der blendend weiß gekleideten Sportler am besten verfolgen. Bis zum heutigen Tag ist die Esplanade das Zentrum des öffentlichen Lebens. Die Prozessionen zu Ehren des Inselheiligen Ágios Spirídon finden hier genauso statt wie phonstarke Rockkonzerte.

Arkadenhäuser (griechisch *Liston* genannt) im französischen Empirestil, zwischen 1807 und 1814 erbaut, begrenzen den Spianada-Platz im Westen. Die vom französischen Gouverneur Baron Matthieu de Lesseps (Vater des berühmten Suez-Kanal-Erbauers Ferdinand de Lesseps) entworfene Häuserzeile entstand nach dem Pariser Vorbild der Rue de Rivoli auf Höhe des Louvre. Diese Promenade ist längst für den Straßenverkehr gesperrt. In schattiger und ruhiger Lage haben Cafés und Restaurants ihre Stühle und Tische aufgestellt. Hier flanieren Einheimische und Touristen auf und ab: sehen und gesehen werden.

Der südliche Teil der Esplanade gleicht einem kleinen Wäldchen. Die schattigen Bäume laden zu einer Pause ein, und wer Glück hat, findet sogar ein Plätzchen auf einer Bank. Im Zentrum steht die zu Ehren des britischen Gouverneurs Thomas Maitland erbaute **Rotunde**. Von Einheimischen wird der runde Kolonnadenbau auch Zisterne genannt, denn hier lag der Zugang zu den größten Wasserspeichern der Stadt. Der viktorianische Musikpavillon stammt ebenfalls aus der britischen Kolonialzeit und wird noch heute für Konzerte und Tanzaufführungen genutzt.

Ganz im Süden der Esplanade, an einer vielbefahrenen Kreuzung, erhebt sich das Denkmal des Grafen Kapodistrias, des berühmtesten Politikers von Korfu.

Alte Festung

Die *Paleo Frourio* (Alte Burg), direkt gegenüber der Esplanade, wurde 1550 von den Venezianern angelegt und später von den Engländern mit Schutzwällen umgeben. Ein von Menschenhand geschaffener, 15 m tiefer und 20 m breiter Kanal (*Kontrafossa*) trennt die Anlage von der Insel.

Der Besuch empfiehlt sich vor allem wegen der Aussicht auf die Stadt Korfu und das griechische Festland. Zudem findet man eine Vielzahl von versteckten Winkeln, die zu einer Siesta oder einer gemütlichen Brotzeit einladen. Am Eingang befindet sich das Standbild des *Grafen von der Schulenburg*, der 1716 die Stadt erfolgreich gegen die Türken verteidigt hatte. Seit mehreren Jahren wird das weitläufige Gelände mit Fördergeldern der EU restauriert.

Während die Festungsmauern noch aus venezianischer Zeit stammen, entstanden während der britischen Herrschaft zahlreiche Gebäude im Inneren des Forts. Zu den markantesten und größten Kirchen Korfus gehört die **Georgskirche** (Ágios Geórgios). Eigentlich sieht das um 1830 erbaute Gotteshaus wie ein antiker Tempel im dorischen Stil aus. Erst nach der Wiedereingliederung Korfus in den griechischen Staat wurde eine

Ikonostase errichtet. Heute dient die Kirche als Ausstellungsraum. Der Platz davor wird als Veranstaltungsort genutzt, in der Hochsaison finden mehrmals wöchentlich „Light-and-Sound-Shows" statt, zudem Vorführungen griechischer Tanz- und Musikgruppen.

Am Eingang zur Alten Festung befindet sich heute das **Schulenburgdenkmal**, ursprünglich stand es innerhalb der Burg. *Graf Johann Matthias von der Schulenburg* (1661–1747) gilt bei den Korfioten als Held. Der aus einem kleinen Dorf in Sachsen stammende Berufsoffizier verteidigte zwischen dem 25. Juli und 22. August 1716 im Namen Venedigs mit nur 3000 Soldaten Korfu erfolgreich gegen fast 40.000 Türken. Noch zu seinen Lebzeiten – im Jahre 1718 – wurde ihm ein Denkmal gesetzt. Der italienische Bildhauer Antonio Corradini schuf das Werk aus Carrara-Marmor, das den Marschall mit römischer Toga, auf dem Kopf eine Perücke und einen Lorbeerkranz, darstellt. Übrigens wurde im Oktober 1718 die Feste durch einen Blitz zerstört. Schulenburg ließ die Verteidigungsanlage wiederherstellen und blieb bis zu seinem Tod Oberstkommandierender der venezianischen Landtruppen. Schulenburg, der in Frankreich und Deutschland studiert hatte, war keineswegs nur Soldat, sondern auch Kunstmäzen und eng mit dem Maler Giovanni Battista Piazzetta befreundet. 1747 starb der Feldherr in Verona und wurde schließlich im Arsenal in Venedig beigesetzt. Wer sich für den deutschen Adeligen und seine Biografie vor dem Hintergrund einer unruhigen Zeit interessiert, sollte zu dem historischen Roman „Der König von Korfu" greifen. Das über 800 Seiten dicke Werk stammt aus der Feder Werner von der Schulenburgs, eines Nachfahren der Titelfigur.

Korfu-Stadt →Karten S. 60/61 und S. 62/63

Tägl. 8–20 Uhr; im Winter 9–16 Uhr. Eintritt 4 €, Studenten und Rentner über 65 J. 2 €, Kinder frei. Sparticket für 8 €, das Eintritt in das Archäologische Museum, die Alte Festung, das Museum für asiatische Kunst und das Museum für byzantinische Kunst (Anti-vouniotissa Museum) umfasst, für Rentner kostet die Eintrittskarte nur 4 €. Es gibt auch einen Museumsshop. Außerhalb der offiziellen Öffnungszeiten ist die Festung frei zugänglich – allerdings nur bis zur Kirche auf halber Höhe. Schließlich befinden sich

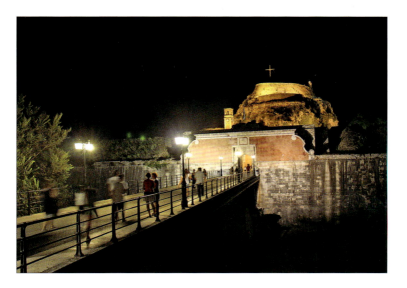

innerhalb der Festungsmauern nicht nur die Stadtbibliothek, sondern auch eine Musikschule und das **Kafenion** „Paleo Frourio", das auch kleine Speisen anbietet. Von der Terrasse genießt der Besucher einen schönen Blick auf die Garítsa-Bucht. Wer es maritimer mag, sollte sich direkt hinter dem Festungseingang links halten: Ein Stück weit hinter der Musikschule gelangt man unter der Festungsmauer hindurch wieder ans Wasser. Hier befindet sich der Segelklub von Korfu mit einem eleganten **Café**-**Restaurant**. Große Terrasse mit Windschutz und Blick auf die Segelboote. Seafood und Pasta zu recht günstigen Preisen.

»» **Lesertipp:** „Unmittelbar am Eingang und m Eintrittspreis inbegriffen gibt es auch ein kleines, aber sehr feines **Museum** mit archäologischen Fundstücken aus dem Gebiet von Paleopoli und erlesenen Ikonen" (Wilfried und Gisela Buscher aus Wuppertal). ««

Gouverneurspalast oder St.-Michael-und-Georg-Palast

Das 1819 aus Malteser Kalkstein erbaute neoklassizistische Palais am nördlichen Ende der Esplanade ist eines der prominentesten Gebäude der Stadt. Seine Fassade ziert ein dorischer Säulengang, der von zwei Triumphbögen mit den Namen der Heiligen Michael und Georg flankiert wird. Hier hatten die britischen Gouverneure und das Ionische Parlament ihren Sitz. Übrigens wird das Gebäude als St.-Michael-und-Georg-Palast bezeichnet, weil der 1818 gegründete, gleichnamige Orden hier residierte. Früher diente das Palais auch als Sommerresidenz der griechischen Könige. Den oberen Teil der Außenfassade schmücken Allegorien der Ionischen Inseln. Korfu ist mit dem teilweise erhaltenen Symbol eines antiken Schiffs ohne Steuer dargestellt, dem Wahrzeichen der Inselhauptstadt. 1994 wurde das prachtvolle Gebäude umfassend für den EU-Gipfel der Staats- und Regierungschefs renoviert. Die luxuriösen Innenräume mit farbenfreudigen Fresken, aufwendigem Parkett, marmorverkleideten Kaminen und opulenten Kronleuchtern erstrahlen

Gouverneurspalast

heute wieder in ihrem ursprünglichen Glanz. Auch die Schätze des **Museums für asiatische Kunst** sind wieder ausgestellt.

Im Erdgeschoss liegt die Halle des Senats. Hier tagte von 1814 bis 1864 der Senat der Ionischen Inseln. Der Saal zeigt Porträts der britischen Gouverneure Maitland und Adam und des britischen Königs George IV.

Im ersten Stock ist die umfangreiche asiatische Sammlung zu sehen. Sie umfasst wertvolles Porzellan vom 17. bis 20. Jh., das korfiotische Diplomaten und Kaufleute über Jahrzehnte zusammengetragen hatten. Es war vor allem der sammelwütige Diplomat Grigorios Manos (1850–1929), lange Zeit im Dienst des griechischen Staates als Botschafter in Asien unterwegs, der den Grundstein für diese sehenswerte Sammlung legte. Im Mittelpunkt der Sammlung stehen japanische Kunst aus der Edo-Zeit zwischen dem 17. und dem 19. Jh. sowie Porzellan und Textilarbeiten aus Thailand, China und Afghanistan.

Säulengang am Gouverneurspalast

Das bronzene Standbild vor dem Palast zeigt den englischen Gouverneur Frederick Adam, der in seiner Amtszeit von 1824 bis 1832 das vorbildliche Wasserversorgungssystem der Insel anlegen ließ.

An der Ostseite ist in einem Seitenflügel die **Städtische Galerie** beheimatet. Durch einen unauffälligen Eingang betritt der Besucher die eleganten Ausstellungsräume. Hier finden Wechselausstellungen statt, das Museumscafé im Garten des Palastes lädt zum Verweilen unter Palmen ein.

Museum für asiatische Kunst und Gouverneurspalast: Tägl. 8–20 Uhr. Eintritt 3 €, Rentner und Studenten 2 €. Sparticket für 8 €, das Eintritt in das Archäologische Museum, die Alte Festung, das Museum für asiatische Kunst und das Museum für byzantinische Kunst (Antivouniotissa Museum) umfasst, für Rentner kostet die Eintrittskarte nur 4 €.

Städtische Galerie: werktags 10–16 Uhr. Eintritt frei. Infos zu den wechselnden Ausstellungen unter ☎ 26610/48690, www.artcorfu.com.

Neue Festung

Die neue Festung (*Neo Frourio*) wurde ebenfalls von den Venezianern zwischen 1576 und 1589 nach der ersten türkischen Belagerung (1537) errichtet. Dem Bau der neuen Burg, die 1645 endgültig fertiggestellt wurde, fielen etwa 2000 Häuser zum Opfer. Im ausgehenden 17. und zu Beginn des 18. Jh. wurde die Anlage ausgebaut. Leider beschädigten Bombenangriffe während des Zweiten Weltkriegs die Burg.

Von Restaurants umgeben – der Platz am Rathaus

Ein Spaziergang durch diese monumentale Wehranlage ist ein Erlebnis. Viele Kase-
matten und Wehrmauern wurden in den 1990er-Jahren restauriert. Über eine steile
Metalltreppe gelangt man zum höchsten Punkt der Festung. Von hier genießt man
einen malerischen Blick über die Altstadt. Am Rand der Festung befindet sich heute
eine Militärschule.
Im Sommer Di–So 8.30–15 Uhr (Eingang von der Solomos-Str.). Eintritt 4 €.

Rathaus

Das prächtige Gebäude liegt an einem der schönsten Plätze in der Altstadt, unweit
der Stichstraße zur Esplanade. Es wurde 1691 als Loge der Adeligen von den Venezianern gebaut, bereits 1717 zu einem Theater umfunktioniert und nach der benachbarten katholischen Kirche Teatro San Giacomo genannt. Erst seit 1903 dient
es den Korfioten als Rathaus.

Kirche Ágios Spirídon

Die Hauptkirche der Stadt (1590 erbaut) mit ihrem hohen viereckigen Glockenturm mitten in der Altstadt beherbergt die Gebeine des Inselschutzheiligen, des
heiligen Spiridon. Das Einzige, was von der ursprünglichen Architektur erhalten
blieb, ist die Decke mit 20 goldumrahmten Rechtecken. Die Fresken des korfiotischen Malers Nikolas Aspiótis aus der Mitte des 19. Jh. stellen Szenen aus dem Leben des Heiligen und aus den vier Evangelien dar. Beeindruckend ist die große, von
einem österreichischen Künstler geschaffene Ikonostase aus Paros-Marmor
(19. Jh.). Der aufwendige, mit Silber beschlagene Reliquienschrein für die Gebeine

des heiligen Spiridon wurde übrigens 1867 in Wien hergestellt. Der Inselheilige war zypriotischer Erzbischof und nahm am Konzil von Nikäa 325 n. Chr. teil. Seine Gebeine gelangten im 15. Jh. von Konstantinopel nach Korfu, wo man sie sicher vor den Türken glaubte. Viermal im Jahr werden die Reliquien in einer Prozession durch die Altstadt getragen. Die Kirche ist seit einiger Zeit zu einem beliebten Wallfahrtsort für russisch-orthodoxe Pilger geworden.

Jüdische Korfioten: Von Korfu nach Auschwitz

Unterhalb der Neuen Festung, in den engen Gassen rund um den alten Hafen, lag das jüdische Viertel. Ein 2001 errichtetes Mahnmal an einem kleinen Platz (Ecke Velisariou-/Solomou-Straße), nur ein paar Schritte vom Eingang der Marine-Garnison, erinnert an das traurige Schicksal der jüdischen Korfioten während der deutschen Besatzungszeit im Zweiten Weltkrieg. Eine lebensgroße Plastik einer jüdischen Familie symbolisiert das Leid dieser religiösen Minderheit auf der Insel. Die Deutschen ließen im Juni 1944 rund 2000 Griechen jüdischen Glaubens in die Konzentrationslager von Auschwitz und Buchenwald deportieren. Weniger als 100 kehrten zurück.

Einen Einblick in das Leben kurz vor dem Beginn des Zweiten Weltkriegs gibt Lawrence Durrell in seinem Buch „Schwarze Oliven". Am 10. November 1937 notiert der britische Schriftsteller: „1571 vertrieb Venedig die Juden aus seinen Dominien; die Juden von Korfu bleiben aber mit ein wenig Glück ungestört. Im Jahre 1760 bildeten sie eine Kolonie von 1171 Personen; als die ersten französischen Kriegsschiffe ankamen und die Insel für Frankreich beanspruchten, wurden bei der Volkszählung ungefähr 2000 gezählt. Um 1860 hatte die Kolonie nach britischen Schätzungen an die 6000 Seelen. (...) Die Hebraika hat sich noch ihre Abgeschlossenheit und ihre Sprache erhalten, und ihre Bewohner spielen im Leben der Insel nur eine geringe oder gar keine Rolle. Auch die Zeit der Verfolgungen ist noch nicht vorbei. Zarian hat beobachtet, dass man in der Osterwoche keinen Juden außerhalb ihrer Wohngebiete sieht. Die schönsten Hochzeitsstickereien kommen aus der Hebraika, und die größte Auswahl an Töpfer- und Zinnwaren ist dort zu finden."

Korfu-Stadt →Karten S. 60/61 und S. 62/63

Kathedrale der heiligen Theodora von Augusta (Panagía Spiliótissa)

Die dreischiffige Kathedrale am alten Hafen zählt zu den wichtigsten Kirchen der Stadt. Die Kirche wird Panagía Spiliótissa – Jungfrau von der Höhle – genannt, denn ursprünglich lag ganz in der Nähe eine Höhle. In Griechenland ist es durchaus üblich, Kirchen nach mehreren Heiligen zu benennen. So ist heutzutage die Kathedrale vor allem der heiligen Theodora gewidmet. Über eine in steilen Treppen ansteigende Gasse erreicht man das 1577 erbaute Gotteshaus. Die Kirche beherbergt die Gebeine der heiligen Theodora, die zusammen mit denen des heiligen Spiridons 1456 nach Korfu kamen. Die Gebeine der byzantinischen Kaiserin sind heute in einem Silbersarg aufbewahrt. Sehenswert sind auch die prächtigen Ikonen aus dem 15. und 16. Jh. sowie die Ikonostase.

Haus der Lesegemeinschaft

Der 1836 gegründete Verein gilt als erste literarische Gesellschaft des modernen Griechenlands. Die Bibliothek umfasst mehr als 30.000 Bände, meist englischsprachige Literatur, sowie eine Sammlung alter Stiche, Drucke und Fotografien. Benutzung auf Anfrage.

Odos Kapodistriu 120. Mo–Sa 9.30–13.30 sowie ab 20 Uhr. Information und Anfragen unter ℅ 26610/33297, http://anagnostikicorfu.com.

Ionisches Parlament

Im Süden der Altstadt fällt ein neoklassizistisches Gebäude auf. Der 1855 errichtete Bau diente als Ionisches Parlament. Hier beschlossen im September 1864 die Volksvertreter den Anschluss an Griechenland. Seit 1869 ist es im Besitz der britischen Gemeinde, die es zu einer anglikanischen Kirche umfunktionierte.

Costas Georgakis: Ein Fanal gegen die Diktatur

Am Rand der Altstadt, an dem Einkaufsboulevard Theotoki-Straße nur unweit der National Bank of Greece, versteckt sich ein unscheinbares Bronze-Denkmal, das einen jungen Mann im Anzug darstellt. Die Plastik erinnert an den 1948 geborenen Studenten Costas Georgakis. Der Korfiote verbrannte sich selbst am 19. September 1970, um gegen das diktatorische Militärregime, das mit willkürlichen Verhaftungen, Deportationen und Folter das eigene Volk in Schach hielt, ein Fanal des Protestes zu setzen. „Ich kann nicht anders, als zu denken und zu leben wie ein freier Mann", heißt die schlichte Inschrift auf dem Denkmal des jungen Demokraten.

Byzantinisches Museum (Antivouniotissa-Museum)

Westlich vom Gouverneurspalast liegt das malerische Altstadtviertel Campiello mit seinen vielen venezianischen Häusern. Hier steht die im 15. Jh. erbaute Kirche der heiligen Jungfrau von Antivouniotissa. Von der Uferstraße führt eine Steintreppe zu der kunsthistorisch bedeutsamen Kirche, die heute als byzantinisches Museum eine neue Bestimmung gefunden hat. Mit einer umfassenden Renovierung wurde 1994 die Kirche mit ihrer barocken Ikonostase und den Fresken in den ursprünglichen Zustand zurückversetzt. Die Altarwand entstand Anfang des 17. Jh. und zeigt vier Ikonen. Insgesamt präsentiert das stimmungsvolle Sakralmuseum rund 100 Ikonen. Viele stammen aus der berühmten Ionischen Schule. Ein aufwendig gestalteter Museums-Bildband ist 2010 auf Englisch, Italienisch und Griechisch erschienen.

Di–So 9–16 Uhr. Eintritt 2 €, Rentner 1 €, EU-Studenten frei. **Sparticket** für 8 €, das Eintritt in das Archäologische Museum, die Alte Festung, das Museum für asiatische Kunst und das Antivouniotissa Museum umfasst, für Rentner kostet die Eintrittskarte nur 4 €.

Banknotenmuseum

Das im ersten Stock gelegene Privatmuseum der Ionian Bank widmet sich der
monetären Vergangenheit. Es werden griechische und korfiotische Banknoten von
den Anfängen bis heute, außerdem Inflations- und Kriegsgeld sowie deutsches und
italienisches Besatzungsgeld gezeigt. Sie finden das Museum ca. 150 m nördlich
des Rathauses im Seiteneingang der Ionian Bank. Ein Museumsbesuch erweist sich
vor allem an heißen Tagen als Wohltat, denn die Räume sind voll klimatisiert.
Freundliche Führung.
Do, Sa und So 9–15 Uhr, Mi und Fr 9–14 und 17.30–20.30 Uhr, Mo und Di geschlossen. Im
Winter immer Mi–So 8.30–15 Uhr. Eintritt frei. ✆ 26610/41552.

Solomos-Museum

Der berühmte neugriechische Lyriker Dionisios Solomos (1798–1857) verbrachte
in dem zweistöckigen Haus in der Arseniou-Straße 41 seine letzten Lebensjahre.
Das Gebäude wurde im Zweiten Weltkrieg zerstört und 1954 wieder aufgebaut. Das
Dichterhaus zeigt heute zahlreiche Bücher, historische Fotos, auf Italienisch und
Griechisch verfasste Manuskripte sowie persönliche Gegenstände wie den Schreib-
tisch des in Griechenland als Nationaldichter verehrten Solomos. Er gilt als führender
Kopf der ionischen Dichterschule, die die neugriechische Volkssprache zum poeti-
schen Ausdrucksmittel im griechischen Freiheitskampf entwickelte. Seine berühm-
te Ode „Hymne an die Freiheit" dient bereits seit 1864 als griechische Nationalhymne.
Mo–Fr 9.30–13 Uhr, Sa/So geschlossen. Eintritt 2 €. ✆ 26610/30674.

Korfu-Stadt →Karten S. 60/61 und S. 62/63

Casa Parlante

Das 2014 eröffnete Privatmuseum liegt inmitten der Altstadt, unweit des Liston, und lässt einen Teil korfiotischer Geschichte lebendig werden. Das neoklassizistische Herrenhaus wurde mit viel Liebe zum Detail im Stil der Zeit ausgestattet und bietet interessante Einblicke in das Leben einer Adelsfamilie im 19. Jh. Bei einem geführten Rundgang wird der Alltag der Familie durch Erzählungen und bewegliche Puppen zum Leben erweckt, was mitunter skurril wirkt. Trotzdem ist das Museum mit seinem authentischen Interieur einen Besuch wert. Führungen finden individuell, je nach Bedarf in verschiedenen Sprachen statt.

10–21 Uhr (außerhalb der Hochsaison verkürzte Öffnungszeiten). Eintritt 5 €, Studenten 3 €, Kinder unter 6 Jahren frei. Nikiforou-Theotoki-Str.16.

Außerhalb der Altstadt

Britischer Friedhof – Grab des Menekratus – Kirche Agios Iason und Agios Sossipatros – Archäologisches Museum – Seifenfabrik Patounis

Britischer Friedhof

Der noch heute genutzte britische Friedhof, der 1814 gegründet wurde, ist einer der romantischsten Plätze Korfus mit Grabsteinen aus der Kolonialzeit und wild wachsenden Orchideen. Der liebevoll gepflegte Friedhof mit seinen Obelisken, Monumenten und Grabmälern zeugt auf kuriose und anrührende Weise von der engen Verbindung Korfus mit Großbritannien. Die Grabmäler vor allem aus der ersten Hälfte des 19. Jh. sind eindrucksvoll.

Selbst das berühmte irische Kreuz hat hier Einzug gehalten. Die Briten beanspruchten den Gottesacker nicht für sich allein. Selbst schlichte Gräber deutscher Seeleute, die Kaiser Wilhelm II. bei seinen Trips zwischen 1890 und 1910 nach Korfu begleiteten, sind auf diesem parkähnlichen Areal zu finden. Der weltabgeschiedene Friedhof – unweit des Inselgefängnisses – ist täglich bis Sonnenuntergang geöffnet. Kleine Hinweisschilder weisen den Weg zum Eingang. Der Zugang erfolgt über das Gärtnerhäuschen in der Seitenstraße namens Koloktroni, die an der Stelle beginnt, wo die viel befahrene Einkaufsstraße Mitropoliti Methodiou (vom Busbahnhof des San Rocco Square ausgehend) auf die Dimoulitsa-Straße trifft. Der Eintritt ist frei, es wird um eine Spende gebeten.

Grab des Menekratus

Das kreisförmige steinerne Grabmal in der Neustadt wurde 1843 im Hof einer Polizeistation entdeckt. Am oberen Teil des Grabes befindet sich eine von rechts nach links zu lesende Inschrift, die auf das Jahr 600 v. Chr. datiert wird. Menekratus stand einst als Konsul in korfiotischen Diensten und starb bei einem Schiffbruch. Ein Besuch lohnt sich daher eher für Archäologie-Spezialisten, allerdings ist die Stätte für Besucher nicht zugänglich.

Der alte Mann und das Orchideenparadies

Wer das schmiedeeiserne Tor des Britischen Friedhofs öffnet und den von Bougain-villeen umrankten klassizistischen Torbogen durchschreitet, betritt ein vergessenes Orchideen-Paradies. Der Gottesacker der Kolonialherren ist nicht nur ein spannen-des Geschichtsmonument, sondern auch ein ökologisch wichtiges Biotop für vom Aussterben bedrohte Pflanzenarten. 30 verschiedene Orchideen blühen in dem kleinen Areal. Der hoch betagte Gärtner George Psaila, der gleich in dem Häuschen links vom Eingang wohnt – dort ist er auch 1926 zur Welt gekommen –, kennt je-den Quadratzentimeter. Und natürlich alle Orchideenarten, die hier blühen: *Ana-camptis pyramidalis*, *Ophrys fusca*, *Ophrys bertolonii*, *Orchis quadripunctata*, *Sera-pieas neglecta* usw. Seit fast 90 Jahren ist der Friedhof sein Reich. Mit leuchtenden Augen berichtet der alte Mann, der einen britischen Pass besitzt und dessen Fami-lie einst von Malta nach Korfu kam, von seinen Erlebnissen und Erfahrungen im selbst geschaffenen Paradies. Dem Einsatz von George Psaila und seinen Eltern, die sich ab 1924 um die fremden Ruhestätten kümmerten, ist es zu verdanken, dass hier die Zeit stehen geblieben ist. Insgesamt gibt es auf Korfu rund 50 Orchideen-arten, berichtet Psaila. Doch nirgendwo auf der Insel gibt es an einem einzigen Ort so viele Sorten. Die Saison der wilden Orchideen beginnt bereits im Januar mit *Barlia Robertiana* und endet im Mai mit *Anacamptis pyramidalis* und *Oberonia Brachystachys.* Viele Touristen verpassen deswegen ihre Blütezeit. Doch so unge-fährdet wie das Paradies erscheint, ist es am Ende dann doch nicht. Vor allem im Frühjahr bittet Psaila in seinem gebrochenen Englisch die Besucher, die Wege nicht zu verlassen, um die Orchideen nicht zu gefährden. Bisher noch immer mit Erfolg.

Kirche Agios Iason und Agios Sossipatros

Die byzantinische Kirche aus dem Jahr 1000 (!) steht versteckt in einer Seitengasse am südlichen Ende der Garítsa-Bucht (ganz in der Nähe des Hotels und Strandbades Mon Repos). Einst gehörte die Kirche, die den beiden Christianisierern Korfus geweiht ist, zu einem Kloster, doch das ist längst verschwunden. Die Kreuzkuppelkirche besitzt stark verwitterte Fresken aus dem 11. bis 14. Jh. Die Altarwand (Ikonostase) stammt aus spätbarocker Zeit.

8.30–14 und 18–21.30 Uhr. Eintritt frei.

Archäologisches Museum

Die 1967 gegründete Sammlung präsentiert auf zwei Etagen alle bedeutenden Funde der Ausgrabungsstätten Korfus. Das künstlerisch und historisch interessanteste Ausstellungsstück ist zweifellos der **Gorgogiebel** (590–580 v. Chr.) von der Westfront des dorischen Artemistempels aus der antiken Stadt Kérkyra (*Paleopoli*). Der 17 m breite und über 3 m hohe Giebel (!) ist fast vollständig erhalten und zählt zu den bedeutendsten Monumentalreliefs der griechischen Kunst. In der Mitte des Giebels ist die Gorgo Medusa dargestellt, wie sie nach rechts eilt, während ihr Dämonengesicht dem Betrachter zugewandt ist. Rechts und links der Gorgo sind ihre beiden Kinder, Chrysaor und das geflügelte Pferd Pegasus, zu erkennen. Zwei „Löwenpanther" umrahmen die Giebelmitte. Untergebracht ist das wertvolle Stück im größten Saal des Museums an der Westseite.

Im Südsaal (neben dem Gorgosaal) befindet sich der **Löwe des Menekratus**. Die Plastik, die man in der Nähe des Menekratus-Grabmals gefunden hat, wurde Ende des 7. Jh. v. Chr. von einem korinthischen Bildhauer geschaffen. Aufmerksamkeit erregen ferner eine Sammlung korfiotischer Münzen aus mehreren Epochen sowie Terrakotten aus verschiedenen Heiligtümern Korfus.

Der Nordsaal beherbergt den eindrucksvollen Teil eines Porosgiebels (um 500 v. Chr.), eine Reihe von Exponaten, die bei Mon Repos ausgegraben wurden, sowie der Kopf des Dichters Menander, eine der am besten erhaltenen Kopien (1. Jh. v. Chr.) des Bronzeoriginals in Athen. Die Exponate sind englisch und griechisch beschriftet.

Das Museum ist nach einer mehrjährigen Renovierungsphase wieder geöffnet (Behindertenaufzug vorhanden). Öffnungszeiten standen bei Redaktionsschluss noch nicht fest. **Sparticket** für 8 €, das Eintritt in das Archäologische Museum, die Alte Festung, das Museum für asiatische Kunst und das Museum für byzantinische Kunst (Antivouniotissa Museum) umfasst, für Rentner kostet die Eintrittskarte nur 4 €. ✆ 26610/30680. Es liegt im südlichen Teil von Korfu-Stadt, Vraila-Str. 5. Der Weg führt am Meer entlang (Konstantinou-Str.) und zweigt nach der großen Anlage des Corfu Palace Hotels rechts ab.

Seifenfabrik Patounis

Am nordwestlichen Rande des belebten San-Rocco-Square führt ein Tor in eine andere Zeit. In seiner mehr als hundert Jahre alten Fabrik stellt Apóstolos Patounis seine Seifen aus Olivenöl her. Dafür verwendet er die gleichen Werkzeuge und Zutaten wie schon sein Ururgroßvater. Der gründete vor über 150 Jahren die erste Seifenfabrik Griechenlands, 1891 eröffnete er die Savonnerie Patounis in Korfu-Stadt. Noch heute stapeln sich hier die großen Tabletts mit der gelblichen Seifen-

Seifen aus Olivenöl

masse zum Trocknen. Gleich daneben steht der alte Holzbottich auf der großen Feuerstelle, in dem das Öl erhitzt wird. Drei verschiedene Sorten Seife produziert Patounis hier zusammen mit seinem Team. Vor allem auf seine grüne Kernölseife ist er stolz. Weil deren Produktion so aufwendig ist, sei er einer der letzten Europäer, die noch echte Kernseife herstellen, sagt der Grieche. Das dunkelgrüne Öl aus den Olivenkernen muss je nach Jahreszeit und Klima ein bis zwei Wochen gekocht werden, bis es den exakten pH-Wert erreicht. Danach trocknet die Seifenmasse mindestens vier Monate lang. Patounis' Kernseife wirkt antiseptisch und wird auch heute noch von Ärzten und Krankenschwestern in Korfu verwendet. Aufgrund der großen Nachfrage von Touristen, griechischen Schulklassen und Studenten bietet Apóstolos Führungen an. Neben einer Einführung in die traditionelle Herstellung kann man beim Stempeln und Schneiden der neuesten Seifenproduktion zusehen. Im Laden sind die Seifen für ca. 2,50 € pro Stück erhältlich.

Mo–Sa 9–14 Uhr, Di, Do und Fr auch 18–20.30 Uhr. Führungen Mo–Fr um 12 Uhr. Ioannou-Theotoki-Str. 9, ☎ 26610/39806, www.patounis.gr.

Ausflüge in Stadtnähe

Insel Vido – Ausgrabungsstätten von Paleopoli – Artemistempel – Kloster Ágios Theódoros – Mon Repos – Kloster Platiteras – Museum Kapodistrias – Kanóni und das Kloster Vlacherná – Insel Pontikoníssi (Mäuseinsel) – Virós – Pérama – Gastoúri – Achilleion

Insel Vido

„Wer sich vom quirligen Zentrum mal erholen möchte, dem winkt ein besonderer Genuss. Mit einem Fährboot kann man sich zur kleinen Insel Vido, nur 1,5 km vom Altstadt-Hafen, übersetzen lassen und betritt damit eine andere Welt. Vido ist eine Oase der Ruhe und ein Paradies für Flora und Fauna. Seit 1993 besteht auf dem Inselchen ein Wildtier- und Vogelschutzzentrum. In diesem Naturpark sind Autos verboten. Im Norden der Insel lädt eine kleine Bucht zum Baden, erst Kies-, dann

Sandstrand, Tische und Bänke fürs Picknick sind vorhanden" (Lesertipp von Marianne und Franz Maurer aus Meggen).

Im Rahmen der ökologischen Schutzmaßnahmen wurde darauf geachtet, das Eiland in seiner Ursprünglichkeit zu erhalten. Von der Anlegestelle führt ein bequemer Weg die malerische Küste entlang. Nach 800 m in östlicher Richtung trifft man auf ein monströses serbisches Soldatendenkmal. Auf der Insel gibt es auch ein Ferienlager und ein ausgedehntes Pfadfindergelände. Immer wieder begegnet man Inselbewohnern wie Ziegen, Schafen und Fasanen. Für die interessante Inselumrundung braucht man rund eineinhalb Stunden. Doch auf Vido kann man problemlos auch den ganzen Tag verbringen. Wer kein Freund von Picknicks ist, kann in der Taverne an der Anlegestelle einkehren, wo auch die Fährleute an ihrem Ouzo nippen.

Die **Fähren** legen zu jeder vollen Stunde (mit Ausnahme der Siesta) in Korfu-Stadt ab; zu jeder halben Stunde geht es wieder zurück. Letzte Fähre um 1 Uhr nachts, in der Nebensaison allerdings deutlich früher (am besten den Fährmann fragen). Preis 2°€ (hin und zurück).

Wer die **Unterwasserwelt** von Vido kennenlernen möchte, sollte einen Ausflug (samt Seehundvorführung) mit der „Kalypso Star" unternehmen, die speziell für Unterwasser-Besichtigungsfahrten ausgerüstet ist. Abfahrt am alten Hafen 10–18 Uhr zu jeder vollen Stunde; Ticket 14 €, Kinder 8 €.

Ausgrabungsstätten von Paleopoli

Das Ausgrabungsfeld an der Abzweigung nach Analipsi (gegenüber dem Eingang zum Schloss Mon Repos) wurde in den letzten Jahren um Zug um Zug weiter freigelegt. Direkt an der Bushaltestelle Paleopoli kann man hier die Reste einer frühchristlichen, ehemals fünfschiffigen **Basilika** sehen. Sie wurde im 5. Jh. unter Verwendung von Baumaterial aus antiken Ruinen errichtet. Mit ihrem fünfteiligen Kirchenschiff und den beiden Vorhallen galt die Basilika als eine der größten Kirchen ihrer Zeit. Sie wurde in ihrer 1500-jährigen Geschichte mehrmals zerstört und wieder aufgebaut. Im Zweiten Weltkrieg zertrümmerten Bomben das Gotteshaus. Heute ist nur noch die Ruine ohne Dach vorhanden. Aktuelle Grabungen legten ein **römisches Bad** gegenüber der Basilika frei. Es wurde um 200 n. Chr. erbaut und ähnlich wie die Basilika beim Angriff der Goten im 6. Jh. vernichtet. Zeltsegel schützen die Funde vor der Sonne, ohne den Blick darauf zu versperren.

Fahren Sie mit den blauen Stadtbussen Richtung Kanóni bis zur Haltestelle Paleopoli. Das Gelände ist eingezäunt und nur während der Öffnungszeiten Di–So 8.30–15 Uhr zugänglich. Die Besichtigung ist kostenlos.

Artemistempel

In der Nähe von Paleopoli (ausgeschildert), nur 150 m vom Kloster Ágios Theódoros, befinden sich auf einem umzäunten Areal die spärlichen Überreste des etwa 590 v. Chr. erbauten Artemistempels. Ein Besuch lohnt sich wohl nur für Spezialisten. Archäologen vermuten (bei den ersten Ausgrabungen war übrigens auch der berühmte Archäologe *Wilhelm Dörpfeld* aktiv), dass der Tempel mit den dorischen Säulen 48 m lang und 20 m breit war. Der berühmte Gorgogiebel im Archäologischen Museum stammt von der Westfront des Artemistempels.

An der Basilika von Paleopoli rechts vorbei und links abbiegen (ausgeschildert). Man kann den Weg von wenigen Hundert Metern auch zu Fuß gehen.

Kloster Ágios Theódoros

Das Nonnenkloster ist das älteste noch erhaltene Beispiel korfiotischer Klosterarchitektur. Die Klosterkirche entstand aus den Resten einer frühchristlichen Basilika. Sie wurde bereits im 5. Jh. unter Verwendung von Bausteinen des benachbarten Artemistempels errichtet. Die heute noch erhaltene Kirche stammt allerdings aus der Zeit zwischen dem 16. und 18. Jh. Sehenswert ist vor allem der große, mit Weinreben überrankte Innenhof der Anlage.

Das Kloster kann täglich von 9–13 und 17–20 Uhr besucht werden. Falls geschlossen, bitte klingeln. Besuchern in kurzen Hosen wird kein Einlass gewährt. Anfahrt wie zum Artemistempel, dann ist der Weg ausgeschildert.

Mon Repos

Das klassizistische Schloss, ehemals Sommersitz der britischen Gouverneure und von 1864 bis 1967 Residenz der griechischen Königsfamilie, ist in Großbritannien ein Begriff. Denn hier wurde der Gatte von Königin Elisabeth II., Prinz Philip, am 10. Juni 1921 als Sohn des Prinzen Andreas von Griechenland und der Prinzessin Alice von Mountbatten geboren. Seit ein paar Jahren ist auch die große Parkanlage von Mon Repos wieder für Besucher geöffnet: Nach langem Rechtsstreit mit dem griechischen Königshaus konnte der Staat die Nutzungsrechte an dem zwischen 1828 und 1832 erbauten Schloss erwerben und den völlig verwilderten Park der Allgemeinheit zugänglich machen. Das Schloss wurde vorbildhaft renoviert und ist seit 2001 ein Museum. Der weitläufige Park, sicher einer der schönsten in ganz Griechenland, nimmt einen großen Teil von Kanóni ein. Er zeichnet sich durch einen großartigen Baumbestand und eine schöne Topografie aus. An der ehemaligen Anlegestelle für die königlichen Jachten gibt es auch eine bescheidene Bademöglichkeit.

Mon Repos beherbergt ein Museum

Auf dem Gelände stehen auch zwei Tempel. Die spärlichen Überreste eines vermutlich der Hera geweihten Tempels aus dem 4. Jh. v. Chr. liegen rund 1,5 km südlich des Schlosses. Eindrucksvoller wirkt der **Kardaki-Tempel**, der zu den besterhaltenen antiken Ruinen Korfus zählt, am südlichen Ende des Parks. Sein Name geht zurück auf die Kardaki-Quelle, der folgendes nachgesagt wird: Wer von dieser Quelle trinkt, vergisst seine Heimat für immer und bleibt Korfu auf ewig eng verbunden ...

Der britische Gouverneur Sir Frederic Adam (1832–1864) ließ den Palast von dem Architekten George Whitmore im neoklassizistischen Stil errichten. An den Gouverneur und den Baumeister erinnert das (kostenlos zugängliche) **Museum**. Sehenswert ist nicht nur die beeindruckende Säulenhalle mit ihrer blauen Kuppel, sondern auch der Schreibtisch von Adam sowie Stiche von Korfu im 19. Jh. Die Sammlung, die sich im Palast auf vorbildliche Weise präsentiert, erinnert an das kulturelle Leben der Insel – von der Antike bis zum 20. Jh. Es zeigt nicht nur Skulpturen römischer Kaiser und antike Münzen, sondern auch eine überdimensionale Panoramakarte, auf der die wichtigsten Zeugnisse vergangener Epochen markiert sind, sowie eine botanische Sammlung korfiotischer Pflanzen.

Am späten Nachmittag ist der **Park** vor allem Anziehungspunkt für Freizeitsportler, die die verzweigten Wege als Trainingsgebiet nutzen. Außerhalb des Parks befindet sich an der Nordspitze der Halbinsel (am westlichen Rand des Stadtteils Garítsa) das in die Jahre gekommene, nostalgische **Strandbad Mon Repos** mit Umkleidekabinen und Taverne. Es gehört zu den schönsten Bademöglichkeiten in Korfu-Stadt.

Das Museum ist im Sommer 9–16 Uhr geöffnet (im Winter 8–15 Uhr, Mo geschlossen). Eintritt 3 €, Rentner und Studenten 2 €. Der Schlosspark befindet sich ca. 2,5 km vom Stadtzentrum. Der stattliche Eingang liegt nahe der Bushaltestelle Paleopoli (bei den Ruinen), vor dem Schild Analipsi. ✆ 26610/4136.

Kloster Platiteras

Das Kloster – berühmt für seine Ikonen und Gemälde – liegt am westlichen Stadtrand von Korfu am Fuß des Avrami-Hügels (beim Hospital). Die 1799 zerstörte und wieder aufgebaute Klosterkirche enthält Werke bedeutender griechischer Maler des 17. Jh. wie Emmanuel Tzanes, Theodoros Pulakis, Georg Klotsas oder Nikolaos Kantunis. In dem dunklen Kirchenraum lässt sich jedoch mangels Licht die Schönheit der Werke nur erahnen. Über die Kirche betritt man einen Nebenraum, in dem unter einer schlichten Marmorplatte Graf Ioannes Antonios Kapodistrias, der bedeutende griechische Politiker des 19. Jh., begraben liegt.

Das Kloster liegt rund 1,5 km vom Zentrum entfernt. Vom San Rocco Square (Bushaltestelle) führt eine Ausfallstraße in Richtung Paleokastrítsa (ausgeschildert). Schräg gegenüber dem Hospital, auf der linken Straßenseite, trifft man auf das Kloster.

Museum Kapodistrias

Die vornehme, von einem verwilderten Park umgebene Villa war einst das Sommerhaus Kapodistrias' und dient heute als Museum. Das von Pinien und Zypressen umgebene Herrschaftshaus liegt versteckt auf einem Bergrücken, 5 km nördlich von Korfu-Stadt. Graf Ioannes Antonios Kapodistrias ist einer der berühmtesten Söhne Korfus. Jedes Schulkind in Griechenland kennt seinen Namen. Kapodistrias wurde am 11. Februar 1776 auf Korfu geboren. Seit 1808 stand er als Diplomat in russischen Diensten und er brachte es 1815 zum Staatssekretär im Außenministerium. Kapodistrias trat 1821 wegen seiner vom russischen Zaren Alexander I. missbilligten Unterstützung des griechischen Freiheitskampfes zurück und ging in die Schweiz. Von 1827 bis 1831 war er Regent Griechenlands. Am 9. Oktober 1831 wurde er in Náfplion (Peloponnes) ermordet.

Tägl. 10–14 Uhr, Eintritt 1,50 €, ☎ 26610/39528. Die Anfahrt (nicht ganz einfach, aber reizvoll) vom Zentrum erfolgt zuerst auf der Ostküstenstraße in Richtung Gouviá und nach 3 km links zum verwinkelten Dorf Potamós. Am Ortsende gabelt sich der Weg, dem Wegweiser links nach Evropoúli folgen. Ab hier ist das Museum mit braunen Wegweisern ausgeschildert. Etwa 1 km außerhalb, nordwestlich von Evropoúli, trifft man oberhalb der Straße auf den (leicht zu übersehenden) Eingang (Metalltor) der Villa.

Kanóni und das Kloster Vlacherná

Im südlich gelegenen Stadtteil Kanóni, bekannt durch das malerische Kloster Vlacherná, entstand in den letzten Jahrzehnten manches Großhotel. Allerdings beeinträchtigt der nahe Flughafen den Ferienspaß. Etliche Hotelzimmer bieten lediglich einen Blick auf die Landebahn. Kein Wunder, wenn daher viele Reisende Kanóni als Urlaubsdomizil meiden.

Millionen von Postern und Reisebroschüren schmücken sich dagegen mit der Klosterinsel Vlacherná, um für Korfu als Reiseziel zu werben. Wohl kein Fleckchen der Insel wurde über die Jahrzehnte so häufig fotografiert wie dieses unterhalb von Kanóni gelegene Kloster. Schon in der Antike war die Halbinsel mit ihrer tiefen Meeresbucht besiedelt.

Klassisches Postkartenmotiv: die Klosterinsel Vlacherná und die Mäuseinsel

Korfu-Stadt →Karten S. 60/61 und S. 62/63

Café Flisvos

Von oben gleicht Vlacherná einem weißen Farbklecks im hellblauen Wasser. Errichtet wurde das Kloster mit dem kleinen Kirchlein *Panagias ton Vlachernon* (Kirche der Jungfrau Maria) im 17. Jh. Heute gelangt man über einen schmalen Steg hinüber zum Kloster nebst Souvenirshop. Die Klosterinsel ist auch über einen Damm mit Pérama am südlichen Ende der Bucht verbunden. Viele Griechen nutzen diesen Damm (für Mopeds gesperrt) wegen des Fischreichtums als Angelplatz.

Verbindungen Der Bus Nr. 2a fährt alle 20 Min. von Korfu-Stadt zum Aussichtspunkt oberhalb des Klosters. Es gibt einen großen Parkplatz für Autos, jedoch kaum schattige Plätze.

Übernachten Einziger Nachteil der zum Teil guten Hotels ist die Nachbarschaft zum Airport. Lärmempfindliche sind hier weniger gut aufgehoben.

***** Corfu Holiday Palace **6**, neben dem Corfu Palace galt das Corfu Holiday Palace lange als das beste Hotel der Stadt. Heute ist der Glanz früherer Jahre verblasst, geblieben ist der Nachteil, dass das Haus in der Einflugschneise des Flughafens liegt. Die besten Zimmer sind im siebten Stock mit Meerblick. Amerikanisches Frühstücksbuffet. Das sichelförmig gebaute Hotel mit riesiger Lounge ist vor allem bei Pauschaltouristen beliebt. Die Hotelhalle versprüht ein wenig den Charme der 1960er-Jahre. Überdurchschnittliche Ausstattung: zwei Tennisplätze, Pool, Hallenbad und Snackbar am Strand etc. Im Haus ist seit vielen Jahren das Casino untergebracht, nachdem der griechische Staat beschlossen hatte, dass im Achilleion die Kugeln nicht mehr rollen dürfen. Der Roulette-Tisch wird ab 20 Uhr eröffnet und schließt nachts um 3. Es gibt aber auch Black Jack und Poker. Ganzjährig geöffnet! 267 Zimmer. Der Gast zahlt 160–190 € für ein DZ mit Frühstück. Nafsikas-Str. 2, ✆ 26610/36540, www.corfuholidaypalace.gr.

**** Divani Palace **3**, luxuriöses Hotel; freundlicher Service, großzügiges Interieur und gepflegtes, sauberes Ambiente machen den Charme des großen Hotels aus. Die 165 Zimmer sind mit TV, Klimaanlage und Minibar ausgestattet. Schöner, 500 qm (!) großer Swimmingpool im Park. Von April bis Okt. geöffnet. Wegen des Fluglärms

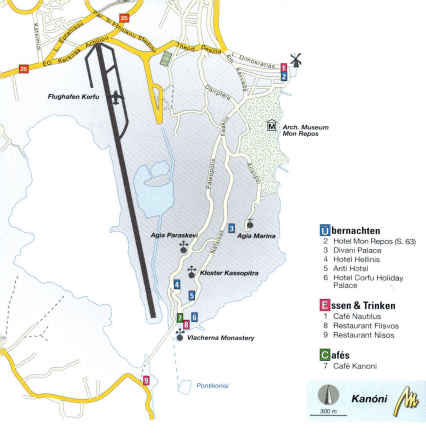

Übernachten
2 Hotel Mon Repos (S. 63)
3 Divani Palace
4 Hotel Hellinis
5 Ariti Hotel
6 Hotel Corfu Holiday Palace

Essen & Trinken
1 Café Nautilus
8 Restaurant Flisvos
9 Restaurant Nisos

Cafés
7 Café Kanoni

Kanóni

300 m

doppelt verglaste Fenster. DZ/Frühstück ab 345 €. Nafsikas-Str. 20, ☎ 26610/38996, www.divanis.gr.

** **Hellinis** 4, der sechseckige Kasten ist schon etwas in die Jahre gekommen. Das 2-Sterne-Haus verfügt über einen Swimmingpool, die meisten Zimmer haben Balkon. Nachteil wie bei der Konkurrenz auch: die Nachbarschaft zum Flughafen. Die Zimmer sind unterschiedlich groß, aber sauber; das Frühstück ist allerdings wenig überzeugend. DZ ab 45 €. Figaretto-Str. 108, ☎ 26610/81151, http://hellinis.cnhotelgroup.com.

**** **Ariti** 5, einfacher, zweistöckiger Kasten gegenüber vom Corfu Holiday Palace mit 300 Betten. Individualtouristen gibt es im Vier-Sterne-Haus kaum, fast alle Gäste haben pauschal gebucht. April–Okt. geöffnet. DZ ab 70 €. Nafsikas-Str. 40, ☎ 26610/33885, http://aritihotel.com.

Essen & Trinken   Cafe Kanoni 7, am Abend, wenn die Reisebusse längst wieder abgezogen sind, ist es Zeit für einen Aperitif im Cafe Kanoni. Das an einem Steilhang im gleichnamigen Stadtteil gelegene Café (1 km oberhalb des Klosters) bietet einen unvergleichlichen Blick auf das Kloster Vlacherná und die benachbarte Mäuseinsel. Bereits seit 1864 können Besucher diesen Ausblick genießen. Pinien sorgen auf den verschiedenen Terrassen für Schatten.

Cafe Nautilus 1, am südlichen Ende der Garítsa-Bucht lädt die klassizistische Villa in auffälligem Rosa zu einer Pause ein. Der Blick nahe der Windmühle auf die Altstadt am Abend ist zauberhaft. Das Essen hat aber leider nur durchschnittliche Qualität. Dimokratias-Straße.

Flisvos 8, die gemütliche Taverne liegt direkt am Wasser, gegenüber dem Kloster

Vlacherná. Auf der modern gestalteten Terrasse kann man den wunderbaren Ausblick auf die Bucht bei einem Frappé oder einem Corfu-Bier genießen. Die Karte bietet zudem Sandwiches und Grillgerichte für rund 10 €. Das Gemüse stammt aus biologischem Anbau.

>>> Lesertipp: Nisos **9**, gegenüber der Klosterinsel Vlacherná gelegen, über einen Betondamm leicht zu Fuß zu erreichen. Aufmerksamer Service und abwechslungsreiche Küche zu vernünftigen Preisen. „Der rege Betrieb des nahen Flughafens wird von den Gästen eher als Attraktion denn als Störung empfunden" (Harald Helbig aus Freising). Ganztägig geöffnet. **<<<**

Insel Pontikoníssi (Mäuseinsel)

Mit Kaikis können Neugierige zu dem Inselchen Pontikoníssi übersetzen. Die Fahrt dauert gerade einmal fünf Minuten (Preis ca. 2,50 € hin und zurück). Schon Kaiserin Sisi schätzte den Besuch des romantischen Eilandes. Eine Gedenktafel erinnert noch heute daran. Auf einer Anhöhe steht das **Kirchlein Sotiras** aus dem 13. Jh. Eine weiße Steintreppe führt von der Anlegestelle hinauf zur Kirche. Es lohnt sich, auf Pontikoníssi mit seiner üppigen Vegetation aus Zypressen, Agaven, Yuccas und Pinien einen Nachmittag zu verbringen. Übrigens, wem die Szenerie irgendwie bekannt vorkommt – der Schweizer Maler *Arnold Böcklin* (1827–1901) hat in seinem berühmten Gemälde „Toteninsel" (in vier Fassungen zwischen 1880 und 1883 entstanden) ein Motiv benutzt, das sehr stark an Pontikoníssi erinnert, obwohl der Künstler nie auf Korfu war.

Virós

Immer wieder verblüffend: Wer sich in Korfu nur wenige Kilometer von der Küste entfernt, begegnet einer anderen Welt. Das Dorf Virós im Inselinneren (an der Strecke nach Kalafatiónes) ist ein Beispiel dafür. Nur wenige Reisende verirren sich hierher, obwohl der auf einem Bergrücken gelegene Weiler einen malerischen Blick auf die Bucht von Kanóni bietet.

Der Kaiser räumt mit den Mäuseinsel-Legenden auf

Der deutsche Kaiser Wilhelm II. räumt in seinen „Erinnerungen an Korfu" mit den Legenden um Pontikoníssi auf. Nach einer Wanderung an der Ostküste notierte der Monarch: „Der Blick des Rastenden schweift über die unter ihm sich ausbreitende, weite, aber ganz flache Bucht. Vor ihr liegt die berühmte Insel, im Volksmunde der Touristen „Schiff des Odysseus" oder „Odysseus-Insel" genannt, die für Böcklin das Vorbild für sein schönes Gemälde „Toteninsel" gewesen sein soll. Leider ist beides falsch. Diese Insel hat mit Odysseus nichts zu tun gehabt, und auch Böcklin nichts mit ihr, da er erwiesenermaßen niemals in Korfu gewesen ist. Gerade gegenüber vom Beschauer ist Kap Kanone, ein kleines Vorgebirge mit mehreren Restaurants, wo das elegante Korfu nachmittags seinen Kaffee trinken soll. Der Name stammt von einer großen alten venezianischen Kanone, die dort noch liegt und einstmals zu einem längst verschwundenen Fort gehört hat.

Zwischen Kanone und dem Wasserturm liegt mitten in der flachen Bucht auf Felsen gebaut ein Kloster, die ihren Lebensabend dort ungestört zubringen wollen, und für alte Nonnen. Zutritt ist den Männern strengstens verboten …"

Pérama

Das kleine Dorf an der steil ansteigenden Küste (nach der Bucht, in der sich auch der Flughafen befindet) ist heute fest in touristischer Hand. Der nahe Airport und die üppige Vegetation sind Pluspunkte von Pérama. Reizvolle Strände sucht man hier vergeblich. Wer Lust hat, kann über einen schmalen Damm, der Pérama mit Kanóni verbindet (nur für Fußgänger geeignet), die einfliegenden Jets beobachten oder zur Klosterinsel Vlacherná spazieren.

*** **Aeolos Beach**, das Mittelklassehotel am Hang, umgeben von einem gepflegten Garten, besitzt Chalets im korfiotischen Stil. Die vorwiegend älteren Gäste scheint die viel befahrene Küstenstraße nur wenig zu stören. Großzügige Hotelhalle, aber nur kleiner Strand. Die meisten Gäste nehmen Halbpension. Das 3-Sterne-Hotel verfügt über einen Privatstrand und zwei Swimmingpools. Gäste werden auch mit einem kleinen Zug befördert. Von April bis Okt. geöffnet. DZ 78–250 €. ✆ 26610/33132, www.aeolosbeach.gr.

Gastoúri/Kinopiástes/Ágia Deka

Das nur 600 m große Dorf **Gastoúri** am Berghang, nur 8 km südlich von Korfu-Stadt, war seit jeher eine beliebte Wohngegend. Noch heute haben sich zahlreiche Villen aus dem 20. Jh. hier erhalten, die im korfiotischen Stil errichtet und in Pastellfarben gestrichen wurden. Europaweit wurde das Dörfchen durch den Bau des Achilleions bekannt.

In dem 3 km nordwestlich gelegenen Nachbardorf **Kinopiástes** befindet sich in einer bordeauxroten Villa an der Hauptstraße die *Keramikwerkstatt* von Vasilis Tsamis. Ein Besuch in der Werkstatt lohnt sich, ✆ 26610/56538.

Von dem hübschen Bergdorf **Ágia Deka** bietet sich ein toller Blick hinüber nach Korfu-Stadt und auf das gegenüber am Berg liegende Gastoúri. Zahlreiche Tavernen nutzen diesen Vorteil – und warten geduldig an der Hauptstraße auf die wenigen Besucher.

*****Montaniola**, 1 km unterhalb des Achilleions, auf dem Weg zur Küste, liegt das hellgelb getünchte Hotel abseits des Trubels. Das schöne Schwimmbad, allerdings umgeben von Kunstrasen, ist eng mit Liegestühlen umstellt. Eine Marmortreppe führt hinauf zum Eingang der 71 Zimmer großen 3-Sterne-Anlage. DZ mit Halbpension 80 €. ✆ 26610/56205, www.hotelmontaniola.gr.

Achilleion

Bei ihrem ersten Besuch auf Korfu fuhr Kaiserin Elisabeth von Österreich (1837–1898) mit der Kutsche am Grundbesitz von Petros Vrailas Armenis in Gastoúri vorbei. Wie ein Magnet muss die Landschaft auf die junge Sisi gewirkt haben. Das war Ende Juni 1861. Rund 30 Jahre später, im Jahr 1889, kaufte sie den Besitz von Vrailas zusammen mit den umliegenden Grundstücken und beauftragte den bekannten italienischen Baumeister Rafaele Carito mit dem Entwurf eines prächtigen Sommerpalastes, des Achilleions. Das Anwesen im Neorenaissancestil mit der beeindruckenden Parkanlage und einer Brücke hinunter zum Meer *(Kaiser's Bridge)* zählt heute zu den touristischen Hauptattraktionen Korfus. Ob es sich um ein stilloses, pompöses Gebäude ohne großen kunsthistorischen Wert handelt oder um ein faszinierendes Traumschloss mit viel Sinn für Kunst und Landschaft, muss jeder Besucher für sich selbst beantworten.

Korfu-Stadt →Karten S. 60/61 und S. 62/63

Durch seine Lage auf einem Hügel beherrscht der Bau die gesamte Umgebung und bietet schöne Ausblicke hinüber zum Festland und zum Pantokrátor. Die Kaiserin benannte die palastähnliche Villa nach ihrem Lieblingshelden Achill. In großen Lettern prangt der Name *Achilleion* auch über dem schweren eisernen Eingangstor zur Residenz.

Sisi kümmerte sich persönlich um die Ausgestaltung der Innenräume und des Parks. Namhafte zeitgenössische Künstler bemalten die Säle des Palastes, die meisten Statuen im Park ließ die Kaiserin aus Italien kommen.

Nach der Ermordung Elisabeths stand das Achilleion knapp zehn Jahre lang leer, bevor im Jahre 1907 der deutsche *Kaiser Wilhelm II.* das Sommerschloss erwarb und bis zum Ausbruch des Ersten Weltkriegs seine Ferien stets hier verbrachte. Der preußische Monarch – wieder einmal ganz Militaris – ließ sogleich den „Sterbenden Achill" durch den pompösen „Siegenden Achill" ersetzen. Ein Eingriff, der ganz im Gegensatz zu Sisis Ästhetik und Empfindung stand.

Sisi-Syndrom: Der Verlust des seelischen Gleichgewichts

Auf den ersten Blick erscheint das Leben der Kaiserin Elisabeth von Österreich (1837–1898) wie ein romantischer Traum: der Aufstieg durch die Heirat mit dem mächtigen österreichischen Regenten Franz Joseph, ihre märchenhafte Schönheit, die glanzvollen Reisen und prächtigen Residenzen. Tatsächlich war ihr Leben aber alles andere als ein modernes Märchen. Bereits mit 16 Jahren wurde sie Ehefrau, eingezwängt in ein höfisches und gesellschaftliches Korsett – eine schwierige Situation für Sisi. Nicht zuletzt durch das ihr feindlich gesonnene Umfeld am Wiener Hof verlor die „Power-Frau" bald ihr seelisches Gleichgewicht. Ein exzentrisches Verhalten war die Folge: ständiges Reisefieber, übertriebener Schönheitskult und scheinbare körperliche Beschwerden – ein rastloses Leben ohne inneren Frieden. Sisis Verhaltensweisen sind auch heutzutage bei manchen Menschen zu beobachten. Psychologen nennen dieses Muster das Sisi-Syndrom. Es handelt sich dabei um eine besondere Ausprägung von Depression. Statt Resignation entwickeln die Leidenden einen extremen Aktionismus. Übersteigerte Leistungsfähigkeit, extreme körperliche Fitness ... Für die Betroffenen entsteht ein Teufelskreis aus immer höheren Ansprüchen und ständiger Desillusionierung. Während die österreichische Kaiserin ihr Leben lang unter diesen Depressionen litt, kann heute – so glauben Experten – den Patienten geholfen werden. Denn für das Sisi-Syndrom ist eine Dysbalance des Serotoninstoffwechsels im Gehirn verantwortlich. Diese Fehlfunktion des Stoffwechsels kann auch medikamentös reguliert werden. Je mehr sich das seelische Gleichgewicht wiederfindet, desto stärker wird der extreme Tatendrang auf ein gesundes Maß zurückgeschraubt.

Noch während des Ersten Weltkriegs, Ende 1915, hielten französisch-serbische Truppen Korfu besetzt und verwendeten das Achilleion als Hauptquartier und Lazarett. Nach der Niederlage Deutschlands wurde das Achilleion im Vertrag von Versailles dem griechischen Staat übereignet. Die Funktion eines Hauptquartiers hatte das Haus nochmals im Zweiten Weltkrieg für die deutschen und italienischen

Besatzer zu erfüllen, die das Anwesen plünderten und schwer beschädigten. Nach der Befreiung Griechenlands waren zahlreiche nationale Verbände, Schulen und Kinderdörfer hier untergebracht, bevor 1962 ein deutsches Unternehmen das schwer gezeichnete Gebäude anmietete. Unter dessen Leitung wurde das Achilleion grundlegend renoviert, im Erdgeschoss entstand ein Museum mit Erinnerungsstücken an die beiden berühmten Besitzer, und in den beiden oberen Stockwerken richtete man das erste Spielkasino Griechenlands ein. 1993 zogen die Roulettetische in das damalige Hilton Hotel nach Kanóni um, die ehemalige Residenz steht seither unter der Leitung der Griechischen Fremdenverkehrszentrale, die sie 1994 vorbildlich renovieren ließ.

Keinesfalls versäumen sollte man im Anschluss an den Besuch des Achilleions einen Spaziergang im weitläufigen, subtropischen **Park**, der mit schattenspendenden Yucca- und Dattelpalmen, Ölbäumen und Kakteen dicht bewachsen ist. Besonders fallen die zahlreichen Skulpturen ins Auge: Die vier Götterstatuen Apoll, Hermes, Artemis und Aphrodite an der Treppe geleiten den Besucher zum Musen-Peristyl auf der von Säulen im ionischen Stil getragenen Veranda. Die neun Musen und drei Chariten stehen auf niedrigen Sockeln vor den Säulen. Entlang der Wand reihen sich 13 Büsten von Philosophen, Schriftstellern und Rhetorikern wie Sophokles, Euripides, Demosthenes, Plato und Homer. Der vor dem Säulengang der Weisen sich ausbreitende Park wird Garten der Musen genannt. In der Mitte befindet sich ein Wasserbecken mit einer Bronzedarstellung, die zeigt, wie der Lautenspieler Arion von einem Delfin gerettet wird. Auf dem Sockel steht die Bronzestatue eines Satyrs, der Dionysos als Kind auf dem Rücken trägt.

Auf einer vorspringenden Terrasse, die im Volksmund Veranda der Tränen

heißt, blieb die Marmorbank erhalten, auf der Sisi nach dem tragischen Selbstmord ihres Sohnes Rudolf getrauert haben soll.

Vom Garten der Musen sind es nur wenige Meter zu einer weiteren Gartenebene. Das bronzene Paar einander angreifender Ringer flankiert diesen Teil des Gartens. Im Mittelpunkt steht die weltbekannte Skulptur „Sterbender Achill", die vom deutschen Bildhauer und Kunstprofessor *Ernst Herter* geschaffen wurde. Die Plastik zeigt Achill im Todeskampf. Mit letzter Kraft zieht der Held von Troja den von Paris abgefeuerten tödlichen Pfeil aus seiner Ferse. Ursprünglich stand die Figur an dem Platz, wo sich heute der martialische, von Wilhelm II. so geliebte „Siegende Achill" befindet. Auf dem Rückweg trifft man auf die unauffällige Statue von Lord Byron (1788–1824), die den englischen Romantiker in nachdenklicher Pose darstellt.

Weite Teile des subtropischen Parks sind noch immer nicht für die Öffentlichkeit zugänglich. Ursprünglich verband eine imposante Marmortreppe den Garten mit der Schiffsanlegestelle (Kaiser's Bridge). Im Mittelpunkt des Aufgangs befindet sich der auf sechs Säulen ruhende Pavillon, der früher die Statue von Heinrich Heine beherbergte.

Warum errichtete Kaiserin Elisabeth diese außergewöhnliche Ferienvilla? Sie sollte für die ruhelose und rastlose Monarchin ein Ort des Friedens, der Harmonie und des Glücks in einer unruhigen Zeit werden. Die Flucht nach Korfu stand in engem Zusammenhang mit zahlreichen negativen Ereignissen im Leben der exzentrischen Kaiserin. 1886 verlor sie ihren Seelenfreund, den bayerischen Märchenkönig Ludwig II. 1888 wurde ihr während eines Korfu-Aufenthalts der Tod ihres Vaters Max gemeldet. Und 1889 erschoss ihr Sohn Rudolf in Mayerling zuerst seine Geliebte und dann sich selbst. Sisi wurde immer einsamer und durchstreifte rastlos ganz Europa. Ihre Jacht legte nicht nur in Korfu, sondern auch in Athen, Algier, Messina und Madeira an. 1898 endete Elisabeths Reise schließlich in Genf. Der Anarchist Luigi Luccheni stieß ihr eine Feile in die Brust. Nach wenigen Minuten brach die 60-jährige Monarchin tot zusammen.

Rundgang durch das Achilleion (Kurzbeschreibung des Museums): Für einen ausführlichen Besuch von Museum und dem subtropischen Garten sollte man rund zwei Stunden einplanen.

Die Decke der weiträumigen **Eingangshalle** ist mit aufwendigen Freskomalereien geschmückt.

Der Raum rechts daneben wurde nach den Vorstellungen der Kaiserin als katholische **Kapelle** gestaltet. Das Fresko in der Kuppel zeigt Jesus Christus beim Verhör durch Pontius Pilatus. In diesem Raum befinden sich auch mehrere christliche Statuen sowie ein Altar und eine Orgel.

Neben der Kapelle liegen **zwei weitere Säle**, die den beiden aristokratischen Besitzern gewidmet und mit Erinnerungsstücken und persönlichen Gegenständen ausgestattet sind. Der erste erinnert an *Kaiserin Elisabeth.* Er enthält unter anderem ein Sammelsurium von Gemälden und Lithografien, kleine Vasen aus Murano, Fotos, zwei ihrer Gedichte, eine Büste Franz Josephs, einen Schreibtisch und Dokumente über ihre Ermordung.

Der zweite Saal steht ganz im Zeichen *Wilhelms II.:* ein Bild des Kaisers in der Uniform eines Admirals der deutschen Flotte, ein venezianischer Spiegel, sein Schreibtisch – ganz Herrenreiter – mit einem sattelähnlichen, weiß gestrichenen Drehstuhl, ein Schiffsmodell der kaiserlichen Hohenzollern-Jacht „Hohenzollern", Reiseprotokolle und zahlreiche Fotografien.

Opulente Fresken schmücken die Eingangshalle des Achilleions

Auch der **linke Flügel** des Museums ist eine Besichtigung wert. Der erste Raum – früher Raucherzimmer – wurde 1962 bei der Renovierung in ein **Empfangszimmer** umgewandelt, vom ehemaligen Deckenschmuck blieb kaum etwas erhalten. Im nächsten Saal befand sich das **Speisezimmer** der Kaiserin. Heute birgt es Erinnerungsstücke der beiden Regenten (Bild von Sisi, Schmuck). Die Decke des Saals ist reich verziert, an den Wänden finden sich Stuckstatuetten im Barockstil. Die Möbelstücke im Rokokostil stammen aus der Zeit Wilhelms II.

In dem folgenden **kleinen Raum** kann man fünf Marmorreliefs mit Darstellungen aus der griechischen Mythologie bewundern, darunter ein beeindruckendes Relief der Dichterin Sappho, halb nackt und mit wirrem Haar.

Im nächsten Saal sind weitere Büsten und Standbilder ausgestellt, die meisten aus Bronze. An einer Wand stehen ein Bücherschrank mit Bänden von Sisis Lieblingsdichter Heinrich Heine sowie der imposante Schreibtisch der Kaiserin. Der letzte Saal im Erdgeschoss beherbergt einige Gegenstände aus dem **Schlafzimmer** der Kaiserin, u. a. ein Ruhebett im römischen Stil und zwei große geschnitzte Schränke, einer davon mit Kristallspiegel, ein Spiegel in barockem Rahmen sowie eine Vase.

Zurück in der Eingangshalle kann man einen Blick auf die obere Etage werfen, die leider nicht zugänglich ist. Das bronzene Geländer des prachtvollen **Treppenaufgangs** zieren Figuren aus der griechischen Mythologie. Rechts neben der Treppe steht eine Bronzestatue des Göttervaters Zeus mit Adler und links eine Plastik seiner Gemahlin Hera mit Pfau. Im oberen Stockwerk hängt als einziges Ausstellungsstück das wertvollste Gemälde des Achilleion, „Triumph des Achill". Das gigantische (4 m x 10 m) Kunstwerk des österreichischen Malers *Franz Malz* bedeckt die gesamte Wand am Ende des Treppenaufgangs: Der Leichnam Hektors, eingehüllt in eine Staubwolke, wird vom Wagen des siegreichen Achill um die Mauern Trojas geschleift. Das Bild ist durch das Fenster von der Außenterrasse aus zu sehen. Das

Obergeschoss – ursprünglich die **Wohnräume** der Kaiserin – ist erst seit Kurzem für die Öffentlichkeit zugänglich. Eine Videoinstallation lässt den Besucher in die Filmwelt eintauchen. Neben den Sissi-Filmen werden auch jene Filme thematisiert, denen das Achilleion als Location diente, wie z. B. der James-Bond-Film „In tödlicher Mission" (1981).

> **Tipp**: Am besten kommt man gerade in den Sommermonaten bereits am frühen Morgen, bevor die Reisebusse eintreffen. Durch die Besucherscharen kann es später in den Räumen unangenehm heiß und stickig werden.

Öffnungszeiten Tägl. 8–20 Uhr, im Winter 9–16 Uhr. Erw. 8 €, erm. 6 €. www.achillioncorfu.gr/default_en.html.

Es gibt eine Snackbar, Andenkenläden und weiter östlich ein Café mit großer Terrasse. Am Eingang warten bereits Fotografen darauf, die Besucher bei der Ticketkontrolle ungefragt abzulichten – das Bild ist dann am Ausgang als Souvenir erhältlich.

Verbindungen Die blauen Busse (Nr. 10) fahren tägl. mindestens 8-mal von und nach Korfu-Stadt (sonntags nur 5-mal). Abfahrt ist an der Mitripolitou Methodiou, ca. 300 m vom San Rocco Square. Fahrtdauer 20 Min., Fahrpreis ca. 2,20 €.

Wer mit dem eigenen Fahrzeug unterwegs ist, wählt die Route Richtung Lefkímmi und zweigt dann nach Gastoúri/Achilleion ab. Vor dem großen Eingangsportal stehen allerdings nur begrenzt **Parkplätze** zur Verfügung. Um das Verkehrsproblem zu entschärfen, darf die Straße am Achilleion zwischen 7.30 und 17.30 Uhr nur einspurig aus Richtung Gastoúri befahren werden. Aus Richtung Benitses kommend parkt man am besten unterhalb des Verbotsschildes und geht die letzten Meter zu Fuß.

Taxi: Das Achilleion ist in rund 20 Min. von Korfu-Stadt mit dem Taxi erreichbar. Die einfache Fahrt kostet ca. 20 €.

Kumquats – die süße Versuchung von Vassilakis

Die bekannteste Frucht von Korfu sind die Kumquats. 1846 brachte sie der britische Botaniker Robert Fortune von Asien nach Europa. Mit dem Briten gelangten die Kumquats auf die Ionische Insel. Die Mini-Orangen finden auf Korfu eine vielfältige Verwendung. Die bittersüße Frucht wird zum Herstellen von Likören und Marmelade benutzt. Auf Korfu ist mit dem Kumquatlikör eine besondere Tradition verbunden. Jungverheiratete kaufen bei der Geburt eines Kindes eine Flasche davon. Der Likör wird dann bis zur Hochzeit der Tochter oder des Sohnes aufbewahrt. Anlässlich der Vermählung wird die Flasche schließlich feierlich geöffnet und zum Wohl des Brautpaares getrunken.

Die Brennerei Vassilakis hält in Korfu die traditionelle Likör-Tradition aufrecht. Ihr Verkaufsladen liegt schräg gegenüber vom Eingang des Achilleions. Aus den „Koum Kouats", wie Mini-Orangen auf Korfu auch genannt werden, wird ein fruchtig schmeckender Likör ohne Zuckerzusatz, also als reines Naturprodukt, hergestellt. Am Tresen der kleinen Probierstube können Sie die verschiedenen Liköre unterschiedlicher Qualitätsstufen und Destillate probieren. Hier werden auch korfiotische Weine, die berühmten Robola-Weine von der benachbarten Ionischen Insel Kefaloniá oder hauseigener Ouzo verkauft. Das freundliche und fachkundiges Personal informiert über die alkoholischen Verführungen.

Die mirabellengroßen Früchte mit ihrer dünnen, essbaren Schale, die im Deutschen auch Zwergpomeranzen genannt werden, sind auch in Korfu-Stadt auf dem vormittäglichen Markt erhältlich. Vassilakis brennt übrigens in dem kleinen Ort Ágios Ioánnis, westlich von Korfu-Stadt.

Verkaufsläden gibt es neben dem Achilleion auch im Zentrum von Korfu-Stadt (Ágios-Spiridonos-Str. 61). Der Hauptsitz ist in Ágios Ioánnis, an der Straße Korfu–Paleokastrítsa. Den Likör gibt es aber auch in zahlreichen Souvenirläden in der Stadt, in allen Größen und Formen.

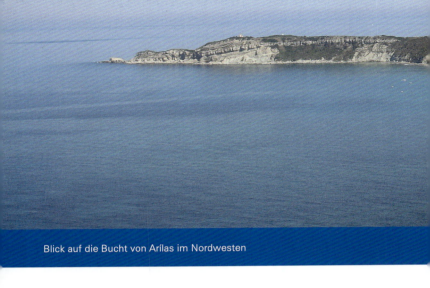

Blick auf die Bucht von Arílas im Nordwesten

Der Norden

Die abwechslungsreiche Landschaft des Nordens wird vom mächtigen Berg Pantokrátor überragt. An klaren Tagen ist seine Spitze inklusive der Sendeantennen mit bloßem Auge zu erkennen.

Der Norden ist touristisch sehr gut erschlossen. Während an der Nordostküste vor allem kleine Hotels und auch luxuriöse Ferienvillen dominieren, herrschen in den Streusiedlungen Acharávi und Róda angesichts der attraktiven Sandstrände große Anlagen vor. Touristische Hochburg ist zweifellos der im Nordwesten gelegene Weiler Sidári, der vor allem bei britischen Pauschaltouristen hoch im Kurs steht. In der Hochsaison wird hier die Nacht zum Tag. Unter den Kapiteln Nordosten, Nordküste und Nordwesten wird diese abwechslungsreiche Region Korfus detailliert vorgestellt.

Der Nordosten

Die Erfolgsgeschichte des Massentourismus auf Korfu ist eng mit dem Nordosten und seinen langen Sandstränden und windgeschützten Buchten verbunden. Zwischen Korfu und Pirgí stehen die meisten Hotels. Badeorte wie Kontokáli, Gouviá, Dassiá oder Ipsós gehen fließend ineinander über. Jeder noch so kleine Strand wird hier genutzt.

In den drei windgeschützten Buchten nördlich der Inselhauptstadt kommt jeder auf seine Kosten, Übernachtungsmöglichkeiten gibt es in der einfachen Pension bis hin zum Fünf-Sterne-Hotel. Dieser Inselabschnitt, in den Sommermonaten völlig überfüllt, hat viele Facetten. Im modernen Hafen von Gouviá stechen blendend weiße Segeljachten für einen Badetrip in See. Auch ein eigenes Boot lohnt sich, ein

Spaziergang an der Mole oder eine Pause in einem der Seglercafés. Im Badeort Ipsós haben in der Hochsaison vor allem junge Briten ihren Spaß. Highlights des Nordostens sind das im Hochsommer überlaufene Kalámi, die einst paradiesische Wahlheimat des britischen Schriftstellers Lawrence Durrell, und das malerische Hafenstädtchen Kassiópi. Überragt wird die malerische Küstenlandschaft vom mächtigen Berg Pantokrátor, der an klaren Tagen mit seinem großartigen Ausblick zu den schönsten Ausflugszielen auf der Insel zählt.

Die Badeorte Kontokáli, Gouviá, Dassiá und Ipsós sind untereinander mit dem **blauen Bus** der Linie 7 exzellent verbunden. Die Busse fahren in der Hochsaison werktags alle 20 Min. nach Korfu-Stadt und wieder zurück (Preis ca. 2,20 €). Mit einem **grünen Bus** ist Korfu-Stadt mit Kassiópi verbunden. Er fährt 4-mal am Tag (Preis bis Kassiópi 3,60 €). Ein weiterer grüner Bus verkehrt werktags 16-mal von Korfu-Stadt nach Ipsós und Pirgí (Preis 1,60 €, einfach).

Kontokáli

Der Küstenstreifen mit ein paar Häusern, Läden, Lagern und Tankstellen sieht aus wie ein trostloser, industrieller Ort irgendwo in Griechenland. Selbst die Bademöglichkeiten sind auf den ersten Blick nicht der Rede wert: ein schmaler Kiesstrand mit reichlich Schilf und Pflanzen im Wasser. Und doch nahm hier der Massentourismus in den 1960er-Jahren des 20. Jh. seinen Anfang … Noch heute bietet die Halbinsel mit dem Hotel Kontokali Bay eine der schönsten Strandherbergen der Inseln. Angenehm ist das historische Ortszentrum mit guten Fischtavernen. Etwas verwirrend ist, dass in Kontokáli bereits die Marina beginnt, die zu Gouviá gerechnet wird. In Kontokáli steht übrigens direkt an der Durchgangsstraße die moderne Poliklinik der Insel.

***** **Hotel Kontokali Bay**, das Resort entpuppt sich beim Betreten schnell als kleines Paradies. Die verwinkelte, großzügige Anlage verfügt über einen gepflegten subtropischen Garten mit erhöhtem, von Pinien umgebenem Pool und einen sauberen Sandstrand mit schönem Blick auf die Insel Vido und Korfu-Stadt. Angenehmes internationales Publikum, viele Deutsche und Österreicher. Stammgäste loben den professionellen und freundlichen Service.

Geschmackvolle Zimmer ohne Griechenland-Kitsch. DZ in der Hauptsaison 245 € mit Frühstücksbuffet, in der Nebensaison gerne auch die Hälfte, viele Angebote unter www.kontokalibay.gr, ☎ 26610/99000.

Taverne Gerekos, bekannte Fischtaverne, die bei Einheimischen hoch im Kurs steht. Schöne, weinüberrankte Terrasse. Kleine, Karte mit leckeren Gerichten. Die Taverne befindet sich am Ortsausgang von Kontokáli in Richtung Gouviá. Ganzjährig geöffnet.

Gouviá

Die Bucht von Gouviá zählt zu den Touristenzentren der Insel. In etlichen Hotels verbringen Pauschalurlauber aus ganz Europa ihre Ferien. 1996 entstand in dem Badeort die modernste Marina der Ionischen Inseln – für viele Segelfreunde Start und Ziel ihres Törns.

Kricket

Bei dem englischen Nationalspiel (dem deutschen Schlagball und dem amerikanischen Baseball verwandt) wetteifern zwei Mannschaften – Feld- und Schlagpartei – von je 11 Spielern um Punkte. Das Spielfeld ist im Idealfall ein Oval von etwa 180 m x 140 m. Die Mitte bildet ein Rechteck, auf dem sich zwei Tore im Abstand von 20,12 m gegenüberstehen. Dort ist je ein Schläger der Schlagpartei (nennen wir sie A), ausgerüstet mit Schlagkeulen (bats) zur Verteidigung postiert. Während der 156–163 g schwere Ball von einem der beiden ins Feld geschlagen wird, setzen die Spieler der Feldpartei (Mannschaft B) alles daran, den Ball zu fangen und damit das entsprechende Pfostentor (Mal) so zu treffen, dass die Querstange abfällt. Die Innenmannschaft versucht, durch ihren Schlagmann den Ball abzuwehren. Solange der Ball noch im Spiel, also das Tor noch nicht eingeworfen ist, laufen die beiden Spieler der Mannschaft A von einem Mal zum anderen und erzielen dabei für jeden Lauf Punkte. Befinden sie sich, wenn der Ball von einem Spieler der Mannschaft B zum Malabwurf zurückgeworfen wird, nicht hinter der Torlinie, sondern auf dem Feld, scheiden sie aus und werden durch die nächsten aus ihrer Mannschaft ersetzt. Später wechseln die Mannschaften die „Fronten", d. h. die Schlagpartei wird Feldpartei und umgekehrt. Ein Kricketmatch dauert stundenlang und beinhaltet mehrfache Wechsel. Gespielt wird nach einem Punktesystem, das auf Nichtbriten und andere Laien recht kompliziert wirkt. Bei den Engländern genießt Kricket große Beliebtheit. Und weil es ihnen gelungen ist, auch die Bevölkerung ihrer ehemaligen Kolonien für dieses Spiel zu begeistern, können heute sogar Weltmeisterschaften ausgetragen werden.

Schon die Venezianer nutzten im 17. Jh. die von einer Landzunge geschützte Bucht als Marinebasis. Bis heute haben sich beeindruckende Reste einer Werftanlage aus dem frühen 18. Jh. erhalten. In den riesigen Hallen wurden im Winter, wenn der

Venezianische Kapelle: Ipapandi-Kirche vor Gouvía

Schiffsverkehr auf dem Mittelmeer eingestellt war, Segelschiffe und Galeeren repariert und aufbewahrt. In unmittelbarer Nähe des Jachthafens befindet sich außerdem das wichtigste Kricketfeld der Insel. Hier werden offizielle Spiele ausgetragen, während das Kricketfeld auf der Esplanade von Korfu-Stadt zum Training genutzt wird.

Ausgesprochen reizvoll liegt eine Mini-Halbinsel gegenüber dem Ort. Sie ist mit dem eigenen Fahrzeug zu erreichen, wenn man von Korfu-Stadt nach Gouvía dem Wegweiser in Richtung Koméno folgt. Kurz bevor man die Bucht zur Hälfte umrundet hat und die Straße hinter einem Hügel verschwindet, zweigt rechts ein asphaltiertes Sträßchen ab, das am Ufer entlang führt. An seinem Ende befindet sich ein großer Parkplatz, von dem aus man über einen gut 20 m langen und nur etwa 3 m breiten Steg hinübergelangt auf die winzige Halbinsel. Sie wird von einer kleinen *Ipapandi-Kirche* fast völlig eingenommen. Die 1713 unter den Venezianern erbaute Kapelle wurde Ende der 1990er-Jahre restauriert. Vor allem die barocke Ikonostase mit den vier fast 300 Jahre alten Hauptikonen verdient Beachtung. Wer das Inselchen besuchen möchte, sollte am besten vormittags zwischen 9 und 12 Uhr kommen, denn wenn die Kapelle geschlossen ist, versperrt ein großes Eisentor die Zufahrt (leider bleibt das Tor auch während dieser Zeit oft verschlossen). Baden empfiehlt sich hier nicht unbedingt: Das Wasser ist zwar flach, jedoch beeinträchtigen scharfkantige Felsplatten das Vergnügen. Eine Bademöglichkeit bietet der Strand von Gouvía genau gegenüber der Halbinsel. Der kiesige Strandstreifen ist wegen des großen Andrangs komplett mit Liegestühlen zugestellt.

Verbindungen   Blauer Bus von Korfu-Stadt tägl. zwischen 6.30 und 23.30 Uhr, ca. alle 20 Min.

Übernachten   **** Louis Corcyra Beach, bestehend aus einem terrassenförmigen Hauptgebäude und Bungalows, die über das weitläufige Areal verstreut liegen. Die Anlage thront auf einer fast dreieckigen Landzunge im Schatten von Ölbäumen und Zypressen. Sie wurde bereits 1963 errichtet, ist aber geschmackvoll renoviert worden. Um den ursprünglich sehr schmalen Sand-

Die Werftanlage der Venezianer aus dem frühen 18. Jh.

strand zu erweitern, wurde der Uferbereich mit einem Betonrand befestigt und mit feinem Sand aufgefüllt (Sonnenschirme spenden Schatten). Das Hotel ist besonders bei Familien beliebt und bietet zahlreiche Aktivitäten. Kinderclub vorhanden. DZ 40–239 €. Geöffnet April–Okt. ☎ 26610/90196, www. louishotels.com.

Stavros Apartments, das direkt hinter dem Jachthafen gelegene Haus bietet einfache, saubere Apartments mit Küche und Klimaanlage. Sowohl ins Zentrum von Gouviá als auch nach Kontokáli zu Fuß ein Katzensprung. Studio für 2 Pers. 50 € in der Hoch-saison, Apartments für 4 Pers. 70 €. ☎ 26610/ 91294 oder 6932028240, www.stavros-apartments.com.

Essen & Trinken **Argo**, in Erinnerung an das sagenumwobene Schiff Argo werden hier Fischspezialitäten serviert. Das Restaurant mit schönem Meerblick ist vor allem bei Seglern beliebt. Das rosa Haus mit überdachter Terrasse am Jachthafen wirkt frisch renoviert.

9 Muses, liebevoll ausgestattetes Restaurant direkt am Zugang zum öffentlichen Strand. Italienische und griechische Küche. Abends gut besucht.

Koméno/Dafníla

Die Bademöglichkeiten an für die Allgemeinheit zugänglichen Strandabschnitten sind hier eher mäßig, dafür gibt es in der weitläufigen Ortschaft einige Hotels mit schmalen Sand-/Kiesstränden oder Swimmingpool sowie einen Campingplatz.

Übernachten ***** Grecotel Corfu Imperial, 4 km entfernt von Gouviá, am Ende der Bucht von Koméno (Beschilderung folgen), liegt dieses 5-Sterne-Hotel, das zu den besten der Insel zählt. Auf einer breiten Landzunge überragt das fünfstöckige Haupthaus alles, 124 Bungalows und Maisonettes verstecken sich dagegen förmlich im Olivenhain. Die Zimmer sind farbenfroh und zeitgemäß eingerichtet. Gourmetrestaurant vorhanden. Angesichts der beiden kleinen Badebuchten mit vier Sandstränden zieht es viele Urlauber eher an den Swimmingpool. Eine Sportschule bietet ein reichhaltiges Wassersportprogramm. Sportlichelegantes Ambiente. Sonnenschirme und Badetücher ohne Gebühr. April bis Okt. offen. Preise differieren sehr stark je nach

Saison. DZ 160–510 €. ✆ 26610/88400, www.corfuimperial.gr.

**** **Grecotel Daphnila Bay**, die moderne, gepflegte 4-Sterne-Anlage inmitten eines Olivenhains besteht aus einem fünfgeschossigen Haupthaus und weiteren 134 Bungalows, die geschickt zwischen den Ölbäumen „versteckt" wurden. Von den großen „Bettenburgen" auf Korfu kann man das Vier-Sterne-Haus noch zu den empfehlenswerteren rechnen. Es läuft zwar unter der Ortsbezeichnung „Dassiá", liegt jedoch an der Bucht von Dafníla/Koméno. Hallenbad, Pool, Volleyball, Tennisplatz vorhanden. Ein Pendelbus fährt die Gäste regelmäßig zum lang gestreckten Strand unterhalb des Hotels. Hier spenden zahlreiche Olivenbäume Schatten, die Taverne in Strandnähe ist hinter dichtem Grün versteckt. DZ ca. 225 € in der Hochsaison. Geöffnet Mai–Okt. ✆ 26610/91520, www.daphnilabay.com.

***** **Grecotel Eva Palace**, das frisch renovierte 5-Sterne-Anwesen bietet einen traumhaften Blick über die Bucht. Der schmale Sand-/Kiesstrand wird durch eine Wiese erweitert, auf der Olivenbäume Schatten spenden. Das Hotel ist vor allem für Paare ausgelegt, Kinder unter 18 Jahre sind nur in der Hochsaison erlaubt. DZ ab ca. 290 € in der Hochsaison. Geöffnet Mai–Okt. ✆ 26610/90003, www.evapalace.com.

*** **Nefeli**, beliebtes Hotel mit drei villenartigen Gebäuden in einem Park mit Zitronenbäumen und Yuccapalmen, die bis an den Swimmingpool herangewachsen sind und Schatten spenden. Sehr familiäre Atmosphäre, vor allem junge Gäste. Die 45 Zimmer sind durchweg modern, geräumig und mit Klimaanlage und Kühlschrank ausgestattet. Jedes Zimmer hat Balkon, aber nur wenige Meerblick. Die Gäste können den Strand am benachbarten Hotel Daphnila Bay nutzen, da dieser frei zugänglich ist. Nachteilig ist jedoch die 400 m lange Straße, die sich vom Meer steil und kurvenreich zum Hotel Nefeli hinaufwindet (ca. 7 Min. beschwerlicher Fußweg). Geöffnet April–Okt. DZ ab 55 €. ✆ 26610/91033, www.hotelnefeli.com.

The Owl and the Pussycat Apartments, eine beschauliche Alternative zu den großen Hotels. Umgeben von einem großen Garten liegt das stilvolle Privathaus auf einem Hügel oberhalb der Koméno-Bucht. Die voll ausgestatteten Apartments mit Pool und Grillplatz bieten Platz für 4 Pers. In der Hauptsaison 125 €, Rabatt bei Belegung mit 2 Pers. möglich. Geöffnet Mai–Okt. ✆ 26610/99321, www.corfu-owl.com.

Dionysus Camping, beliebter, terrassenförmig angelegter Platz, der nächste zur Inselhauptstadt. Er liegt etwas abseits der Straße und bietet viel Schatten, auch einen Swimmingpool. Wer kein Zelt dabei hat, kann eine Holzhütte (Mini-Bungalow) mieten. Geöffnet Mitte April bis Mitte Okt. Pro Pers. 6,50 €, Auto 4 €, Zelt 4,50 €, Wohnmobil 8 €, Bungalow 12°€ pro Pers. Dafnilas Bay Dassiá, ✆ 26610/91417, www.dionysuscamping.gr.

Dassiá

Die Ortschaft ist eines der touristischen Zentren auf Korfu. Direkt am Strand stehen riesige Hotelkomplexe mit allem erdenklichen Komfort. Es gibt insgesamt rund 40 Hotels in dem überschaubaren Badeort. Etwas abseits findet sich eine Vielzahl weiterer Pensionen und Hotels, dazwischen Tavernen, Diskotheken, Snackbars, Souvenirläden, Supermärkte, Zeitungskioske. Erstaunlicherweise hält sich der Rummel am Meer trotzdem in Grenzen. Der grobsandige Strand fällt flach zum Meer hin ab, das Wasser ist sauber, es gibt sogar etwas Schatten.

Verbindungen Blauer Bus Nr. 7 pendelt stündlich (tägl. 6.30–23.30 Uhr) zwischen Korfu-Stadt (San Rocco Square) und Dassiá.

Fahrradvermietung Der **Corfu Mountainbike Shop** vermietet Fahrräder und bietet auch geführte Touren über die Insel an. Infos unter ✆ 26610/93344 und 97609 (im Winter), www.mountainbikecorfu.gr.

Übernachten **** **Corfu Chandris**, eines der nobelsten Häuser an der Ostküste: großer Swimmingpool, Tennisplätze, rustikale Architektur, Diskothek, Konferenzräume und vieles mehr. Der fünfstöckige Bau liegt direkt an der Hauptstraße von Dassiá. Eine lohnende Alternative zum Haupthaus bieten die Apartments in zweistöckigen Villen, die im korfiotischen Stil erbaut wurden. Am

Meer wartet eine einladende Liegewiese mit Sandstrand, der in groben Kies übergeht und zum Wasser hin seicht abfällt. April–Okt. geöffnet. DZ ab 122 €. ℡ 26610/97100, www.chandris.gr.

**** **Dassia Chandris**, nicht zu übersehender Bau, direkt an der Durchfahrtsstraße von Dassiá. Das Dassia Chandris und das Corfu Chandris gehören zusammen, alle Gäste können die Einrichtungen des jeweils anderen Hotels mitnutzen. Ruhe und Erholung findet man vor allem im Garten mit Palmen und seltenen Blumen. Hier gibt es auch ein kleines Freilichtkino, in dem täglich Filmklassiker gezeigt werden. Der 10 m breite Sandstrand geht in Kiesstrand über; er ist alle 50 m vorbildlich mit Duschen und Umkleidekabinen ausgestattet. April–Okt. geöffnet. DZ ab 122 €. ℡ 26610/971003, www.chandris.gr.

*** **Livadi Nafsika**, 100 m von der Durchfahrtsstraße liegt dieses Mittelklassehotel, das vor allem von deutschen und holländischen Touristen geschätzt wird. Karger Bau ohne große Aussicht, aber mit Pool. Der Service an der Rezeption ist nicht immer zuvorkommend. April bis Okt. geöffnet. DZ in der HS ab 85 €. ℡ 26610/93276, www.eleabeach.com.

Camping Karda Beach, direkt im Zentrum. Der 26.000 qm große Platz ist nur 100 m vom Strand entfernt, allerdings unmittelbar an der Straße und deshalb auch laut. Gepfleg-te sanitäre Anlagen. Der 1968 gegründete Campingplatz zählt zu den populärsten auf der Insel. Er besitzt einen schönen Pool (inkl. Kinderschwimmbecken), Minimarkt, Volleyballplatz und Tischtennisplatte, von Anfang Mai bis Mitte Okt. geöffnet. 7,20 € pro Pers., Auto 4,50 €, kleines Zelt 4,60 €, Bungalow für bis zu 4 Pers. mit eigenem Bad und Küche für 56 € (in der Vor- und Nachsaison bis zu 15 % billiger). Wer mit der Fähre (Minoan Lines) nach Korfu gereist ist, bekommt bei Vorlage der Fährtickets Rabatt. ℡ 26610/93595, www.kardacamp.gr.

Essen & Trinken Im Dorf Dassiá hat man sich auf die beiden Großhotels bestens eingestellt. Zahlreiche Tavernen und Cafés reihen sich zwischen Souvenirläden und Minimärkten. Abends kann es laut werden, wenn die Wirte mit aufdringlicher Musik auf sich aufmerksam machen.

Karydia, in der einfachen, bereits 1975 gegründeten Taverne mit Garten und kleinem Spielplatz kommen korfiotische Spezialitäten wie Sofrito, Pastitsada oder Gastra (Lammgericht) auf den Tisch. Leckeres Essen zu vernünftigen Preisen. Täglich geöffnet, im Winter nur am Wochenende. Am Ortsende von Dassiá Richtung Ipsós gelegen.

Gut essen kann man in der **Taverne Costas**, ein Stück außerhalb des Ortes in Richtung Ipsós. Spezialität: Moussaka im Steintopf überbacken. Preiswerter Retsina.

Ipsós/Káto Korakiána

Das malerische Fischerdorf ist schon seit über 60 Jahren passé, denn Anfang der 1950er-Jahre wurde hier der Club Mediterranée gebaut, der die Epoche des Massentourismus auf Korfu einläutete. Heute ist Ipsós eine quirlige Touristenhochburg. Vor allem bei jungen Urlaubern, die jeden Euro zweimal umdrehen müssen, ist der Badeort in der weiten Bucht, die sich bis nach Pirgí erstreckt, angesagt. Es gibt jede Art von Wasservergnügen. Ein Nachteil von Ipsós ist, dass die viel befahrene Küstenstraße direkt hinter dem schmalen Kies- und Sandstrand verläuft.

Für Erholungssuchende, die sich nach Ruhe sehnen, ist der Ort nicht zu empfehlen. Wer den Rummel nicht braucht, ist im benachbarten Káto Korakiána, einen Kilometer westlich von Ipsós gelegen, besser aufgehoben. In dem malerischen Dorf, das auch als Wohnort beliebt ist, hat sich das Feinschmeckerlokal „Etrusco" niedergelassen, das Gourmets von der ganzen Insel anzieht.

In Káto Korakiána ist auch ein Besuch des korfiotischen Ablegers der Nationalgalerie und des Alexandros-Soutzos-Museums zu empfehlen. „Das Museum ist im Zentrum des Ortes im Kastellino untergebracht und beherbergt auf drei Etagen eine Sammlung griechischer Kunst von El Greco bis zur Gegenwart. Leider ist die

Ausschilderung zum Museum sehr unscheinbar. In der benachbarten Taverne kann man anschließend noch gut zu Abend essen." (Tipp von Ariane und Klaus Gase aus Jena).

Verbindungen Blauer Bus von und nach Korfu-Stadt zwischen 6.30 und 23.30 Uhr ca. alle 20 Min.; sonn- und feiertags alle 30 Min. Fahrtdauer 30 Min., Fahrpreis 2,20 €. **Grüner Bus** von und nach Korfu-Stadt 16-mal tägl. (1,60 €), 2-mal tägl. nach Paleokastrítsa, 1-mal nach Aqualand und Glifada.

Übernachten Villa Kokoros, ruhig gelegene Apartmentanlage in Káto Korakiána. Gepflegte Zimmer zu moderaten Preisen. Idealer Ausgangspunkt zum Erkunden der Insel. DZ ab 55 €, Apartment für 4 Pers. 60 €. ✆ 693/7095212 (mobil), www.villakokoros.com.

Corfu Camping Ipsos, liegt am südlichen Ortsanfang. Die Anlage ist etwas in die Jahre gekommen, verfügt jedoch über einen eigenen Supermarkt und ein angrenzendes Restaurant. Eukalyptusbäume spenden Schatten. Der Platz liegt direkt an der Straße, ist wegen des Verkehrslärms weniger zu empfehlen, nach hinten von hohen Betonmauern umgeben. Pro Pers. 6 €, Auto 4 €, kleines Zelt 4,50 €; in der Nebensaison rund 12 % günstiger. ✆ 26610/93579, www.corfucampingipsos.com.

Essen & Trinken Peking House, mal Pause mit griechischer Küche, der Chinese ist nicht nur bei jungen Briten, sondern auch bei Einheimischen beliebt, schöne Terrasse mit tollem Meerblick, nur abends geöffnet. ✆ 26610/93646.

》》 Mein Tipp: Etrusco, Essen wie Gott in Italien: Das Etrusco steht bei Feinschmeckern hoch im Kurs. Der korfiotisch-italienische Koch Ettore Botrini zählt zu den besten Köchen Griechenlands. Sein Restaurant „Botrinis" in Athen wurde 2014 mit einem Michelin-Stern ausgezeichnet und auch das Etrusco kann bereits diverse Auszeichnungen vorweisen. Letzteres wurde im Jahr 1992 von Ettores Vater Etrusco Botrini eröffnet – steht also ganz im Zeichen der Familientradition. Die Karte bietet eine kreative, moderne mediterrane Küche, in welche die korfiotischen Traditionen gekonnt einfließen. Am schönsten speist man in einer lauen Sommernacht in dem romantischen Innenhof. Das Ristorante liegt versteckt in Káto Korakiána, das Gebäudeensemble betritt man durch ein großes Metalltor. Anfahrt am besten von Dassiá aus; das Etrusco liegt dann auf der rechten Seite. Geöffnet ab 20 Uhr; Reservierung wird empfohlen. ✆ 26610/93342, www.etrusco.gr. 《《

Das Restaurant Etrusco serviert feine Gerichte

Pirgí

Der Ort im Norden der Bucht von Ipsós kann in der Hochsaison über Touristenmangel nicht klagen. Eigentlich verwunderlich, denn auch in Pirgí führt die Hauptstraße direkt am Strand entlang. Aber das scheint den Urlaubern nicht viel auszumachen. Pirgí steht bei jungen Engländern hoch im Kurs, die für ein oder zwei Wochen mal richtig auf den Putz hauen wollen.

In der Bucht weiter nördlich herrscht wesentlich mehr Ruhe, weil sie etwas abseits der Straße gelegen ist. Am Ufer überwiegt zwar Kies, aber im Wasser erwartet den Schwimmer feiner Sand.

Nördlich von Pirgí beginnt eine der schönsten Küstenlandschaften Korfus. Die Straße steigt steil an und die Ausläufer des 906 m hohen *Pantokrátor* machen sich bemerkbar. Das Panorama ist beeindruckend.
 Tägl. 16 **Busse** von und nach Korfu-Stadt, sonntags 9 Busse. Fahrpreis 1,60 €.

Die Bergwelt des Pantokrátors

Das Massiv des Pantokrátors – 906 m über dem Meer – erscheint dem Betrachter wie eine andere Welt: keine liebliche Mittelmeer-Szenerie, rund um den Gipfel wächst kein Baum, die steinigen Mulden erinnern an eine Mondlandschaft.

Das Panorama über dem Ionischen Meer ist schlichtweg atemberaubend. Die terrassenförmig angelegten Bergdörfer wirken verschlafen und die Fahrt zum höchsten Berg Korfus verspricht noch immer ein kleines Abenteuer. Vom Bergdorf Strinílas führt eine gut ausgebaute Straße zum Pantokrátor, dessen Name so viel heißt wie „Herrscher der Welt". Die Gegend erinnert an alte Karl-May-Verfilmungen: nur kahle Steinwüste. Bäume und Büsche – Fehlanzeige. Kurz unterhalb des Gipfels gibt es mehrere Stellplätze für Autos. Der Gipfel besteht aus zwei Teilen: Der eine trägt die gewaltige Antennenanlage, auf dem höher gelegenen Teil steht das bereits im 14. Jh. gegründete **Kloster**, das dem „Allerhalter", Jesus Christus, geweiht ist.

Das Kloster auf dem Gipfel des Pantokrátor wurde bereits im 14. Jh. gegründet

Die von außen schmucklose Kirche birgt kunsthistorisch wertvolle Fresken (14./ 15. Jh.) und eine barocke Ikonostase. In einem Nebengebäude verkauft ein Pope religiöse Erinnerungsgegenstände. Alljährlich zwischen dem 1. und 6. August ist das Kloster Ziel vieler korfiotischer Pilger, die hier ein großes Volksfest feiern. Die Legende erzählt, dass im Jahr 755 ein Schäfer an der Stelle des heutigen Klosters ein Bild des Pantokrátors gefunden habe. Das Kloster wurde bereits 1347 errichtet und wahrscheinlich 1537 zerstört. Lohnenswert ist ein Besuch auf dem Pantokrátor am 6. August, dem Tag der „Verklärung des Herrn". Zu diesem Feiertag besteigen die Bewohner am Abend mit Kerzen und Taschenlampen den Bergkoloss.

Viele Besucher unterschätzen die Temperaturunterschiede. Wenn es an der Küste noch angenehm warm ist, kann auf dem Pantokrátor bereits ein kalter Wind wehen. Nehmen Sie entsprechende Kleidung mit. Für Autofahrer: Die Bergstraße ist stellenweise sehr schmal, die Kurven extrem eng. Fahren Sie deshalb vorsichtig. Vor allem die steile Strecke zum Gipfel empfiehlt sich nur für schwindelfreie Autofahrer. Am Ziel gibt es oft nicht genügend Parkplätze. Wer nervende Wendemanöver vermeiden will, stellt am besten bereits unterhalb des Gipfels das Fahrzeug ab und geht

Die Fresken der Klosterkirche stammen aus dem 14. und 15. Jh.

den letzten Kilometer zu Fuß. Oben gibt es ein kleines Restaurantcafé. Auf der Terrasse kann man sich niederlassen und bei einer Tasse Cappuccino die einmalige Szenerie genießen. Am Pantokrátor gibt es auch verschiedene, nicht markierte Wanderwege, beispielsweise zum nördlich gelegenen Ruinendorf Paleo Chorío. Da die Gegend menschenleer ist, sollte man eine Tour nur mit entsprechender Kleidung, Schuhwerk, exakter Karte und ausreichend Wasser unternehmen.

Der grandiose Blick vom Pantokrátor reicht fast über die gesamte Insel, hinüber nach Albanien und auf das griechische Festland. Das tiefblaue Wasser des Mittelmeers rundet die beeindruckende Aussicht ab. Wiederholt führen zwischen Olivenhainen Stichstraßen steil hinunter zum Meer. Und auch das ist erfreulich: Die meisten Hotelanlagen wurden der Landschaft angepasst.

Für die Anfahrt mit Moped/Auto ab Pirgí gibt es zwei Varianten:

Die kürzeste Strecke (ca. 20 km): Von Pirgí (Abzweigung außerhalb von Pirgí, nach der Tankstelle Eko) führt eine steile Straße in vielen Serpentinen zum Dorf *Spartílas* (6 km). Ca 1,5 km außerhalb biegt man rechts ab, dann geht es 4,5 km bergauf in Richtung *Strinílas*. Vom letzten Dorf vor dem Gipfel fährt man in Richtung *Petália* und dann rechts durch eine karge Landschaft zum Pantokrátor (5 km).

Der Norden → Umschlagkarte vorne

Seine **Eindrücke vom Pantokrátor** im Januar 1938 beschreibt der englische Schriftsteller *Lawrence Durrell* (1912–1990) in dem lesenswerten Buch „Schwarze Oliven – Korfu Insel der Phäaken": „Zwei Tage vor Weihnachten kletterten wir den schwindelerregenden, unfruchtbaren, messerscharfen Bergrücken des Pantokrátor bis zum Kloster hinauf, von dem aus gesehen die ganze Meerenge glatt und bloß und schläfrig im kalten Nebel vor uns lag (...) In der kleinen Zelle des Klostervorstehers, deren Fenster direkt auf die ferne See und die Wellen hinausgingen, die sich undeutlich im Osten verloren, saßen wir an einem Tisch aus Tannenholz und genossen die königlichste aller Gastfreundschaften – frische Bergwalnüsse und klares Wasser, das von der höchsten Quelle auf dem Rücken von Frauen mehrere hundert Fuß weit herauftransportiert worden war."

Die reizvolle Strecke (ca. 30 km): Von Pirgí (beim braunen Schild Monastery of Christ Pantokrátor abbiegen) führt eine schlechte Asphaltstraße über *Ágios Markos* nach *Áno Korakiána* (5 km). Von dem malerischen, verwinkelten Bergdorf geht es in sehr steilen Serpentinen (Straße nur für ein Auto geeignet) am Südhang hoch zum Dörflein *Sokráki*. Über die Hochebene mit Weinstöcken und Feigenbäumen führt die Strecke über Zigós und Sgourádes nach Strinílas und von dort zum Pantokrátor.

Die Kirche des Erzengels Michael in Áno Korakiána

Das Bergdorf **Strinílas** mit dem herben Charme, das bereits 630 m über dem Meeresspiegel liegt, ist die letzte Siedlung vor dem Pantokrátor. Strinílas liegt an der Westflanke des höchsten Inselberges. Die Landflucht macht sich auch hier bemerkbar. Einige Häuser sind längst verfallen, hauptsächlich die Alten harren im Dorf aus. Eine riesige Ulme schmückt den Marktplatz. In der Region um Strinílas wird auch aufgrund des für korfiotische Verhältnisse frischen Klimas Wein angebaut.

Durch den Weiler **Petália** kommt selbst in der Hochsaison kaum ein Fremder. Das Bergdorf an der Westseite des Pantokrátors eignet sich gut für eine Rast. In der Taverne *Magasi* gibt es preiswerte Hausmannskost. Von Petália geht es weiter nach **Evría**. Der Ort besteht nur aus einer Handvoll Häusern. Hier werden neben Oliven auch Walnüsse und Wein geerntet. Über den von Zypressen umgebenen Ort **Trimódi** geht es weiter bergab nach **Láfki** (in Richtung Nordküste). Im Gegensatz zu Trimódi verfügt Láfki über eine Taverne samt offenem Kamin und einer von Weinreben überdachten Terrasse. Hier lässt es sich gut aushalten, bevor es ins quirlige **Acharávi** geht. Schöner Blick über die Nordküste.

In dem hübschen Bergdorf **Áno Korakiána** (übrigens der Geburtsort von Griechenlands erstem Staatspräsidenten Ioannis Kapodistrias) geht alles noch seinen gemütlichen Gang: Zeit scheint bei den Bewohnern keine Rolle zu spielen, Touristen verirren sich kaum hierher. Wer dennoch hier vorbeikommt, etwa auf dem Weg zum Pantokrátor, sollte auf jeden Fall einen Blick auf das einstige Wohn- und Arbeitshaus des korfiotischen Künstlers Arestides Zachmetallinas werfen: Von Balkon und den Dachecken des roten Hauses blicken äußerst freizügige Steinskulpturen frivol auf den Betrachter herab. Ein skurriler Anblick.

Das kleine Bergdorf **Sokráki** liegt abseits der touristischen Hauptrouten, ein Abstecher lohnt sich jedoch allemal. Hinter Áno Korakiána windet sich die kleine Straße nach Sokráki in zahlreichen Serpentinen etwa 4 km den Berg hinauf und eröffnet erste Ausblicke. Direkt am Ortseingang von Sokráki belohnt Sie die Taverna Kapilo mit einem traumhaften Panorama und spektakulärem Swimmingpool. Auch der alte Ortskern von Sokráki ist einen Spaziergang wert. Nicht nur im Kafenion und Kramerladen unter der großen Palme am Dorfplatz scheint die Zeit stehen geblieben zu sein.

Übernachten Sokráki Villas, in Sokráki. Die beiden großzügigen Villen in Hanglage sind modern im mediterranen Stil eingerichtet und bieten jeweils Platz für 4 bis 5 Pers. Besonders der Ausblick beeindruckt. Ganzjährig geöffnet, Preis pro Nacht ca. 160 € in der HS. ℘ 26630/22176, www.sokrakivillas.gr.

Essen & Trinken Taverne Oasis, in Strinílas. Das beliebte Ausflugslokal an der Ulme bietet gute Landküche. Kleine Karte. Es wird Mythos-Bier ausgeschenkt.

A la Palea, in Strinílas. Die urige, kleine Steinhütte am Ortseingang ist liebevoll eingerichtet. Unter der Decke hängen alte Weinfässer, überall sind Kerzen aufgestellt, ein offener Kamin macht den kleinen Gastraum noch gemütlicher. Das Essen ist bodenständig, es gibt Salat aus dem eigenen Garten, selbst gemachte Pommes frites und Fleisch vom Grill. In dem Familienbetrieb wird jeder Gast herzlich empfangen. Für gutes Wetter ist eine kleine Terrasse mit Aussicht am Hang angebaut. ℘ 6976311282.

 Taverna Kapilio, in Sokráki. Die stilvoll dekorierte Taverne bietet traditionelle lokale Gerichte sowie Wein aus eigenem Anbau und hausgemachte Marmeladen. Familiäre Atmosphäre, ganzjährig geöffnet. Tipp von Jörg Meyer zu Altenschildesche: „Bereits vom großzügigen Parkplatz aus bietet sich eine atemberaubende Aussicht über die Berge und das Meer. Auf dem Dach der Taverne befindet sich ein für Gäste den ganzen Tag geöffneter Swimmingpool, an dem Getränke und kleine Snacks gereicht werden. Unbedingt Badesachen einpacken!" ∎

> 🥾 **Wanderung 1: Sokráki** → S. 218
> Rundwanderung durch Felder und Wiesen über zum Teil verwilderte Pfade mit Blick auf Pantokrátor und Küste.

Der Norden → Umschlagkarte vorne

Barbáti

Früher war Barbáti ein einziger Olivenhain an der steilen und kargen Ostküste im Norden Korfus. Doch aus dem kleinen Badeort ist heute eine beliebte Touristenkleinstadt geworden. Von der verkehrsreichen Küstenstraße zweigt die Stichstraße zum Meer ab. Vor allem junge Leute fühlen sich hier wohl. Das Wasser ist sauber, der empfehlenswerte Strand liegt abseits der Straße und ist gut besucht. Leider versuchen sich die verschiedenen Tavernen von Zeit zu Zeit gegenseitig mit Partymusik zu übertönen.

Verbindungen   Tägl. 9 Busse von und nach Korfu-Stadt, sonntags 4 Busse; Preis 2,20 €. 2-mal tägl. nach Dassiá und Paleokastrítsa; 1-mal nach Aqualand und Glifada.

Übernachten *** Pantokrátor, eine steile Betonpiste führt zu diesem Mittelklasse-Hotel mit großer Terrasse und Swimmingpool. Alle 104 Zimmer mit Kühlschrank und Klimaanlage. Viele englische Touristen. Geöffnet April–Okt. DZ ab 78 €. ✆ 26630/91005, www.pantokratorhotel.com.

** Nautilus Barbati, liegt idyllisch an einem steilen Hang. Die meisten der schlicht eingerichteten Zimmer im Hauptgebäude haben einen Balkon. Auf jeden Fall Meerblick buchen. Das Hotel hat einen eigenen Zugang zum Wasser, allerdings keinen Strand. Stattdessen sind mehrere Holzterrassen in die Fe sen gebaut, ideal für ein ungestörtes Bad im Meer. Der gesamte Steilhang ist schön bepflanzt. Leider sind zwischen Hotel und Meer viele Treppenstufen zu überwinden, für ältere Leute oder Kinder nicht ideal. Wer den Strand vermisst, kann mit dem hoteleigenen Shuttlebus nach Ipsós oder Barbáti fahren. Viele junge Leute. DZ ab 60 €. ✆ 26610/93620, www.corfu.tv.

Nissáki

Riesige Hotels sucht man in dem kleinen Ort vergeblich. Doch vom Tourismus ist Nissáki längst entdeckt. Vor allem Apartments und Privatzimmer („rooms to rent") werden hier ab 30 € vermietet. Bademöglichkeiten gibt es an einem kleinen Kieselstrand zwischen Felsen mit extrem sauberem Wasser. Weiter außerhalb finden sich noch andere Badebuchten. Viele kommen nach Nissáki auch wegen der Tavernen, die malerisch an der Küste liegen.

Verbindungen   Tägl. 9 Busse von und nach Korfu-Stadt, sonntags 4 Busse; Preis 2,20 €. 2-mal tägl. nach Dassiá und Paleokastrítsa; 1-mal nach Aqualand und Glifada.

Übernachten **** Hotel Nissáki Beach, außerhalb von Nissáki, vor der Abzweigung nach Agni-Beach, liegt dieses riesige Hotel (239 Zimmer!), das aus einem James-Bond-Film stammen könnte. Der orange-gelbe Kasten gehört zu einer Vier-Sterne-Anlage, die 1972 erbaut wurde. Swimmingpool am Meer, eine Asphaltstraße führt zum Hotel und zum öffentlichen Kiesstrand. Geöffnet April–Okt. DZ ab 80 €. ✆ 26630/91232, www.nissakibeach.gr.

Essen & Trinken   Taverne Mitsos, eine Bilderbuchtaverne direkt am Strand. Der Familenbetrieb bietet griechische Landküche. Probieren Sie die frittierten Sardinen, den Auberginensalat oder den mit Reis gefüllten Weinblätter. Der Andrang ist im Sommer sehr groß, auch die laute Musik trägt wenig zur Entspannung bei. Außerhalb der Saison nur abends geöffnet. ✆ 26630/91240, www.mitsostaverna.gr.

🚶 Wanderung 2:
Entlang der Küste von Nissáki nach Kouloúra   → S. 219
Auf einem Uferpfad von Bucht zu Bucht mit Badepausen und einem Besuch der Kapelle Ágios Ársenious.

Agni-Bucht

Zwischen Nissáki und Kéndroma zweigt eine gut ausgebaute Nebenstraße ab und führt über 1,5 km hinunter zu den beiden kleinen Badebuchten von Agní Beach (beschildert). Es gibt einen schattigen (gebührenpflichtigen) Parkplatz, ca. 200 m vom Meer entfernt. Am Strand stehen kleine Tavernen, in denen vor allem Griechen anzutreffen sind. Empfehlenswert ist die Taverne „Nikolas" – seit hundert Jahren in Familienbesitz –, die preiswerte Fischgerichte bietet. Der 200 m breite Strand mit großen runden Steinen (Sonnenliegen vorhanden) geht an beiden Enden in Felsen über und eignet sich sehr gut zum Schnorcheln. Auf dem leicht ansteigenden Gelände hinter der Bucht wachsen einige Zypressen, am Strand selbst dagegen gibt es keinen Schatten. Wer dem Trampelpfad links am Ufer folgt, gelangt nach etwa 300 m zu einer weiteren Bucht mit Agaven (Achtung: im Wasser Seeigel!). Von dort bietet sich ein schöner Blick hinüber zur kargen Küste Albaniens. Weil die Strände noch kaum bekannt und ausschließlich mit eigenem Fahrzeug erreichbar sind, wird es hier nur am Wochenende etwas voller.

Bootsvermietung Agni Boats, George und Alex vermieten in der Agni-Bucht Segel- und Motorboote für Ausflüge entlang der Küste. Infos unter www.agniboats.com oder ✆ 697/3836433 (Alex) und 694/8083897 (George).

Essen & Trinken ≫ Lesertipp: Taverne Nikolas, die traditionelle Taverne von Perikles ist eine Institution in Oros, wie die Region um den Pantokrátor-Berg von den Einheimischen genannt wird. Perikles, dessen Großvater Nikolas einst die Taverne in Agní gegründet hatte, bietet authentische korfiotische Küche. Viele Stammkunden. „Wir fanden die gemischte Vorspeisenplatte ausprobierenswert und empfehlen, am besten zuerst nur die Vorspeisen und den Hauswein zu ordern. Der Wirt Perikles hat dafür Verständnis. Auf Wunsch holt das taverneneigene Zubringerboot die Gäste aus den Nachbarorten Nissáki und Kalámi ab. Fahrplan steht in der Speisekarte. Die-

Von Felsen umrahmte Buchten

sen Service bieten auch die anderen Tavernen" (Annemarie Dralle, Bremen). Es werden auch Zimmer vermietet. ✆ 26630/91243, www.agnibay.com. ≪

≫ Mein Tipp: Toula's, ein auf Fisch und Meeresfrüchte spezialisiertes Feinschmeckerrestaurant, auf der Terrasse unter einem schattigen Holzdach lässt es sich vorzüglich speisen, gute Produkte und netter Service, viele Stammgäste aus der näheren Umgebung, gehobenes Preisniveau. ✆ 26630/91350, www.toulasagni.com. ≪

Kéndroma

Kéndroma, nur 26 km von Korfu-Stadt entfernt, ist ein weiterer schöner Flecken an der Nordostküste. Das stille Dörflein ohne spektakuläre Attraktionen eignet sich ideal als Ziel für einen Tagesausflug mit dem gemieteten Moped oder Auto. Die Küstenstraße führt genau durch den kleinen Ort, der griechischer gar nicht sein könnte: Enge Gassen, über denen die Weintrauben hängen, die Alten sitzen vor den Häusern, man trifft sich in der Taverne oder im Café. Die Kehre wird für manchen Autofahrer zum Alptraum. In dieser Haarnadelkurve passieren immer wieder Unfälle wegen zu hoher Geschwindigkeit. Von der Hauptstraße führen enge Gassen durch den hoch über der Küste gelegenen Ort. Manche Häuser sind heute verlassen. Kéndroma ist mit dem gleichen Bus erreichbar wie Nissáki. Nur wenige Privatquartiere stehen den Gästen zur Verfügung.

Kalámi

So abgeschieden wie einst der englische Schriftsteller Lawrence Durrell den Ort kurz vor dem Zweiten Weltkrieg vorfand, ist Kalámi heute längst nicht mehr. Doch an Reiz hat das einstige Fischerdorf – umgeben von Olivenhainen – nur wenig verloren.

Hinter Gimari führt eine Stichstraße Richtung Kouloúra und Kalámi zum Meer hinunter. Der von Briten und Italienern geschätzte Badeort besitzt eine der schönsten Badebuchten Korfus: z. T. mit schattigen Olivenbäumen und leider reichlich überlaufen. Dahinter liegt steil ansteigend der Gipfel des Pantokrátor. Das Wasser am grobkörnigen, aber sauberen Sand- und Kiesstrand ist klar, es führen mehrere Stege ins Meer.

Übernachten Im Ort Kalámi gibt es kein Hotel. In der Hochsaison kann es schwierig werden, ein Privatzimmer zu mieten. Die meisten Zimmer sind von der englischen Reisegesellschaft Thomson gebucht.

Blue Bay Travel, dieses Reisebüro verfügt über ein gutes Angebot an Zimmern und Studios. ☎ 26630/91158, www.bluebay-travel.gr.

Villen Rita und Helena, die in einem großen Olivenhain gelegenen, einfachen Villen sind empfehlenswert, scheinen ihre besten Tage aber hinter sich zu haben. Nur wenige Meter vom Strand. Es werden Apartments für 2 und 4 Pers. vermietet. ☎ 697/8476798, www.villarita.gr.

Weißbrot gehört dazu

Essen & Trinken 》》 **Mein Tipp:** The White House, das ehemalige Wohnhaus des englischen Schriftstellers Lawrence Durrell ist heute eine Taverne, die vor allem Fisch anbietet. Als Spezialität des Hauses gilt der korfiotische Fisch Bourdetto. Der kleine Gastraum ist geschmückt mit Fotos und Zeitungsberichten, die an den Schriftsteller erinnern. Malerisch ist bei gutem Wetter die Terrasse direkt an der Bucht. Der aufmerksame Service sorgt für einen Wohlfühleffekt. Mittleres Preisniveau. Der Besitzer Tassos Athineos und seine Ehefrau Daria vermieten auch Boote. Ein Boot für max. 4 Pers. kostet pro Tag ab 59 €, Sprit extra. Reservierung fürs Restaurant unter ☎ 26630/91251, für den Bootsverleih ☎ 26630/91040, www.corfu-kalami.gr.

Außerdem vermietet Tassos Zimmer in verschiedenen Villen in Kalámi. Ein Beispiel: Die White House Apartments für 2–4 Pers. können wochenweise für max. 639 € in der HS gemietet werden. Alle mit Klimaanlage. Weitere Unterkünfte von Tassos im Internet unter www.corfu-kalami.gr. 《《

Kalámi Beach, die hübsche Taverne liegt direkt am Strand. Man sitzt auf einer großen, schattigen Terrasse unter einem Dach aus Weinlaub. Familie Georgotzis bereitet leckeres Seafood und traditionelle Landküche. Reservierung empfohlen. ☎ 26630/91168.

Lawrence Durrell und das einfache Leben

Kalámi – dies war von 1935 bis 1940 die Welt des englischen Schriftstellers *Lawrence Durrell*: „Es ist April, und wir haben das Haus eines alten Fischers in Kalámi, im äußersten Norden der Insel, gemietet. Zehn Seemeilen und ungefähr 30 km auf dem Landweg von der Stadt entfernt, hat es den ganzen Zauber völliger Abgeschiedenheit. Ein weißes Haus, wie ein Würfel auf den Felsen gesetzt, den die Narben von Wind und Wasser ehrwürdig machen. Der Berg dahinter steigt so steil an, dass sich die Zypressen und Oliven in den Raum hereinneigen, in dem ich sitze und schreibe. Wir sind hier einem Vorgebirge aufgesetzt, auf einer reinen, schönen Oberfläche aus metamorphem Gestein, das mit Oliven und Steinchen besetzt ist und die Form eines Mons pubis hat. Das ist unser Heim geworden, in dem wir uns wohl fühlen."

Damals gab es in der weiten Bucht von Kalámi gerade einmal zehn kleine, abgelegene Häuser. Hier führte Durrell das einfache Leben eines Fischers, lernte Griechisch und Segeln; daneben widmete er sich intensiv dem Schreiben. Fern von den Sorgen und Problemen des Alltagslebens sammelte Durrell seine ersten literarischen Erfahrungen; hier verfasste er sein erstes Buch („Die Schwarze Chronik"),

und hier knüpfte er seine ersten Briefkontakte zu dem amerikanischen Schriftsteller, dem er zeit seines Lebens verbunden bleiben sollte: *Henry Miller*.

Den Anstoß bekam er, so erzählte es Lawrence Durrell jedenfalls gerne, 1935 auf einer öffentlichen Toilette in Korfu: Ein von der Lektüre geschockter amerikanischer Tourist soll ihm Millers Roman „Wendekreis des Krebses" vor die Füße geworfen

The White House

haben. Zwischen beiden Schriftstellern entwickelte sich in den folgenden Monaten ein reger Briefwechsel; 1937 besuchte Durrell den fast zwanzig Jahre älteren Miller in Paris. Weitere Briefe und mehrere Einladungen folgten, bis sich Henry Miller im Sommer 1939 endlich entschloss, sein geliebtes Frankreich zu verlassen und nach Korfu zu fahren: „Es war fast Mittag, als das Schiff in Korfu anlegte. Durrell erwartete mich [...] am Quai. Die Fahrt nach Kalámi, dem kleinen Dorf am Nordende der Insel, wo Durrell wohnte, dauerte ungefähr eine Stunde. Ehe wir zu Mittag aßen, gingen wir noch vor dem Haus schwimmen. Ich war seit fast zwanzig Jahren nicht mehr im Wasser gewesen. Durrell und seine Frau Nancy waren wie Delphine, sie lebten gewissermaßen im Wasser."

Insgesamt verbrachte Henry Miller fünf Monate in Griechenland. Nur mit einem Handtuch und einem Notizblock ausgerüstet, kletterte er in der Nähe von Kalámi jeden Morgen auf einen großen gelben Felsen, den er zu seinem privaten Badeplatz erkoren hatte. Lawrence Durrell blieb noch bis April 1941 in Griechenland (die letzten Monate verbrachte er in Kalamáta auf dem Peloponnes), bis er vor der deutschen Invasion über Kreta nach Kairo floh.

Das einstige Wohnhaus von Durrell ist heute die Taverne White House am nördlichen Ende der Bucht. Im Inneren der Taverne bewahrt der Besitzer einige englische Zeitungsartikel auf, die über Durrells Wahlheimat berichten.

Kouloúra: ein malerischer Hafen an der Nordostküste

Kouloúra

Ein Hafen wie aus einem Urlaubsprospekt. Von der gut ausgebauten Küstenstraße zweigt der Weg nach Kouloúra ab (auf die Beschilderung achten). Die Beton-Strecke führt an Olivenhainen und Zypressen vorbei hinunter zum Meer, wo ein kleiner malerischer Hafen mit bunten Fischerbooten die Besucher empfängt. Der Blick von der Taverne Kouloúra auf die Boote, die Bucht und die Küste Albaniens ist einzigartig.

Nur etwa 200 m vom Hafen entfernt finden Sie den *Kouloúra Beach* mit zwei riesigen Eukalyptusbäumen als natürlichen Schattenspendern. Das Wasser ist klar und sauber, der Kiesstrand nicht immer. Leider dürfen hier die Autos direkt ans Wasser fahren und viele Camper nutzen den Strand gerne als Parkplatz. Vor allem an Wochenenden wird es ziemlich eng.

Taverne Kouloúra, die von Weinreben umrankte Terrasse ist ein romantischer Ort, um frischen Fisch zu genießen. Oft ist abends kaum ein Platz zu bekommen. Die Gäste schätzen die kleinen frittierten Fische.

Ágios Stéfanos

Eine 4 km lange Asphaltstraße führt bei Agnitsíni kurvenreich durch wunderschöne Olivenhaine hinunter zum Meer und zum kleinen Hafen von Ágios Stéfanos. Am Ortseingang gibt es schattige Parkmöglichkeiten. Das ehemalige Fischerdorf hat sich ganz auf die Bedürfnisse der Touristen eingestellt. Vor allem bei Seglern ist der Ort beliebt. Entlang der Hafenstraße reihen sich Bars und Restaurants aneinander, der kleine Supermarkt im Ortszentrum überrascht mit einer großen Auswahl an internationalen Zeitungen sowie einem exklusiven Weinkeller. An den Rändern der Bucht gibt es Bademöglichkeiten (Kiesstrand).

Oberhalb von Ágios Stéfanos gibt es einen Beobachtungsposten, denn nur wenige Kilometer trennen die korfiotische Küste von Albanien. Von Ágios Stéfanos aus lässt sich auch zu Fuß das Naturschutzgebiet „Erimiti" an der Nordostspitze von Korfu erkunden. Folgt man der engen Straße durch den Ort, kommt man zum *Kerasia-Strand*. In unmittelbarer Nachbarschaft befindet sich das Sommeranwesen der Rothschild-Familie. Zahlreiche Politiker, Berühmtheiten und die britischen Royals waren hier schon zu Besuch.

Verbindungen Es besteht keine Busverbindung direkt zum Meer, deshalb muss man bei Agnitsíni aussteigen und das letzte Stück zu Fuß zurücklegen. Für den Rückweg nach Korfu-Stadt bieten in Ágios Stéfanos mehrere Wassertaxis ihre Dienste an.

Übernachten Die meisten Apartments und Villen werden von britischen Reiseagenturen vermietet (z. B. www.agnitravel.com, www.cvvillas.com oder www.ionian islandholidays.com). Es stehen deshalb nur wenige Privatquartiere zur Verfügung.

Kali-Thea, die Apartmentanlage wurde im inseltypischen Stil erbaut und liegt ca. 2 km oberhalb von Ágios Stéfanos im Ortsteil Melisiona. Neben einem eigenen Pool bietet die Anlage einen schönen Ausblick auf die albanische Küste und einen Kinderspiel-platz. Geöffnet Mai–Okt. Wochenweise zu mieten; Studio ab 120°€ in der HS. ✆ 26630/81753 oder mobil 697/6832916, www.kalithea-apartments.com.

Essen & Trinken Empfehlenswert ist die **Taverne Eukalyptus** am Ortseingang auf der linken Seite. Abends kann man unter dem lang gezogenen Vordach bei ein paar Snacks die Sonne genießen. ✆ 26630/82007.

Galini Taverna, die erste Taverne, die in Ágios Stéfanos 1972 eröffnete. Schönes Ambiente, traditionelle Küche. ✆ 26630/81492, www.galinitavern.gr.

Kerasia Taverne, die Taverne liegt direkt am Strand. Boote können am Steg anlegen. Vor allem britische Touristen kommen gerne hierher. ✆ 26630/81521.

Kassiópi

Schon in römischer Zeit fungierte Kassiópi als wichtiger Hafen. Heute ist der Ort das touristische Zentrum im Nordosten Korfus. Von dem ehemaligen Fischerdorf aus scheint Albanien zum Greifen nahe. Die Häuser auf dem Festland sind mit bloßem Auge zu sehen.

Waffen als Dekoration

Der Norden → Umschlagkarte vorne

Der Ort selbst gefällt schon wegen seiner hübschen Kesselbucht. Ein Obelisk und alte Kanonen an der Hafenmole erinnern an die strategische Bedeutung von Kassiópi an der Nordostküste von Korfu. Ein imposantes Bild ergibt sich, wenn durch die enge Wasserstraße die großen Fähren aus Italien schippern. Ansonsten hat sich der Ort seinen malerischen Charakter erhalten. Auf große Hotelanlagen wurde bislang verzichtet, sodass vorwiegend möblierte Apartments und Privatzimmer im Angebot sind.

Der Name des Ortes leitet sich vom römischen Kassio-Dia-Tempel ab. Der römische Kaiser Nero soll, als er in Kassiópi zu Besuch weilte, an dessen Altar gesungen haben. In der Antike war das Städtchen wegen seines Theaters und als Flottenstützpunkt an der Schifffahrtslinie zwischen Griechenland und Italien bekannt. An der Stelle des einstigen Zeus-Tempels steht heute die *Kirche der heiligen Jungfrau von Kassopitra*. Ein Besuch ist wegen der wertvollen Fresken aus dem 17. Jh. lohnenswert. Im Mittelalter war das Kirchlein einer der bedeutendsten religiösen Orte auf Korfu.

Über der Hafenbucht haben sich Reste einer Wehranlage einer venezianischen *Festung* erhalten. Bereits die Römer nutzten die Erhebung für eine Wehranlage. Eine Leserin berichtet, dass „innerhalb der Mauerreste [...] ein gut erkennbarer und mit normalen Schuhen begehbarer Rundweg um den ganzen Hügel [führt]. Durch die Lücken in den Festungsmauern bieten sich immer wieder tolle Ausblicke. Dank der Olivenbäume geht man größtenteils im Schatten".

Abends am Hafen von Kassiópi

Kassiópi wird vor allem wegen seiner malerischen Strände von vielen Gästen geschätzt. Vom Ortszentrum führt ein Spazierweg in nordöstlicher Richtung zu einer Reihe schöner Strände (unterhalb der Burgruine, rund 400 m von der Hafenbucht), beispielsweise zum *Batania Beach*: eine Klippe, die längs zum Meer abfällt. Kristallklares Wasser gibt es auch westlich davon am *Pipitos Beach*. Am besten hat uns an der Ostküste der Halbinsel mit dem Eukalyptusbaum auf der Landspitze der *Kanóni Beach* gefallen: flach abfallende weiße Felsen mit kleinen sandigen Ausbuchtungen. Genüsslich kann man beim Baden die großen Fähren auf ihrem Weg zwischen Italien und Griechenland beobachten. Liegestuhlverleih.

Zwischen Kassiópi und Ágios Stéfanos führt eine Straße zum *Ávlaki Beach*, einem 1,5 km langen Kiesstrand, an dem es noch ruhiger ist. Ein großer Parkplatz (ohne Schatten!) bietet ausreichende Parkmöglichkeiten. Mehrere Tavernen stehen zur Auswahl, außerdem

Übernachten
2 Manessis Apartments
5 Solaris Apartments

Essen & Trinken
3 The Old School Taverna
4 Uncle Simos

Cafés
1 Wave Bar

Kanóni Beach
Batania Beach
Pipitos Beach
Festung
kosten-
pflichtiger
P
Árlaki Beach,
Ágios Stéfanos
Kassiópi
95 m

gibt es einen Liegestuhlverleih, eine Bootsvermietung und eine Segel- und Windsurfschule (☎ 26630/81877, www.corfu-sailing-events.com). Bereits im September ist dieser Beach fast menschenleer.

Verbindungen Inzwischen gibt es mit dem **Bus** eine wichtige Querverbindung zwischen Kassiópi und Sidári: tägl. 4-mal in beide Richtungen, Fahrpreis 3,20 €. Außerdem 9-mal tägl. nach Korfu-Stadt (sonntags nur 2 Verbindungen) für 3,60 €.

Bootsvermietung und Ausfüge Am Hafen findet man mehrere Angebote für Ausflugsfahrten per Boot oder Bus nach Korfu-Stadt zum Einkaufsbummel, zur Mäuseinsel, zur Alten Festung, nach Albanien oder Paxós.

Übernachten ≫ Lesertipp: Apartments Solaris **5**, kurz hinter der Bushaltestelle am kleinen Dorfplatz, wo die Fußgängerzone beginnt, weist rechts ein Schild an der Straße zum Solaris Swimmingpool. Der Pool bei den Apartments ist für die Allgemeinheit zugänglich. Auch die Benutzung der Sonnenliegen ist gratis. Die sehr geräumigen und sauberen Apartments werden meist an Kunden des britischen Reiseunternehmens Thomson vermietet (Andreas Wesselmann, Münster). DZ in der HS 100 €. ☎ 26630/81245, www.solariskassiopi.com. ≪

🏃 **Wanderung 3: Kassiópi** → S. 220
In Serpentinen hinauf zum Weiler Budholakos vorbei an Olivenhainen. Zur Belohnung für den Anstieg oben ein toller Blick bis nach Albanien und eventuell ein Picknick.

Manessis Apartments , das Haus liegt direkt am Hafen von Kassiópi. Vom Balkon bietet sich ein großartiger Ausblick. Apartments für bis zu 5 Pers. DZ ab 50 €. ✆ 26630/81474, www.manessiskassiopi.com.

Bella Mare, die hübsche Anlage liegt in einem großen, gepflegten Garten am Ende der Ávlaki-Bucht. Die Studios und Apartments haben alle einen Balkon oder eine Terrasse mit Meerblick. Schöner Pool mit Kinderbecken. Im Winter geschlossen. Studio für 2 Pers. in der HS ab 160 €. ✆ 26630/81997, www.belmare.gr.

Essen & Trinken **Wave Bar** , am malerischen Hafen, junges Publikum, viele Einheimische, nur kleine Gerichte wie Crêpes oder Sandwiches. Ein Ableger der Bar hat in Ágios Stéfanos eröffnet.

The Old School Taverna , von der großen Terrasse kann man den Blick auf den Hafen genießen. Schönes Ambiente, klassische griechische Küche. ✆ 26630/81211.

Uncle Simos , empfehlenswertes Lokal mit romantischer Terrasse direkt am Hafen. Der Gast sitzt unter Bäumen, das Essen ist ausgefallen und sehr gut. Die Spezialität des Hauses ist frischer Fisch, aber auch das Lamm hat uns gut geschmeckt. ✆ 26630/81212.

Avlaki Restaurant, modernes Ambiente, das sich von den traditionellen Tavernen abhebt. Moderne griechische und mediterrane Küche. Von der großen Terrasse hat man einen schönen Blick auf die Bucht Ávlaki. ✆ 26630/81051.

Kassiópi lädt mit seiner Hafenpromenade zum Flanieren ein

Durch Wind und Wetter geformte Sandklippen

Die Nordküste

Wegen der Entfernung von Korfu-Stadt (je nach Ort zwischen 35 und 55 km) ist der Norden der Insel nur teilweise erschlossen. Abseits der ganz im Westen gelegenen Touristenhochburg Sidári, die vor allem britische Pauschaltouristen anzieht, gibt es entlang der Nordküste auch noch ruhigere Orte.

Die guten Bademöglichkeiten in Acharávi und Róda sorgen für viele Gäste. Markanteste Merkmale sind die langen, zum Teil aber nur sehr schmalen Sandstrände (insgesamt über 13 km) und die bizarr geformten Sand- und Lehmklippen bei Sidári. Ein steter Nordwind sorgt im Hochsommer für Erfrischung. So schön die kuriosen Strände sind, im Sommer liegt hier Handtuch an Handtuch. Von verträumter Idylle kann in Sidári seit langem nicht mehr die Rede sein.

Spiridon contra Rückenschmerzen

Der heilige Spiridon, dessen Namen der Ort an der Nordküste trägt, ist der Inselpatron von Korfu. Eine gleichnamige Kapelle des populären Heiligen liegt am Strand. Spiridon wird noch heute intensiv verehrt. Am 11. August, dem Gedenktag des Heiligen, werden alljährlich seine Gebeine in einem Glassarkophag durch die Inselhauptstadt getragen und dann säumen sowohl Gläubige als auch Schaulustige die Straßen. Sankt Spiridon wurde vor allem bekannt, weil er maßgeblich dazu beitrug, die Türken von der Insel zu vertreiben. Nebenbei kurierte er auch die Rückenschmerzen und entzündeten Fußgelenke der Korfioten.

Das verlassene Bergdorf Paléo Períthia: Auferstanden aus Ruinen

1975 gingen in dem abgelegenen Bergdorf Paléo Períthia die Lichter aus. Die letzten Einwohner verließen den Weiler am Nordhang des mächtigen Pantokrátor-Massivs. Das Leben in der venezianischen Siedlung, die zur Blütezeit bis zu 1500 Bewohner zählte, starb. Seit ein paar Jahren kehrt zumindest in den Sommermonaten wieder Leben ein. Inmitten der herrlich duftenden Berglandschaft haben Korfu-

Liebhaber das Dörfchen mit seiner traditionellen Architektur wiederentdeckt, engagierte Privatinvestoren haben einige der alten Häuser gekauft und aufwendig restauriert. In einem kleinen Buch, das vor Ort erhältlich ist, sind die Häuser, ihre Geschichte und Architektur liebevoll beschrieben. Auf den ausgeschilderten Rundwegen kann man das alte Perithia mit seinem Schulhaus, seinen acht Kirchen und unzähligen Wohnhäusern am besten kennenlernen. Es gibt mittlerweile wieder mehrere gemütliche Tavernen, zum Beispiel die Taverne „O Foros" (Das Forum, ☏ 26630/ 98373). Thomas Sitiotis, der Besitzer des „Foros", hat sich mit seinen authentischen Inselgerichten einen Namen gemacht. Mit stets frischen Zutaten und Gewürzen, dazu noch zu moderaten Preisen, kann hier der Besucher speisen. Im Winter hat Sitiotis, der übrigens gut Englisch spricht, allerdings nur am Wochenende auf. Wer in dieser außergewöhnlichen Umgebung übernachten möchte, kann dies im 4-Sterne-Boutique-Bed-and-Breakfast des „Merchants House" tun. Mark Henderson und seine Frau Saskia Bosch haben dreien der Häuser zu neuem Glanz verholfen und diese in stilvolle, moderne Suiten verwandelt (geöffnet von April bis Oktober, ☏ 26630/98444, www.merchantshousecorfu.com).

Die Anfahrt nach Alt-Períthia ist einfach und gut ausgeschildert. Auf der Hauptstraße von Kassiópi nach Acharávi, 500 m südlich der Abfahrt nach Ágios Spirídon, führt eine Straße nach Südwesten nach Nea Períthia, dann über den Weiler Loútses nach Áno Períthia. Von der Küstenstraße, die durch Olivenhaine und offene Felsenlandschaften führt, sind es ca. 8 km. Die Straße ist bis zum Ortseingang gut ausgebaut, ein großer Besucherparkplatz bietet ausreichend Platz für Ausflügler.

Östlich von Loutses gibt es übrigens auch zwei Höhlen: die große und kleine *Grava*. Die *Megali Grava* liegt rund 5 km von Períthia entfernt. Ihre große Öffnung weist auf ihren Ursprung hin. Einst war sie ein unterirdischer Fluss. Längst sind aber die Decken des Flussbetts unter der Erde eingestürzt. Die Höhle ist eine der ältesten Fundstätten menschlicher Besiedlung auf Korfu. Wie archäologische Forschungen erwiesen haben, war Grava bereits im späten Paläolithikum bewohnt.

Ágios Spirídon

Nur 1,5 km nördlich vom Bauerndörfchen Nea Períthia liegen die langgezogenen Strände von Ágios Spirídon mit Blick auf das benachbarte Albanien. Das Leuchtfeuer markiert den nördlichsten Punkt Korfus. Nicht nur Touristen, sondern auch viele Griechen kommen am Wochenende gerne hierher. In fußläufiger Entfernung hat Ágios Spirídon sechs verschiede Strände, die nicht überlaufen sind und viel Platz bieten. Neben einem kleinen Supermarkt gibt es auch ein Reisebüro, das Ausflüge organisiert, einen Bootsverleih und Minigolfplatz. Am 7. August findet immer ein großes Strandfest (Bakarole) mit Tanz, Musik und Feuerwerk statt.

Für Naturliebhaber ist die benachbarte *Antinioti-Lagune* ein lohnenswertes Ziel. Das 400 ha große Feuchtbiotop ist eine wichtige Station für Zugvögel und ein Rückzugsgebiet für seltene Reptilien und Amphibien. Das Gebiet vor der beeindruckenden Kulisse des Pantokrátors steht unter Naturschutz.

Übernachten/Essen Nora Apartments, in Ágios Spirídon vermieten die Deutschen Nora und Detlef Kretschmer 2 Ferienwohnungen. Ideal für Ruhesuchende. Das Haus ist umgeben von Oliven- und Zitronenbäumen auf einem 3500 qm großen Privatgrundstück. Hauseigener Pool vorhanden. Die Ferienwohnungen bieten Platz für jeweils 4 Pers. Preis in der HS 115°€. Geöffnet April–

Okt. ☎ 26630/98518, www.d-g-kretschmer.de.

Taverne Karbouris, traditionelle, familiengeführte Taverne in Ágios Spirídon, unterhalb der Verbindungsstraße zwischen Acharávi und Kassiópi. Frische, griechische Küche und korfiotische Spezialitäten. Ganzjährig geöffnet, im Winter nur am Wochenende. ☎ 26630/98032, www.karbouris-corfu-taverna.com.

Acharávi

Die Streusiedlung an der Nordküste hat es geschafft, zu einem der populärsten Badeorte auf Korfu aufzusteigen. Bei dem breiten und langen Sandstrand ist das auch kein Wunder. Nur die vielen Schnaken in der Saison können vor allem in der Nacht zum Problem werden.

St. George's Bay Country Club in Acharávi

Schon in der Antike war dieser Ort besiedelt. Allerdings zerstörten die Römer 32 v. Chr. den Ort und ermordeten alle jungen Männer. Seitdem wird der Ort „achari ivi", was so viel heißt wie „freudlose Jugend", genannt. Doch von Freudlosigkeit waren später weder Bewohner noch Gäste geprägt. Die ausgegrabenen Bäder der Römer am westlichen Ortsrand zeugen davon. Heute kommen Badegäste vor allem wegen des breiten Sandstrandes hierher. Die weitläufige Siedlung ist trotz des Booms der vergangenen Jahre nicht verbaut. Vielmehr bemühten sich viele Hoteliers um eine landschaftsgerechte Architektur.

Das frühere Zentrum der Olivenernte hat sich einen guten Namen als Urlaubsort gemacht. Riesige Hotelkomplexe sucht man in Acharávi vergeblich. Die Urlauber schätzen die kleinen Pensionen und vielen Apartmentanlagen. Vor allem Familien fühlen sich in Acharávi wohl.

Vom ersten Eindruck eines staubigen, lauten Straßendorfes sollte man sich daher nicht täuschen lassen. In den weitläufigen, parkähnlichen Hotelanlagen findet der Gast viel Entspannung. Von der Hauptstraße führen mehrere schmale Stichstraßen zum Meer. Der sand-kiesige Strand verfügt über eine exzellente Infrastruktur: Surfbrettverleih, Tavernen, Bars – hier fehlt es an nichts. Sogar einen Aquapark namens „Hydropolis" (allerdings mit wenigen Rutschen) hat der Ort zu bieten. Wer mehr Wassersport sucht, kann mit der Tauchschule „Scuba Dive" einen Tauchgang zu versunkenen Wracks wagen. Es werden hier auch Schnorcheltrips und Anfängerkurse angeboten (Anmeldung 1–2 Tage im Voraus. ✆ 26630/29350 oder mobil 6945013510, www.divecorfu.com).

Verbindungen Tägl. verkehrt der **Bus** 8-mal zwischen Acharávi und Korfu, sonntags nur 2-mal. Fahrpreis 3,60 €. 4-mal tägl. fährt auch der Bus zwischen Sidári und Kassiópi.

Übernachten   ****** St. George's Bay Country Club**, gilt als eines der schönsten Hotels der Nordküste. Auf einem 6 ha großen Strandgrundstück liegen verstreut mehrstöckige Häuser mit geschmackvoller, inseltypischer Architektur. Ein Restaurant im Countrystil – eine ehemalige Ölmühle – verwöhnt die Gäste. Der Garten mit meterhohem Schilf gepflegt, es gibt einen Tennisplatz mit Flutlicht und sowohl einen Süßwasser- als auch einen Meerwasser-Pool (auch für Nicht-Hotelgäste) sowie einen Wellness- und Spabereich. Das Hotel ist von April bis Okt. geöffnet. Die 119 Zimmer sind sehr unterschiedlich. Sie reichen vom kleinen Studio bis zu großen Suiten mit Wohnraum und Schlafzimmer (50 qm). Viele deutsche Stammkunden. Es geht familiär zu. DZ mit Frühstück ab 182 € in der HS. ✆ 26630/63203, www.stgeorgesbay.com.

*** Acharavi Beach Hotel, außerhalb des Ortszentrums, unmittelbar am Sandkiesstrand gelegen. Gepflegte, geschmackvolle Feriensiedlung im griechischen Stil mit 148 Betten in zweistöckigen Einzelgebäuden mit Balkon und Bungalows. Garten mit Palmen, Bougainvillea, Bananenstauden und Olivenbäumen. Tennisplatz vorhanden. Im Hotel wohnen viele Familien, es gibt einen kleinen Spielplatz und einen Kinderpool. Der Poolbereich hat einen direkten Zugang zum Strand. Die Nachbarschaft des Resorts ist allerdings reizlos. Geöffnet Mai–Okt. DZ ab 75 €. ✆ 26630/63460, www.acharavibeach.com.

Harri's Apartments, die ruhige Apartmentanlage liegt in einer der Querstraßen, die von der quirligen Hauptstraße Richtung Meer führen, und bietet 14 Studios und 7 Apartments für 4 Pers. Alle Zimmer sind klimatisiert und mit eigener Küche ausgestattet. Sehr schön auch der Palmen- und Blumengarten, der Strand ist nicht weit. Geöffnet Mai–Okt. DZ in der HS 48 €, Apartments 85 €. ✆ 26630/64835, www.aptscorfu.gr.

Essen & Trinken Es gibt eine große Auswahl an Tavernen und Bars. Empfehlenswert ist ein Besuch in der **Bäckerei Macheimarisa**. Die Traditionsbäckerei an der Hauptstraße besteht seit 1950. Große Auswahl an Kuchen und Torten, Brot und gefüllten Teigtaschen. Zum Mitnehmen oder im integrierten Café zu genießen.

Filiaraki, an der Hauptstraße neben der Bäckerei gelegene Taverne. Gut geschmeckt hat z. B. das Lammkotelett. ✆ 26630/64750.

Veggera Bar, die Strandbar mit gemütlicher Lounge im Holzstil lädt zum entspannten Tagesausklang ein. Große Auswahl an

Cocktails und gute Musik. Strandliegen und Sonnenschirme gegen Gebühr.

 **Lemon Garden**, eine regelrechte Oase an der lauten Durchgangsstraße in Acharávi. Wie in einem riesigen Garten sitzt man unter üppig mit Früchten behangenen Zitronenbäumen. Ein herrlicher Zitronenduft erfüllt deshalb die ehemalige Plantage, in der sich heute, untergebracht in kleineren Hütten, Restaurant, Bar und Grillplatz verstecken. Auch beim Essen und Trinken spielen die Zitrone hier die Hauptrolle: Ob als frisch gepresster Saft, Bestandteil der 100 verschiedenen Cocktailsorten oder zur Verfeinerung der Grillspezialitäten – fast überall finden die Früchte aus dem Garten Verwendung. Die Küche (griechisch und international) ist lecker und preiswert. Besonders zu empfehlen st das Kumquat-Eis. Tipp: Wer am Abend herkommt, findet die über 50 Zitronenbäume stimmungsvoll beleuchtet. ☎ 26630/64446, www.lemongardencorfu.com. ■

Epískepsi

Von Acharávi lohnt ein Abstecher zum Bergdorf Epískepsi, das 7 km weit im Inselinneren liegt. Hierher verirren sich kaum Urlauber, dabei erweist sich schon die Anfahrt durch die lang gezogenen Olivenhaine als sehr reizvoll. Epískepsi ist ein lang gestreckter Ort mit engen Gassen, gemütlichen Tavernen und Cafés, in denen man mit Einheimischen schnell ins Gespräch kommt. Kein Durchkommen gibt es mehr, wenn hier am 15. August Mariä Entschlafung gefeiert wird und alle Bewohner, zusammen mit den Familienangehörigen aus nah und fern, ausgelassen auf dem Kirchplatz tanzen.

Stechmückenplage an der Nordküste

Die gesamte Nordküste gilt als ausgesprochenes Biotop für Schnaken. Vor allem im Sommer und Herbst können die Schwärme von Stechmücken zur Plage werden. Leser Albert Bogner aus Salzburg berichtet aus eigenem Erleben: „In Sidári stellen die Stechmücken ein großes Problem dar. Die Biester sind im Vergleich zu Mitteleuropa extrem schnell und beginnen mit ihren Attacken in der Regel erst dann, wenn man kurz vor dem Einschlafen ist. Manche Leute hatten eitrige Wunden, die größer als ein 2-Euro-Stück waren. Man hat nur die Wahl zwischen zwei Folterarten: bei geschlossenem Fenster in einer „Sauna" zu schlafen und trotzdem vorher nicht alle Stechmücken erwischt zu haben oder bei leicht geöffnetem Fenster am nächsten Tag mit mindestens 20 Stichen mehr aufzuwachen. Ich war bereits auf sehr vielen griechischen Inseln, doch so eine Plage habe ich noch nirgends erlebt."

Róda

Der teilweise dünenartige Sandstrand hat Róda einen ungeahnten Boom beschert. Hier ist man viel Wind und Wellen ausgesetzt. Der Strand zieht sich über rund 6 km bis zum *Kap Ekaterínis* und bietet erstklassige Bademöglichkeiten. Das Dorf selbst ist in den Sommermonaten fest in touristischer Hand. Tavernen, Bars, Minimärkte reihen sich in enger Folge entlang der Stichstraße zum Meer. Mittlerweile gibt es sogar eine kleine Fußgängerzone. Im Ortszentrum finden sich die Reste eines dorischen Apollon-Tempels aus dem 5. Jh. v. Chr.

An dem langen Strand gibt es immer reichlich Wind und auch Wellen. Aktivurlauber finden hier exzellente Gelegenheiten für Wassersport und Reiten. Abends treffen sich am Strand die Jogger. Eine gute Übersicht der touristischen Angebote bietet die Website www.rodaonline.org.

Verbindungen Tägl. pendelt der **Bus** 8-mal zwischen Korfu-Stadt und Róda. Sonntags kommt und fährt der Bus nur 2-mal! Fahrpreis 3,60 €.

Taxistand, an der Strandpromenade.

Motorradverleih Diverse Anbieter zur Vermietung von Mopeds, Motorrädern, Quads und Fahrrädern, z. B. **Sunrides** an der Durchfahrtsstraße. ✆ 26630/63626 oder 63520.

Übernachten Auch in Róda stehen keine gigantischen Hotelanlagen, es hält sich alles in Grenzen: vorwiegend möblierte Apartments und Hotels der 2-Sterne-Kategorie. Für ein 2- bis 4-Personen-Apartment verlangt man rund 50 € pro Tag. Die meisten Hotelanlagen mit Swimmingpool und Liegewiese liegen direkt an der Hauptdurchfahrtsstraße.

**** Roda Beach Resort & Spa, die relativ einsam gelegene Hotelanlage mit insgesamt 402 Zimmern (!) ist ein beliebtes Familienhotel. Die Zimmer haben unterschiedliche Ausstattung und entsprechende Preise. Die weitläufige Anlage verfügt über Tennisplätze, mehrere Swimmingpools und Minigolf. Viele Apartments in einstöckigen Einzelgebäuden. Es gibt sogar Waschmaschinen (Benutzung gegen Gebühr). Nur über Agenturen buchbar, Vollpension ist Standard. Geöffnet Mai–Okt. DZ ab 46 €. ✆ 26630/64180, www.mitsis-rodabeach.com.

Der Norden → Umschlagkarte vorne

Blick auf die Diapontischen Inseln

*** Hotel Pegasus, etwa 700 m vom Meer entfernt, umgeben von Olivenhain und kleinen Treibhäusern. In dem zweistöckigen Hotelbau an der Hauptstraße ist das Knattern vorbeifahrender Mofas noch durch die doppelt verglasten Fenster zu hören. Nehmen Sie deshalb ein Zimmer (mit Balkon) nach hinten! Wesentlich gemütlicher sind die schmale Terrasse und die Liegewiese am kleeblattförmigen Swimmingpool mit Poolbar. DZ ab 50 €. ✆ 26630/63400, www.pegasus-hotel.com.

Camping Roda Beach, ein populärer, gepflegter Platz auf einem 20.000 qm großen Grundstück. Oliven- und Obstbäume spenden hier ausreichend Schatten. Sauberer Pool, Spielplatz und Minimarket vorhanden. Der Platz ist zweigeteilt: feierfreudige Jugendliche und Familien werden getrennt. Der Campingplatz hat allerdings zwei Nachteile: zum Strand sind es gut rund 700 m und die viel befahrene Straße ist nachts zu hören. Geöffnet Mitte Mai bis Mitte Okt. Zur Bushaltestelle nach Korfu-Stadt sind es nur wenige hundert Meter. Preis pro Pers. 6 €, Auto und Zelt jeweils 3,50 €, großes Zelt 4,50 €, Caravan 6 €. ✆ 26630/63120 und 31036 im Winter, www.rodacamping.gr.

Essen & Trinken New Port, hübsche Taverne mit maritimem Touch an der Promenade. Hier gibt es viel frischen Fisch.

Restaurant 5 Roses (vormals Taverna Opa), hier ist es an der Tagesordnung, dass der Gast sich in der Küche seinen Fisch selbst aussucht. Leckeres, traditionell griechisches Essen, auch Hummer. ✆ 6977819759.

》》 Lesertipp: Drosia, „bei Familie Gnesoulis kann man ganzjährig wunderbar typisch griechisch essen. Vater Alex und Tochter Angeliki stehen in der Küche und bereiten liebevoll das Essen zu, seine Frau Titina und Sohn Adoni servieren freundlich" (Gunnar von Schlippe aus München). ✆ 26630/64330. 《《

Nímfes

Das Bergdorf am Fuße des Pantokrátors lädt zu einer Rast im Grünen ein. Der große, wunderschöne Dorfplatz mit seinem riesigen, Schatten spendenden Ahorn im Zentrum ist ein idealer Picknickplatz: Im großen Rund stehen eiserne Bänke unter Palmen, am öffentlichen Brunnen mit Trinkwasserqualität auf der anderen Straßenseite kann man seine Getränkeflaschen wieder auffüllen. Abends lebt der Platz richtig auf; die zwei Tavernen „Piazza de Nimfes" und „Green Grillroom" mit griechischer Küche sind vor allem bei britischen Touristen beliebt. Attraktiv ist eine Wanderung zum verlassenen *Kloster von Nímfes*.

> 🥾 Wanderung 4: Rundwanderung zum Kloster von Nímfes → S. 222
> Schattige Wanderstrecke durch ein grünes Tal mit Zypressen, durch einen Bach ohne Brücke und mit Abstecher zum verlassenen Kloster.

Ágios Andréas

Von der Verbindungsstraße Róda–Sidári geht es – nach der Abzweigung Richtung Karoussádes – rechts auf der Nebenstrecke zur kleinen, östlich von Sidári gelegenen Bucht (Beschilderung „Ágios Andréas"!). Von der Küstenstraße sind es noch 2 km. Der idyllische Ort Ágios Andréas mit der kleinen Anlegestelle wird vor allem von Griechen geschätzt, die in den Sommermonaten hier Ferienhäuschen bewohnen. Östlich von Ágios Andréas erstreckt sich ein breiter Sandstrand: *Astrakéri-Beach,* allerdings manchmal mit vielen Seepflanzen. Privatzimmer sind vorhanden. Gut gefallen hat uns auch die kleine Taverne „Ágios Andréas" nahe des Kaps Astrakéri. Angeboten wird leckere Hausmannskost zu günstigen Preisen. Weil die Taverne von den Touristenorten ein Stück entfernt liegt, geht es eher ruhig zu. Keine Anbindung an öffentliche Verkehrsmittel, kaum Parkmöglichkeiten. In der Hochsaison empfiehlt es sich deshalb, Astrakéri anzusteuern (großer Parkplatz am Strand, kein Sonnenschutz) und die paar hundert Meter bis zur Taverne am Strand zu Fuß zurückzulegen.

Essen & Trinken »» Lesertipp: „Direkt an der Straße von Róda nach Sidári, nach Karoussádes (kurz nach der Abzweigung zum Astrakeri Beach), liegt die **Taverne Sunrise** mit einem wunderbaren Blick auf das Meer und die gegenüberliegende alba-nische Küste. Fisch und Fleisch werden hier ausschließlich frisch zubereitet – sehr lecker. Die Spezialitäten des Hauses sind ein mit viel Oregano und Knoblauch gefüll-ter Rollbraten vom Grill und Pastitsio" (Uli Müller, Glottertal). **««**

Karousádes

Das 1300 Einwohner große Karousádes ist eine Flüchtlingssiedlung, auch wenn sich daran heute kaum noch jemand erinnert. Im Jahre 20 v. Chr. kamen Emigranten vom Schwarzen Meer hierher. In byzantinischer Zeit erlebte Karousádes als Verwaltungssitz seine Glanzzeit. Aus dieser Zeit stammt auch der um 1480 errichtete, auffällige Turm in der Hauptstraße. Hier verbrachte der auf Korfu verehrte Literat *Konstantinos Theotokis* seine Kindheit. Heute ist Karousádes ein von der Landwirtschaft geprägtes Dorf. Viele Einwohner arbeiten in den nahe gelegenen Touristenzentren Sidári, Róda und Acharávi.

Agrafí

Das kleine Dorf im Hinterland der Nordküste ist einen Abstecher wert: Highlight des Örtchens ist die malerisch auf der Hügelkuppe gelegene Kirche *Teotokos Odegetria*. Ein weiß gemauerter Gang führt über den Bergrücken auf die schöne Kirche zu, mit atemberaubenden Ausblicken auf die Nordküste und den Pantokrátor. Das Kirchlein mit seinen Ikonen rechts und links des Eingangs lässt sich auf einer Art Wandelgang ganz umrunden. An der Rückseite lädt ein von Zypressen beschatteter Weg zum Friedhof zu einem kleinen Spaziergang ein.

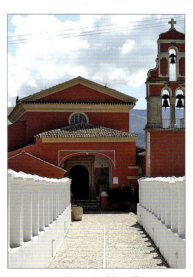

Herrschaftlich: Zugang zur Kirche Teotokos Odegetria

Ágios Ioánnis

Eine Asphaltstraße führt von Karousádes zu diesem relativ ruhigen, aber leider nicht sehr hübschen Strand von Ágios Ioánnis. Von hier nach Sidári sind es rund 20 Minuten zu Fuß. Der Ort hat seine besten Zeiten offenbar hinter sich: Viel los ist hier nicht und der Betonkasten des inzwischen geschlossenen Sidári-Beach-Hotels trägt nicht gerade zur Verschönerung des Ortsbildes bei.

Der Norden → Umschlagkarte vorne

Übernachten Camping Dolphin, in Ágios Ioánnis, besteht seit 1985, etwa 5 km von der Hauptstraße und gut 200 m vom Meer entfernt. Der Platz ist erkennbar in die Jahre gekommen, die sanitären Einrichtungen sind verbesserungswürdig. Es gibt aber reichlich Schatten und eine üppige Blütenpracht (Oleander) auf dem ganzen Platz. Ioannidis Babis, der freundliche Besitzer der Anlage, kümmert sich persönlich um seine Gäste. In seinem kleinen Büro hat er eine große Sammlung von selbst geschriebenen Wanderrouten, die er Besuchern gerne zur Verfügung stellt. Geöffnet Mai–Okt. Preis pro Pers. 4,60 €, Zelt 3,50 €, Auto 2,90 €. ✆ 26630/31522, mobil 6947687374, www.dolphin-camping.gr (offizielle Website), schöner ist die Fanseite samt Wanderrouten: www.campingdolphin.eu.

Sidári

Mit den berühmtesten Stränden der Insel erfreut sich Sidári ungebrochener Popularität vor allem bei britischen Touristen. Heute ist das einstige Fischerdorf die unbestrittene Hochburg des Tourismus an der Nordküste, in der es in den Sommermonaten laut zugeht.

Ein Souvenirgeschäft reiht sich ans andere, mittags sind die Tavernen voll besetzt, und wenn der Bus in Sidári Station macht, dann ist in der Hauptstraße kein Durchkommen mehr. In den vergangenen Jahren entstand eine Vielzahl von modernen Übernachtungsquartieren, vorwiegend kleinere Hotels und Pensionen. Der Massentourismus hat das einstige Dorf fest in der Hand. Vor allem britische Touristen schätzen Beach und Party in Sidári. Bei den Urlaubern ist Sidári nicht nur wegen seines breiten Sandstrandes (ideal für Familien) beliebt, sondern vor allem wegen der bizarr geformten, gelblich-weißen Sand- und Lehmklippen.

Am Canal d'Amour

Wichtigste Attraktion Sidáris sind die verzweigten und verwinkelten Lehmklippen westlich des großen Sandstrands. Einer der Kanäle zwischen den Lehmklippen ist der sog. **Canal d'Amour**. Der Sage nach wird jedem Mädchen ein Herzenswunsch erfüllt, wenn es das Wasser durchschwimmt, solange es noch im Schatten der Felsen liegt. Aber die genaue Lokalisierung bereitet Probleme. Auf Postkarten werden mindestens vier verschiedene Kanäle als Canal d'Amour gepriesen. Einheimische erzählten uns, jede Einbuchtung in die Sand- und Lehmfelsen sei ein eigener „Liebeskanal". Weiter im Westen wird aus den Klippen eine atemberaubende Steilküste mit spektakulären Sonnenuntergängen.

Baden kann man nicht nur am langen, aber steinharten, seichten Sandstrand im Ortszentrum, sondern entlang der ganzen Küste. Zwischen den Klippen öffnen sich wiederholt kleine Sandbuchten.

Ein Eldorado für Schlangen

Die vielfältige Landschaft auf Korfu – von Sanddünen über Lagunen bis hin zu Steinwüsten wie Pantokrátor – bietet Schlangen ideale Lebensbedingungen. Bisher konnten 13 verschiedene Arten nachgewiesen werden. Doch keine Angst: Die wenigsten Inselbesucher bekommen überhaupt eines der ungeliebten Tiere zu Gesicht. Schlangen sind besonders im Mai und Juni aktiv, weniger hingegen im Herbst. Hier ein kleiner Überblick über die Schlangenwelt auf Korfu:

Die *Würfelnatter* lebt gerne in warmen Gewässern. Das grün-bräunliche Reptil ernährt sich vornehmlich von Fischen. Würfelnattern sind heller und kleiner als *Ringelnattern*, die sich hauptsächlich von Fröschen ernähren, ebenfalls weder bissig noch giftig sind und im Wasser leben. Sie ist leicht an den markanten gelben Halbmondflecken an beiden Seiten des Kopfes und der grauen Färbung mit schwarzen Flecken am Körper zu erkennen.

Die *Zornnatter* ist eine Schlangengattung, die in ganz Griechenland weit verbreitet ist. Der Körper ist hellgraubraun, mit unregelmäßigen schwarzen Querbinden. Aus dieser Gattung leben die Balkan-Zornnatter, die Kaspische Pfeilnatter und die Schlanknatter auf Korfu. Zornnattern sind zwar nicht giftig, aber schnell bereit zuzubeißen, wenn sie gestört oder bedroht werden. Oft versuchen sie dabei sogar, den gepackten Finger zu verschlingen. Sie sind gute Kletterer, leben in felsigem oder steinigem Gelände mit wenig Buschwerk und können ebenso blitzartig flüchten wie notfalls auch angreifen.

Die *Sandviper* ist die gefährlichste Schlangenart auf Korfu. Die braunen Weibchen sind an einer rautenförmigen, dunkleren Rückenzeichnung zu erkennen, die sich deutlich vom beige-braunen Körper absetzt. Die Männchen sind kontrastreicher: hellgrau mit schwarzem Rautenmuster. An der Spitze des Kopfes haben Sandvipern ein kleines Horn und werden deshalb auch Hornnatter genannt. Ihr Biss ist giftig und ruft nach kurzer Zeit starke Kreislaufbeschwerden, verbunden mit Schmerzen um die Bissstelle hervor. Wer von einer Sandviper gebissen wurde, sollte unbedingt zum Arzt gehen. Je nach körperlicher Konstitution kann das Gift auch tödlich sein.

Die *Leopardnatter* gilt wegen ihrer leopardenartigen Zeichnung als eine der schönsten Schlangen Europas. Ihre Flecken sind rotbraun mit einem schwarzen Rand. Die Natter kann kräftig zubeißen, wenn sie sich bedroht fühlt. Sie ist jedoch nicht giftig.

Der Norden → Umschlagkarte vorne

Lehmterrassen im Meer laden zum Sonnenbaden ein. Das Meer ist zum Teil sehr seicht – ideal, um im Wasser Beachball oder Ähnliches zu spielen. Die Strände sind mit der Blauen Flagge ausgezeichnet.

Verbindungen Auch zwischen Korfu-Stadt und Sidári sind die **Busverbindungen** sehr gut. Tägl. verkehren bis zu 8 Busse, sonntags allerdings nur zwei! Fahrpreis 3,40 €.

Darüber hinaus besteht mit dem Bus eine wichtige **Querverbindung** zwischen Sidári und Kassiópi; tägl. 4-mal in beide Richtungen, Fahrpreis 3,20 €.

Übernachten In der Hochsaison ist es nicht einfach, ein Quartier zu bekommen. Die meisten Betten sind von britischen Pauschaltouristen belegt. Die meisten Hotels liegen im 2-Sterne-Bereich, die Zimmer sind fast immer ausgebucht. Wer dennoch sein Glück versuchen will, kann bei folgenden Häusern anfragen:

Imposante Steilküste am Kap Drástis

** Mimosa, 98 Zimmer. ✆ 26630/95363, www. hmcorfu.com.

** Sellas, 43 Zimmer. ✆ 26630/95285, sellasht @otenet.gr.

Essen & Trinken   Die Restaurants und Cafés haben sich ganz auf britisches Publikum eingestellt. Entlang des Canal d'Amour gibt es eine Vielzahl von Tavernen und Beach Bars. Hier einige gute Adressen:

Family Taverna, am Ortsrand Richtung Canal d'Amour. Hier gibt es Lamm und Hühn-chen vom Spieß. Preiswert.

Taverne Alexis, am westlichen Ortsrand, wenn man den Schildern zum Canal d'Amour folgt, preiswert und gut, z. B. Lamm mit Käse, auch spezielle Gerichte für Kinder.

Kahlua Restaurant, am westlichen Ortsrand Richtung Canal d'Amour. Abends lockt das Restaurant mit einem Blick auf die Steilküste und einem spektakulären Sonnenuntergang. Preiswerte Gerichte und Menüs.

Wanderung zum Kap Drástis

In Perouládes gibt es bei der Villa de Loulia einen rund 2 km langen Weg zum Kap Drástis. Die nordwestliche Spitze von Korfu ist Privatgrund und für Wanderer leider nicht mehr zugänglich. Trotzdem lohnt sich der Weg wegen der außergewöhnlichen Küste (dank Hinweisschild einfach zu finden). Eine Sandstraße führt vom Parkplatz in Serpentinen hinunter zum Kap Drástis. Auf der Anhöhe ist ein kleiner Aussichtspunkt mit schönem Blick auf die Felsenküste. An dem Eingangstor zur Kapspitze gelangt man zum Strand. Die sandigen Lehmterrassen machen den Reiz der kleinen, von hohem Schilf umgebenen Bucht aus. Das Kap Drástis eignet sich auch zum Baden. Gehzeit von der Verbindungsstraße rund eine halbe Stunde.

Perouládes

Der Weiler am nordwestlichen Ende ist ein Ziel für Individualisten. Mit dem *Logás-Strand* besitzt Perouládes an der steil abfallenden Küste ein Juwel. Im Vergleich zum überlaufenen, lauten Sidári ist dieser Strand an der Nordwestspitze eine Oase der Ruhe. Der asphaltierte Weg zur Bucht führt durch die Ortschaft Perouládes. Zum Teil zeigen sich prachtvolle Gärten mit Zitronen- und Orangenbäumen am Straßenrand. Die Strecke ist gut beschildert. Wegen der spektakulären Sonnenuntergänge heißt die Taverne oberhalb des Strandes bezeichnenderweise „Sunset". In der urigen griechischen Taverne kommt frisch zubereitete Hausmannskost auf den Tisch. Vom Parkplatz – gut für Wohnmobile! – führen ein steiler Weg und eine Treppe hinunter zum naturbelassenen Sandstrand. Ein ideales Ziel für einen Tagesausflug.

Übernachten Es gibt in der Nähe von Logás-Beach verschiedene Privatvermieter.

***** **Villa de Loulia**, eine der schönsten Herbergen im Norden Korfus ist die Villa de Loulia. Das Landgut – bereits 1803 erbaut – liegt am östlichen Rand von Perouládes an der Straße nach Sidári. Mit viel Sinn für Ästhetik hat Familie Mataraga das Anwesen ihrer Ahnen in ein kleines Paradies verwandelt. Alle 9 Zimmer sind von unterschiedlicher Größe und individuell im mediterranen Landhausstil eingerichtet. Das Haus verfügt über einen Pool und einen großzügigen, 3000 qm großen Garten. Die gelassene, nette Stimmung und die malerische Lage (unweit des Weges zum Kap Drástis) machen die Landvilla zu einem begehrten Hotel. Auf Wunsch können Gäste auch ein dreigängiges Abendmenü einnehmen. Geöffnet März–

Okt. Die Zimmer kosten ab 165 €, es lohnt aber immer, sich nach Angeboten zu erkundigen. ✆ 26630/95394, www.villadeloulia.gr.

Essen & Trinken   Taverne **Panorama**, die direkt an der Steilküste gelegene Taverne bietet einen spektakulären Blick aufs Meer. Auf den Tisch kommt leckere griechische Küche von gefüllter Tomate über ein feines Tsatziki bis zu gut gewürztem Fisch und Lamm. Am besten kommt man am Abend, wenn bei Perouládes die Sonne ins Meer fällt. Im vorderen Bereich schließt sich das **7th Heaven Café** an, wo Sie entspannt in den Sonnenuntergang schaukeln können. Bei Chillout-Musik und Cocktails wird das abendliche Schauspiel geradezu zelebriert. Tipp: Pullover nicht vergessen! Durch den oftmals starken Wind an der Steilküste kann es durchaus kühl werden.

Im 7th Heaven Café bei einem kühlen Drink die Aussicht genießen

Rau und weitgehend unerschlossen: der Nordwesten

Der Nordwesten

Die raue Seite Korfus: Die Westküste im Nordteil Korfus besitzt im Gegensatz zur geschützten Ostküste kaum natürliche Häfen. Oft peitscht das Meer gegen die steilen Klippen.

Manche Strände im Nordwesten Korfus sind an der meist steil abfallenden Küste nur mühsam zu erreichen. Deshalb fühlen sich besonders Individualisten an der Westküste wohl. Touristisch sind die weiten Buchten von Ágios Geórgios und Ágios Stéfanos gut erschlossen. Ein Highlight dieser Region ist das Kloster Paleokastrítsa. Der anstrengende Aufstieg auf den kegelförmigen Felsen lohnt sich allein schon wegen des Bilderbuch-Panoramas. Für Individualisten: Direkt vor der Nordwestküste verstecken sich die Diapontischen Inseln Mathráki, Othoní und Erikoússa. Heute leben auf der touristisch wenig erschlossenen Inselgruppe kaum mehr als 400 Einwohner.

Ágios Stéfanos

Ágios Stéfanos ist wegen seines attraktiven Strandes ein beliebtes Sommerziel. In den vergangenen Jahren entstand an der sichelförmigen Bucht mit dem breiten, 1,5 km langen Sandstrand und den bewachsenen Berghängen eine Vielzahl von Hotels und Apartmentanlagen. Auch hier verbringen hauptsächlich Briten ihren Urlaub, es gibt sogar einen Newsletter für Touristen. Um Verwechslungen mit dem gleichnamigen Ort im Nordosten zu vermeiden, findet man auch den Ortszusatz Avliotes.

Richtung Südwesten verläuft eine Asphaltstraße (etwa 800 m) zum *neuen Hafen* von Ágios Stéfanos. Die weiterführende „Küstenstraße" ist allerdings nur für geländegängige Motorräder geeignet.

Verbindungen Tägl. 5 **Busse** von und nach Korfu-Stadt, sonntags 1-mal. Fahrzeit rund 90 Min., Fahrpreis 4,10 €.

Fähren zu den Diapontischen Inseln: Es gibt eine private Personenfähre (keine Autos oder Mopeds) auf die Inseln Mathráki,

Erikoússa und Othoní (→ S. 130). Leider kommt es vor, dass der Hafen von Ágios Stéfanos so mit Algen zugewachsen ist, dass die Fähren nicht genug Tiefgang haben. Dann fahren die Schiffe auch schon mal monatelang nicht – bis das Problem behoben ist.

Baden/Wassersport Da der südliche Teil des Sandstrandes sehr hart ist, fahren viele Griechen leider direkt mit dem Auto bis zu ihrem Sonnenschirm. Das nördliche Ende des langen Strandes kann man nur zu Fuß erreichen, Nacktbaden ist an der Tagesordnung. Leihsonnenschirme sind die einzigen Schattenspender. Direkt hinter dem Beach erheben sich die Sandsteinfelsen fast senkrecht einige Meter hoch. Diverse Wassersportmöglichkeiten (Jetski, Wasserski, Parasailing.

Einkaufen ⟫⟫ **Lesertipp:** Perdita's Glass Art, die gebürtige Deutsche Perdita Mouzakiti lebt seit etwa 20 Jahren auf der Insel und betreibt ein kleines Geschäft für ihr Kunsthandwerk in Ágios Stéfanos. Aus buntem Glas fertigt sie Bilderrahmen, Schalen, Lampen und Schmuck. „Der Laden ist mit viel Liebe eingerichtet und hat ganz tolle Sachen. Übrigens ist Perdita eine sehr sympathische, liebe Frau" (Leoni Voit aus St. Georgen). www.perditasglassart.com. ⟪⟪

Übernachten **** Delfino Blu, das moderne 4-Sterne-Boutique-Hotel ist wie ein Amphitheater oberhalb der Bucht von Ágios Stéfanos angelegt. Apartments und Studios mit Bucht- und Meerblick, für Familien geeignet. Vielfältiges Frühstück. DZ in der HS ab 220°€. ✆ 26630/51629, www.delfinoblu.gr.

⟫⟫ **Mein Tipp:** ** Romanza, das Hotel mit Ferienwohnungen ist beliebt. Die Anlage besteht aus 4 Häusern direkt an der Steilküste mit tollem Ausblick auf Ágios Stéfanos. Neben den herkömmlichen Zimmern gibt es auch 10 Studios mit Balkon und Kühlschrank. Schöner, großer Pool mit Kinderbassin (geöffnet bis 22 Uhr). Viele Stammgäste. Geöffnet Mai–Okt. DZ 30–45 €. ✆ 26630/51762, www.romanzahotel.com. ⟪⟪

Apartments Villa Argiris, direkt neben dem Hotel Romanza, mit Pool und ruhigem Garten. Studio für 2 Pers. mit Küche, Bad und Balkon mit Meerblick ca. 45 €, für 4 Pers. 60 €. ✆ 26630/51494, www.villa-argiris.gr.

** Perros, das familiengeführte Bed & Breakfast ist komfortabel und verfügt über einen eigenen Swimmingpool. Zimmer mit Blick auf den Olivenhain oder den Pool. DZ mit Frühstück in der HS 58°€. ✆ 26630/51512, www.perroshotel.com.

Postkartenidyll: Taverne wartet auf Gäste

Der Norden →Umschlagkarte vorne

Essen & Trinken Direkt am Strand gibt es mehrere Tavernen mit überdachten, schattigen Terrassen. Den besten Blick über die Bucht aber genießt man von der Terrasse des Restaurants Evinos, das an der nördlichen Seite der Bucht an den Hang gebaut ist. Das Essen ist allerdings mäßig, internationale und griechische Küche, kleine Auswahl an Fischgerichten.

»» Lesertipp: „Besonderer Tipp ist die **Havanna Bar** am Strand. Man sitzt leicht erhöht und hat einen wunderbaren Blick übers Meer, meistens sehr entspannende Musik zum Träumen. Zum Ausklang eines Strandtages mit einem Mythos-Bier sehr zu empfehlen" (Barbara Lewicki). **«**

Die Inseln Othoní, Erikoússa und Mathráki

Nordwestlich von Korfu verstecken sich die *Diapontischen Inseln*. Mathráki, Othoní und Erikoússa sind vom Tourismus weitgehend vergessen worden. Heute leben dort kaum mehr als 400 Menschen und fast jeder Einwohner hat Verwandte, die in den Vereinigten Staaten, Kanada oder Australien ihren Lebensunterhalt verdienen.

Verbindungen Eine bequeme Art die Diapontischen Inseln kennenzulernen, sind **Tagesausflüge**. Sie kosten je nach Distanz und Programm ca. 30 €. Solche Touren werden in den Badeorten Kassiópi, Acharávi, Róda und Sidári angeboten.

Die populärste Möglichkeit ist die private Personenfähre (keine Autos oder Mopeds) von **Ágios Stéfanos**. Die Überfahrten auf die drei Inseln finden nicht täglich statt und wechseln je nach Jahreszeit und Befahrbarkeit des Hafens. Wenn der Hafen in Ágios Stéfanos nicht benutzbar ist, starten die Boote in Paleokastrítsa. Auskünfte gibt in Ágios Stéfanos Aspiotis Lines, ✆ 26630/71263 oder 6932445395, www.aspiotislines.gr.

Ab Korfu-Stadt fährt die Autofähre Alexandros II jeweils Di, Do, Fr und So (im Juli/Aug. tägl.) die Route Korfu–Erikoússa–Mathráki–Othoní–Erikoússa–Korfu.

Bitte erkundigen Sie sich genau nach den Abfahrtzeiten, denn je nach Wetterlage können auch Fahrten gestrichen werden.

Wenn bei Korfu die Sonne im Meer versinkt …

Der Tourismus spielt auf den Inselchen nur eine Nebenrolle. Die meisten Einheimischen leben vom Verkauf ihres Fischfangs, u. a. auch Langusten und Krebse, an die großen Hotels und Tavernen auf Korfu. Das Angebot an Fischgerichten in den Lokalen ist demnach reichlich.

Mathráki: Die kleinste, aber auch grünste und vielleicht attraktivste der Diapontischen Inseln lockt wegen ihrer Sandstrände und schönen Schnorchelreviere mittlerweile viele Gäste an. Legt eine Fähre an, warten einige Motorradtaxis mit Anhängern auf eine Fahrt nach *Káto Mathráki* im Norden der Insel. Diese Strecke führt zunächst durch einen dichten Wald und steigt leicht an – herrlicher Blick nach Albanien und Korfu. Die meisten Touristen bleiben jedoch in *Áno Mathráki* und genießen von der hoch über dem Hafen gelegenen Taverne den Blick auf den Strand. Auch auf Mathráki gibt es Übernachtungsquartiere.

Othoní: Glaubt man der griechischen Mythologie, dann strandete weiland Odysseus bei seinen Irrfahrten auch auf Othoní. Überliefert ist, dass schöne Nymphen Odysseus sieben Jahre in der Kalypsó-Grotte festhielten. Schließlich, so berichtet Homer, hatte Odysseus die Lust an den Nymphen verloren, baute ein Floß und setzte sich damit nach Ithaka ab. Unterwegs strandete der Held auch noch auf Korfu, aber das ist eine andere Geschichte ... Trotz dieser gewaltigen PR-Anstrengungen des Irrläufers Odysseus konnte der Tourismus auf der westlichsten aller griechischen Inseln nie Fuß fassen. Verwunderlich, denn Othoní hat in der Tat viel zu bieten: viel Ruhe, gemütliche und preiswerte Tavernen, Sandstrände, herrliche Wanderwege, klares Wasser und als Attraktion die *Kalypsó-Grotte*. Im Norden, bei der Ansiedlung *Katéchi*, gibt es neben verfallenen Windmühlen auch einen kleinen Bach zu besichtigen. Die 9,5 qkm große, bergige Insel hat nur noch 120 Einwohner. Im Winter sind nur die beiden Dörfer *Ammos* (an der Küste) und *Stavros* (im Inselinneren) bewohnt. Da die Anreise auch in Zukunft umständlich sein wird (s. o.), bleibt Othoní wie die anderen Diapontischen Inseln weiterhin ein Geheimtipp im Ionischen Meer.

Erikoússa: Urlauber, die sich auf Erikoússa verirrt haben, freuen sich vor allem über die herrlichen Wanderwege, die fast leeren Sandstrände, das klare Wasser und das gemütliche Kafenion am alten Hafen. In den vergangenen Jahren sind im Hauptort *Porto* etliche Tavernen und auch Übernachtungsquartiere entstanden – so das 2-Sterne-Hotel „Erikoúsa“ (☎ 26630/71555 oder 26610/30162 im Winter, www.hotel erikousa.gr; 38 Betten, gutes Restaurant, Mai bis Okt. geöffnet, DZ HS 70 €, Frühstück extra). Der schöne Sandstrand von Porto lockt im Sommer zahlreiche Ausflugsboote an. Ansonsten ist auf der relativ flachen Insel wenig los. Auf Erikoussa mit einem Durchmesser von 2 km leben nur noch rund 90 Menschen dauerhaft, viele sind in die USA ausgewandert. Einmal im Jahr wird das Wiedersehen mit einem großen Fest gefeiert.

Diápolo: Auf halber Strecke zwischen Korfu und Mathráki – gegenüber dem korfiotischen Badeort *Ágios Stéfanos* – hat Zeus noch ein kleines Inselchen ins Ionische Meer geworfen. Attraktion der Insel ist die in venezianischer Zeit gebaute Kapelle *Ágios Nikólaos*. Mittlerweile überragen große Büsche und Zypressen das Kirchlein. Es gibt keine Ansiedlung oder Taverne auf der Insel.

Arílas

An der lang gestreckten Bucht von Arílas mit der markanten Steilküste im Norden hat der Tourismus längst Einzug gehalten und den kleinen Ort stark verändert. Große Hotels findet man hier aber nicht. Urlauber müssen trotzdem auf nichts

Der Norden →Umschlagkarte vorne

verzichten: Ausflugsbüros, Mopedverleih, Supermarkt, Tavernen, Bars, Sonnenschirm-, Surfbrett- und Liegestuhlverleih. Außerdem gibt es hier den einzigen Geldautomaten im näheren Umkreis. Der 5 m breite Strand, eingerahmt von Bergen, ist eine Mischung aus Sand und Kies, leider ohne Schatten. Ruhigere Plätzchen gibt es, wenn man dem Strand ein Stück westlich folgt. Weiter hinten haben allerdings Nacktbader ihr Revier. Meist herrschen gute Bedingungen für Windsurfer, die bis in die späten Abendstunden vor der vorgelagerten Insel Kraviá kreuzen. An der Uferstraße wären geeignete Stellplätze für Wohnmobile, doch sind die hohen Klippen nicht ungefährlich. Am Ortsausgang von Arílas (in Richtung Magouládes) liegt die einzige Brauerei Korfus – ein Besuch lohnt sich.

Verbindungen   Werktags geht es nur 2-mal per **Bus** nach Korfu-Stadt. Am Wochenende keine Verbindung! Fahrzeit rund 90 Min., Fahrpreis 4 €.

Einkaufen   The art of olive wood, der Laden von Kostas Avlonitis liegt in Armenades, etwa 5 km von Arílas entfernt. Das Holz kommt von Kostas eigenen Olivenbäumen, neben schönen Dekorations- und Gebrauchsstücken verkauft er hier auch Bio-Olivenöl aus eigener Herstellung. Einen zweiten Shop betreibt er in Agios Spiridon/Perithia. ✆ 6982453003, www.olive-wood.gr. ■

Übernachten   In Arílas gibt es eine Reihe überwiegend familiärer Hotels.

** **Akti Arilla Beach**, das familiengeführte Mittelklassehotel ist das größte Haus am Ort und verfügt über 35 Zimmer mit Meerblick, Restaurant, Bar und Swimmingpool. Geöffnet April–Okt. DZ 50–70 €. ✆ 26630/51201, www.aktiarillahotel.gr.

Horizon, direkt an der Promenade: Das moderne Haus mit Hotelstrand, Pool und gutem Restaurant bietet von fast jedem Balkon einen traumhaften Ausblick auf das Meer. Viele deutsche Gäste. DZ in der HS ab 80 €, Frühstück inkl. ✆ 26630/51780, www.horizon-hotel.gr.

Sand soweit das Auge reicht: der Strand von Arílas

🌿 Bierbrauen auf Korfu

Eine besondere Sehenswürdigkeit auf Korfu ist die 2008 eröffnete „Microbrewery Corfu Beer" in Arílas. Hier, wo man es gar nicht erwarten würde, lebt Spiros Kaloudis seinen Traum von traditionell gebrautem Korfu-Bier – und das äußerst erfolgreich. Mit seiner Mikrobrauerei verfolgt der Geschäftsmann eine eigene Philosophie. Im Gegensatz zu vielen griechischen Brauereien, die von niederländischen Großkonzernen aufgekauft wurden, möchte er „echtes" Bier brauen und verwendet ausschließlich natürliche, möglichst biologisch hergestellte und lokale Produkte. Damit zählt er zu einer immer größer werdenden Gruppe von Unternehmern und Gastronomen, die den Wert der heimischen Produkte neu zu schätzen wissen. „Die

Zitronen aus Korfu sind sehr geschmacksintensiv und haben ein tolles Aroma. Außerdem sind sie in großen Mengen verfügbar", erklärt Spiros. Zum Einsatz kommt der Zitronensaft zum Beispiel bei seiner neuesten Kreation, dem „1842 Ginger Beer". Mit Verweis auf das Jahr, in dem die Briten nach Korfu kamen, wird das Bier nach historischem Rezept gebraut und ist mit einem Alkoholgehalt von nur 2 % eine ideale Erfrischung an heißen Tagen. Durch die Verwendung von frischen Zutaten ist die Haltbarkeit der Biere allerdings auf ca. zwei Monate begrenzt. Außerdem sollten sie ständig gekühlt werden – das macht sie für den Export oder als Souvenir also nur bedingt geeignet. Die Korfu-Biere werden in vielen Restaurants und Hotels der Insel angeboten und liegen preislich bei ca. 4,50 €. Neben dem klassischen Pils gibt es auch ein Weißbier sowie ein IPA. Der Stolz von Spiros ist das zweifach fermentierte „Ionion Epos" mit einem Alkoholgehalt von 7,8 %, dem bester Biohonig aus Korfu zugesetzt wird. Alle Sorten werden übrigens nach dem bayerischen Reinheitsgebot hergestellt. Seit 2013 findet auf dem Gelände der Brauerei ein großes Bier- und Kulturfestival im Herbst statt, das Tausende von Besuchern anzieht. (Text: Margret Hornsteiner)

Shop: Mo–Fr 9–14.30 und 19–22.30 Uhr, Führungen in Englisch mit Bierprobe Sa 11–13 Uhr. ✆ 26630/52072, www.corfubeer.com. ∎

Eine interessante Unterkunft mit Meditativ-programm und vegetarischer Verpflegung in der Nähe von Arílas bietet der Spezialrei-severanstalter Renatur. Infos unter www.re natour.de.

>>> Mein Tipp: Mega Lithari Villas, etwas oberhalb von Arílas in Richtung Afions lie-gen die neugebauten Villen aus Stein mit grandiosem Ausblick auf das Meer. Die drei luxuriös eingerichteten Häuser bieten Platz für bis zu 6 Pers. und verfügen jeweils über einen eigenen Pool und eine über-dachte Außenküche. Preise auf Anfrage. ☎ 26630/51920, www.megalithari.com. <<<

Essen & Trinken   Ammos Beach Bar, mit schönem Blick auf das Meer bietet das Café eine stilvolle Alternative zu den typi-schen Strandbars. Perfekter Cappuccino, Cocktails und kleine Speisen. Es werden auch Apartments vermietet. ☎ 26630/51450, www.ammosarillas.com.

Magouládes

Das kleine Bergdorf liegt inmitten von grünem Schilf und Yuccapalmen und ist von Arílas über eine 6 km lange Straße zu erreichen, die allerdings zahlreiche Schlag-löcher aufweist. Unten in einer Senke steht das Wahrzeichen des Ortes, die *Ágios-Theodoros-Kirche*. Die Ortsmitte bildet ein alter Ziehbrunnen. In nordöstlicher Richtung führt eine relativ gerade Straße zurück nach Sidári. Kurz vorher passiert man die künstlich wirkende Siedlung *Megali Dris*, deren Bewohner es wenig stört, dass ihre Swimmingpools direkt an der Straße liegen. Die südliche Strecke verläuft von Magouládes über Dáfni und Kastelání in Richtung Paleokastrítsa.

Afiónas

Der Besuch des kleinen Bergdorfs Afiónas mit seinen schmucken kleinen Gassen am südlichen Ende der Bucht von Arílas lohnt sich vor allem wegen des grandiosen Panoramas. In Richtung Norden hat man Aussicht auf die lang gestreckte Insel Kraviá und die Diapontischen Inseln, in Richtung Süden reicht der Blick über die

Die Bucht von Porto Timoni: ideal zum Schnorcheln

Bucht von Ágios Geórgios bis nach Makrádes. Der Legende nach, wie sie Plinius überliefert hat, handelt es sich bei dem felsigen Eiland *Kraviá* um das versteinerte Schiff der Phäaken. Die Gegend um Afiónas war schon in der Antike besiedelt. Es gibt Reste einer Festung aus dem Jahr 300 v. Chr. Der deutsche Architekt Wilhelm Dörpfeld, der als Assistent an Schliemanns Ausgrabung von Troja beteiligt war, grub hier 1914 nach dem Palast des Alinoos. Doch die Mühe war am Ende vergeb-

lich. Er stieß lediglich auf die Überreste einer prähistorischen Siedlung (3000 v. Chr.). Von der Ausgrabung ist heute nichts mehr zu sehen.

In der Mitte des Ortes steht die *Kirche des Ag. Ioannis.* Sie wurde im Jahr 1636 erbaut, als die Venezianer die Gegend besiedelten und vor allem für den Olivenanbau kultivierten. Am 24. Juni findet in Afiónas zu Ehren des Dorfpatrons (hl. Johannes) ein großes Fest statt. Das Patronatsfest wird mit Musik und Tanz bis in den Morgen gefeiert. Der Name des Ortes geht vermutlich auf einen Weinberg (*Amfioni*) zurück.

Reizvoll ist ein **Spaziergang von Afiónas zur Südspitze der Halbinsel.** Dort trifft man auf den natürlichen Hafen *Pórto Timóni,* eine Zwillingsbucht mit glasklarem Wasser, von Felsen umgeben und ideal zum Schnorcheln. Wer den Ort in Ruhe genießen möchte, muss sich früh aufmachen, denn viele Besucher kommen per Boot. Der Fußweg beginnt bei den Restaurants Dionysos und Porto Timoni und führt steil bergab.

Autofreie Zone

Nur wenige Bäume spenden Schatten, doch der Ausblick auf die Bucht von Ágios Geórgios ist spektakulär. In etwa 20 Minuten ist der Strand erreicht. Passiert man den schmalen Landstrich, der die Zwillingsbucht trennt, führt der Weg noch ein Stück weiter bis zu einer kleinen, unscheinbaren Höhlenkapelle, die dem Hl. Stinianos geweiht ist.

Verbindungen 2-mal tägl. außer am Wochenende fährt der **Bus** von Korfu-Stadt, der erste startet bereits um 5 Uhr, Preis 4 €.

Einkaufen Oliven und Meer, der kleine Laden von Heidi und Rainer Kalkmann ist eine Institution in Afiónas. Wer schöne Souvenirs der Insel sucht, wird hier fündig. Direkt am Kirchplatz gibt es eine große Auswahl rund um die Olive, von Olivenöl aus eigener Abfüllung, Olivenpesto, Stücke aus Olivenholz und Keramik bis zu Bildern aus Akryl. Heidi bietet hier auch Malkurse an. Geöffnet von Mai bis Okt. 10.30–14 und

15–21 Uhr. ℡ 26630/52081, www.olivenund meer.de.

Übernachten ≫ Lesertipp: Dionysos, hoch über der Bucht von Ágios Geórgios, am Rande von Afiónas, befindet sich dieses Restaurant, das auch Zimmer vermietet. „Der immer gut aufgelegte Inhaber ist sehr freundlich, die Preise günstig (…) und es werden dort auch sehr schöne Apartments vermietet" (Ursula Peters aus Aachen). Traumhafte Aussicht. Studio für 2 Pers. in der HS ab 55 €. ℡ 26630/52051, www.dionysoscorfu.com. ≪

Porto Timoni, direkt neben Dionysos, an der äußersten Spitze von Afiónas gelegen. Die Apartments für 2–4 Pers. verfügen über spektakulären Meerblick und eine große Terrasse. Das reichhaltige Frühstück wird im angeschlossenen Panoramarestaurant serviert. Viele Stammgäste. Studios ab 55 € in der HS. ✆ 26630/52051, www.portotimoni.gr.

🐟 **Essen & Trinken**   **Evdemon**, diesen besonderen Ort, der sich vom typischen Tavernenangebot abhebt, haben Yannis Goudelis und seine Frau Evangelista erst vor Kurzem geschaffen. Wer ihr Restaurant (evdemon = glückselig) am Ortseingang von Afiónas betritt, hat sofort das Gefühl bei Freunden zu sein. Ihrer Philosophie „Wir sind, was wir essen, und wir sind, was wir denken" folgend, kommen in der Küche nur lokale Produkte zum Einsatz, und das möglichst in Bio-Qualität. Die Karte bietet kreative, mediterrane Küche mit täglich wechselnden Gerichten. Von der Terrasse aus kann man bei einem hausgemachten Zitronen-Ingwer-Cocktail den traumhaften Sonnenuntergang über den Diapontischen Inseln genießen. Spätestens dann ist klar, warum dies ein Ort der Glückseligkeit ist. Im Sommer wird es auf der kleinen Terrasse schnell voll, Reservierung deshalb empfehlenswert. Geöffnet ab 19 Uhr. ✆ 697/7938741. ∎

》》 Lesertipp: Anemos, das 2012 neu eröffnete Café-Restaurant liegt am westlichen Ortsausgang von Afiónas und bietet frische, korfiotische Küche in modernem Ambiente. Der freundliche Besitzer, Spiros, ist in Berlin aufgewachsen und spricht fließend Deutsch. Von der großen Terrasse lässt sich wunderbar der Sonnenuntergang genießen; nur der Wind kann abends sehr frisch werden. „Direkt neben dem Restaurant vermietet der Besitzer ein wunderschönes kleines Haus für bis zu vier Personen" (Britta Wiese und Inka Köhnen aus Neukirchen-Vluyn). ✆ 26630/52168, http://anemosafionas.com. 《《

》》 Lesertipp: Taverna La Pergola, hier steht der sympathische Wirt Miltiadis Bardis gemeinsam mit seiner Frau am Herd. „Im La Pergola darf man nach griechischer Sitte in der Küche in die Töpfe schauen und das Essen ist ganz ausgezeichnet. Die Taverne bietet auch Gerichte, die nicht auf jeder Speisekarte zu finden sind, wie z. B. einen vegetarischen Gemüsetopf oder Hühnchen in Zitronensauce" (Sabine Genz). Geöffnet ab 18 Uhr. ✆ 26630/51321. 《《

Agrós

Ein Stopp in dem kleinen Straßendorf lohnt für einen kurzen Spaziergang zum Kirchlein *Ágios Vasilios,* das zusammen mit einem liebevoll angelegten Blumengarten malerisch auf einer Hügelkuppe liegt. Zwei Wege mit Hinweisschildern führen von der Hauptstraße aus zu ihm hinauf: Eine gewundenes Betonsträßchen durch einen Olivenhain (abends beleuchtet) oder ein steilerer Anstieg über Treppen. Von oben bietet sich ein fantastischer Blick bis zur Nordküste, dem Pantokrátor und zur Bucht von Ágios Geórgios. Der lichte Hain hinter der Kirche ist auch ein romantisches Plätzchen für einen Sonnenuntergang.

Chorepiskópi

Das kleine, urige Bergdorf ist einen Abstecher wert: Vor Kafenion und Gemischtwarenladen sitzen die Alten beim gemütlichen Tratsch, während die Dorfjugend auf der Straße Fußball spielt. Mit den Menschen hier kommt man schnell ins Gespräch: Viele sind glücklich, mal wieder ein paar Worte Deutsch zu sprechen, um ihre Erinnerungen an ihre Gastarbeiterzeit in Deutschland aufzufrischen. Lohnenswert: Ein Aufstieg durch die engen Gassen zu kleinen Kirche *Santa Maria* mit ihrem freistehenden Glockenturm von 1854. Von hier oben bietet sich ein schöner Blick über das Land. Auffällig ist die einbetonierte, riesige Eisenleiter, die fast bis an die Glocken reicht. Glaubt man den Einheimischen, traut sich der Geistliche jedoch längst nicht mehr, die verrosteten Stufen zum Läuten hinaufzusteigen – er hat sich auf der Rückseite des Turms mit einer Seilkonstruktion die Arbeit erleichtert.

Von dichten Olivenhainen umgeben – die Bucht von Ágios Geórgios

Ágios Geórgios

An der sichelförmigen Sandbucht mit den markant ansteigenden Berghängen im Süden fehlt keine touristische Einrichtung. Da die Anreise von Korfu-Stadt jedoch eineinhalb Stunden in Anspruch nimmt, halten sich die Urlaubermassen trotz der atemberaubenden Sonnenuntergänge in Grenzen.

Die rund 1 km lange Bucht von Ágios Geórgios ist über eine schier endlose Serpentinenstraße zu erreichen und mittlerweile ziemlich zersiedelt. Vor allem kleinere Hotel- und Apartmentanlagen wurden hier gebaut, große Projekte sind nicht geplant. Die Wasserqualität in der Bucht ist ausgezeichnet, es gibt diverse Möglichkeiten für Wassersport. So lässt sich die Bucht zum Beispiel sehr gut auf dem Stehpaddel-Brett erkunden. Ágios Geórgios hat sich außerdem für viele Deutsche zu einem Zentrum für Yogaurlaub auf Korfu entwickelt (www.yogareisen-korfu.de). Den vielleicht schönsten Ausblick auf die Bucht genießt man auf der Wanderung von Ágios Geórgios nach Makrádes (→ Wanderung 5, S. 223).

„Eine besondere Sehenswürdigkeit in Agios Georgios ist die ‚Turtle Bridge' an der Ortsstraße zwischen „Maria's Snack Bar" und der „Taverna Diktia". Auf den Steinen am Rand des Teiches sonnen sich bis zu 12 Sumpfschildkröten (Emys orbicularis). Die kleine Brücke ist den ganzen Tag von Touristen bevölkert, die stehen bleiben und die Tiere beobachten. Die unmittelbare Nähe von Menschen scheint die Tiere nicht zu stören" (Lesertipp von Bernhard Bickel aus Buttenheim).

Verbindungen Tägl. gibt es von und nach Korfu-Stadt 4 Busverbindungen, samstags 2, sonntags fährt kein Bus. Fahrtdauer 1 Std., Fahrpreis 3,60 €.

Wer mit dem Auto unterwegs ist, sollte über die Bauerndörfer Pagí (Abzweigung leicht zu übersehen: beim blauen Schild Richtung Korfu-Stadt rechts abbiegen) und Prinílas weiter nach Lákones und Paleokastrítsa fahren. Von Pagí sind es auf einer asphaltierten Straße etwa 6 km. Die Route ist ein Vergnügen. Herrliche Sicht auf die Bucht von Ágios Geórgios mit den beiden Inselchen Nisi Sikiá und Nisi Kraviá.

Einen wunderschönen Blick auf die Berge hat man auf der anderen Strecke, die östlich von Pagí über 6 km zum Gebirgsort Arkadádes führt. Unterwegs lädt das Dörfchen Vatoniés mit der gemütlichen Taverne zu einer Rast ein.

Griechischer Wein: Winzerehepaar Amalia und Panagiotis Korikis

An der Nordwestküste um Makrádes und Vistónas wird traditionell Weinbau betrieben. Die Einheimischen produzieren angesichts der kleinen Flächen fast ausschließlich für den eigenen Verzehr. Daran hat sich bis heute kaum etwas geändert. Wer den ungewöhnlichen Landwein genießen möchte, der sollte beim Winzerehepaar Amalia und Panagiotis Korikis (☎ 26630/ 49015) vorbeischauen. In einer Senke an der schmalen Landstraße zwischen Vistónas und Prinílas bieten sie ihren Weiß- und Rotwein feil. Sie locken mit Hinweisschildern zur kostenlosen Weinprobe. Der Wein ist übrigens nicht für eine lange Lagerung gedacht und sollte daher schnell getrunken werden. Er ist ideal für ein Picknick. Denn einen Korkenzieher braucht der Weinliebhaber nicht. Das Winzerehepaar verschließt seine Flaschen mit einem Korken, der von einem Drahtgeflecht – ähnlich wie bei Champagner – an der Flasche befestigt ist. Die Weine kosten pro Flasche zwischen 3 und 3,50 €. Gut dazu schmecken Mandeln, die man an gleicher Stelle für 1 € pro Tütchen gleich mitnehmen kann.

Übernachten　**Theo's Hotel**, ca. 1 km von der Bucht entfernt am Hang, etwas abgelegenes, terrakottafarbenes Haus. Hier ist ein Auto oder Moped unbedingt notwendig. Zimmer mit Balkon, Ausblick auf Olivenhain, Swimmingpool, schöne Terrasse zum Essen an der Straße nach Korfu-Stadt. Geöffnet April–Okt. DZ ab 40 €. ☎ 26630/96305, www.theoshotel.com.

Costa Golden Beach Hotel, bequemes Strandhotel im Zentrum, das rosa Haus besitzt nicht nur eine schöne Aussicht, sondern auch einen eigenen Pool. Buchbar nur über den britischen Pauschalanbieter Thomson. ☎ 26630/96208.

Essen & Trinken　**Fischermans**, die bereits 1971 gegründete Taverne am südlichen Ende der Bucht von Ágios Geórgios (rund 20 Min. vom Ortszentrum zu Fuß) lohnt den Spaziergang. Das auf Fisch spezialisierte Lokal liegt abseits des Rummels. Der Wirt ist für seinen besonderen Humor bekannt. Vorzügliches Essen mit gutem Preis-Leistungs-Verhältnis. „Wir haben hier ein paar der schönsten Stunden auf Korfu verbracht (…). Empfehlenswert!" (Tipp von Karin und Norbert Kleist aus Halberstadt).

Akrogiali, die familiengeführte Taverne liegt etwa auf halbem Weg zum Fischermans und ist ebenfalls auf Fisch spezialisiert. Unter dem Windmühlenturm sitzt man direkt am Wasser, abends fährt ein kostenloses Taxi die Gäste zurück in den Ort.

 GPS-Wanderung 5: Von Ágios Geórgios nach Makrádes　→ S. 223
An der Küste entlang an den weißen Felsen von Makrádes mit tollen Ausblicken über die Bucht. Ein Abstecher zum Kloster Angelokastro ist möglich und lohnt sich.

Makrádes

Das Dorf in der Nähe des Bergpasses ist ein beliebtes Ausflugsziel. Trotz der vielen Gäste hat es sich mit seinen winzigen Gassen seine Ursprünglichkeit erhalten. Die meisten Besucher kommen wegen der leckeren und ausgefallenen Produkte. An der Dorfstraße werden Kumquats, Honig, Gewürze, Nüsse oder Wein aus eigener

Produktion verkauft. Leider fahren auch zahlreiche Ausflugsbusse Makrádes an. Während des rund 45-minütigen Aufenthalts ist dann der Ort vollgestopft mit Urlaubern. Danach kehrt wieder Ruhe ein.

Viele Individualreisende nutzen einen Ausflug nach Makrádes, um die wohl spektakulärste Burgruine der Insel kennen zu lernen: *Angelokastro*. Bis zum Aufstieg sind es rund 2 km auf gut ausgebauter Asphaltstraße Richtung Kríni.

Taverne Colombos, die Taverne an der Durchgangsstraße serviert nicht nur Essen und Trinken, sondern beherbergt auch ein kleines Museum zum Thema Olivenöl. Im Mittelpunkt steht eine Ölpresse aus dem Jahr 1857. Beliebtes Ziel von Bustouristen. ✆ 26630/49370.

Angelokastro

Die Burgruine auf einem steilen, kegelförmigen Felsen hoch über der Bucht von Paleokastrítsa liegt inmitten einer großartigen Küstenlandschaft. Wer den schweißtreibenden Weg nach oben geschafft hat, wird mit einem auf Korfu einzigartigen Panorama belohnt. Obwohl das byzantinische Kastell weitgehend zerstört ist, beeindrucken noch heute die spärlichen, aber mächtigen Reste die Besucher. Die Wehranlage aus dem 13. Jh. war noch bis Ende des 16. Jh. für die Venezianer wichtiger Aussichtspunkt und Fliehburg zugleich. Beispielsweise suchten 1537 rund 3000 Inselbewohner hier Schutz vor den angreifenden Türken, die das Kastell trotz mehrmaliger Versuche nie einnehmen konnten.

> **Tipp:** Angelokastro ist ideal für ein Picknick. Nicht genug, dass die Aussicht auf die Westküste atemberaubend ist, auf dem Bergkegel weht auch immer ein Lüftchen, das vor allem an heißen Tagen eine willkommene Abkühlung bringt.

San Angelo war bereits seit dem 5. bis 7. Jh. besiedelt. Das haben Forschungen bewiesen. Nach dem Ende der venezianischen Herrschaft benutzten die Franzosen die Festungsanlage als Beobachtungsposten. Die Briten ließen die Anlage schließlich

Burgruine Angelokastro

Der Norden →Umschlagkarte vorne

schleifen. Noch heute sind Zisterne, Wehrmauern, unterirdische Gewölbe und Tore zu erkennen. Auf dem Hochplateau steht noch eine Kapelle vom Ende des 18. Jh., die zugänglich ist. Ein weiteres Kirchlein befindet sich in einem unterirdischen Gewölbe. Angelokastro, was soviel heißt wie Engelsburg, ist die bezauberndste Ruine außerhalb von Korfu-Stadt und verdient einen eigenen Tagesausflug. Sie wurde in den letzen Jahren sorgfältig renoviert, und seitdem die Ränder der Burganlage mit Drahtseilen gesichert wurden, besteht auch keine Absturzgefahr mehr.

Anfahrt Über das Dörfchen Kríni auf einer gut ausgebauten Asphaltstraße mit einigen engen Kurven, herrliche Ausblicke! Die Straße endet an einem kleinen Parkplatz. Von hier geht es zu Fuß die Treppen hinauf zur Festung.

Öffnungszeiten Tägl. außer Mo 8.30–15 Uhr. Außerhalb dieser Zeiten wird der Zugang zur Ruine durch ein schweres Eisentor versperrt. (Allerdings lohnt es sich, zur Not auch außerhalb der Öffnungszeiten vorbeizuschauen. Gelegentlich bleibt das Tor nämlich einfach offen.) ☎ 26610/47919.

Essen & Trinken An der Burgruine bietet die **Bar Angelokastro** einen herrlichen Blick. Auf der überdachten Terrasse zur Westküste hin wird frischer Fisch serviert. Von dem Blick hoch über der Steilküste kann man nicht genug bekommen.

Unikate aus Olivenholz: Der Schnitzer Alkis

Hier ist alles ein Unikat. In seiner Werkstatt am nordwestlichen Ende der Durchgangsstraße von Lákones fertigt Alkibiadis Kazianis – auf der Insel als Alkis bekannt – Teller, Schüsseln und Dosen aus Olivenholz an. Die Holzstücke besorgt er sich natürlich auf der Oliveninsel Korfu selbst. Doch das Rohmaterial, das über Jahrzehnte seine

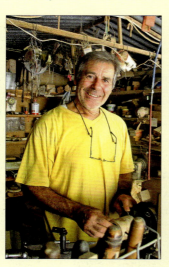

faszinierende Maserung erhält, ist rar. Das Holz muss sechs Jahre trocknen, damit es richtig hart wird. Mit Geschick bearbeitet Alkis seine Holzstücke und gibt ihnen mit Olivenöl die charakteristische, bernsteinartige Farbe. Der Grieche ist stolz auf seine Arbeiten. Zahlreiche Briefe und Karten bezeugen den jahrzehntelangen Erfolg seiner kleinen Kunstwerke bei seinen ausländischen Kunden. „Nur die Griechen, von denen habe ich noch nie eine Dankeskarte bekommen", murrt der Alte. Die gute Lage am Touristenanziehungspunkt Lákones hat Alkis einen regelrechten Boom beschert: Längst hat er den Ausbau einer größeren Werkstatt mit Blick auf Paleokastrítsa in Angriff genommen. Seine Arbeiten haben wegen des teuren Materials und der Handarbeit ihren Preis. Für einen Olivenholzlöffel sollte man mit 12 €, für einen Brotzeitteller mit 70 € rechnen. Dafür halten die Haushaltswaren auch garantiert lebenslang. ☎ 2660/49259.

Lákones

Die Hauptattraktion des kleinen Straßendorfes sind die Tavernen am Ortsende Richtung Makrádes. Sie bieten eine traumhafte Aussicht über die Buchten von Paleokastrítsa. Mit dem Lokal „Bella Vista" fing alles an. Von der großen, windigen Terrasse genossen bereits Diktatoren wie *Nasser* und *Tito* die einzigartige Aussicht. Mittlerweile gibt es eine ganze Reihe von Ausflugslokalen. Kulinarisch hat das benachbarte „Golden Fox" dem „Bella Vista" den Rang abgelaufen. Hier gibt es nicht nur leckere warme Gerichte, sondern auch hausgemachte Kuchen. Der ausgesprochen nette Service sorgt für Stammgäste.

Es gibt auch einen anstrengenden, doch wegen des Panoramas faszinierenden Fußweg von Lákones hinunter nach Paleokastrítsa, der gegenüber der Bushaltestelle in Lákones beginnt (gut ausgeschildert).

Übernachten/Essen   Pension Golden Fox, das populäre Ausflugsrestaurant verfügt über 8 einfache Studios mit Küche, die einen atemberaubenden Blick auf die Bucht von Paleokastrítsa bieten. Auch die Aussicht vom schön geformten Pool ist erstklassig. Von den neidischen Blicken der Gäste auf der weiter oben gelegenen Ausflugsterrasse darf man sich nicht stören lassen. Beliebt für private Feiern und Hochzeiten. ✆ 26630/49101, www.corfugoldenfox.com.

Café Olympia, die Mischung aus einem Kramladen und einem Kafenion liegt an der Durchfahrtsstraße, hat nur zwei Tische, dafür aber jede Menge kalte Getränke. Hier kann man noch den Dorfpopen treffen.

Paleokastrítsa

Der deutsche Kaiser Wilhelm II. konnte sich an Paleokastrítsa nicht sattsehen. Damals war der Ort noch Ziel weniger Individualisten. Heute ist die malerische Kesselbucht in der Hochsaison aber restlos überlaufen! Der Parkplatz steht voller Busse,

Die Badebuchten von Paleokastrítsa lässt niemand aus

welche die Urlauber bereits am frühen Morgen zu den Badebuchten transportiert haben. In der Nebensaison aber gewinnt der Ort seinen alten Charme zurück.

Die schroff abfallenden Felswände, die dichte, grüne Vegetation und die romantischen Buchten haben bis heute ihren Reiz. An beiden Seiten der Kesselbucht steigen die Felsen steil an. Man kann ohne Probleme zu kleinen Höhlen oder Felsvorsprüngen schwimmen, dort wohnen allerdings Seeigel. Das Wasser ist erstaunlich klar. Auch bei größerer Tiefe kann man noch den Grund erkennen. Leider teilen sich zu viele Menschen den Platz an dem einladenden nördlichen und südlichen Strand (Sand/Kies) und in unmittelbarer Ufernähe. Vor allem in der Hochsaison sollte man die Buchten meiden, dann sind sie häufig überlaufen. Autoschlangen direkt am Strand sind an der Tagesordnung, der schattenlose Parkplatz kostet 3 €. Eine Alternative zum Massenbetrieb bietet ein Ausflug zu Stränden und Grotten, die nur per Boot zu erreichen sind. Hierfür stehen den Badegästen eigene Wassertaxis oder Ausflugsboote zur Verfügung. Die Rundfahrt für 13 € dauert rund 40 Minuten und ist eher enttäuschend. Vor den Grotten stehen die Boote Schlage, die Zeit reicht nur für einen kurzen Blick in die Höhlen.

Fast jeder, der auf Korfu seinen Urlaub verbringt, besichtigt auch das **Männerkloster von Paleokastrítsa**. Die Anlage ist nicht zuletzt ein harmonisches, repräsentatives Beispiel für die klösterliche Architektur im Griechenland des 18. und 19. Jh.

Ein Bilderbuchkloster: Sehr gepflegt und mit farbenprächtigen Blumen und Pflanzen präsentiert sich die auf einer Halbinsel gelegene Anlage. Nahezu an jeder Ecke bietet sich ein überwältigendes Fotomotiv. Da die Asphaltstraße zum Kloster schmal ist und nur für ein Auto Platz bietet, regelt eine Ampel am Fuß des Berges den Verkehr. Auf dem Parkplatz kann es dann schon mal eng zugehen. Das berühmte Kloster Panagía Theotokou wurde 1225 von einem Mönch gegründet. Sein

Tür zu: Mönche brauchen auch mal eine Ruhepause

heutiger Bau mit dem malerischen Innenhof, dem barocken Glockenturm und den Gewölbedecken stammt aus dem 18. und 19. Jh. Aber das noch heute bewirtschaftete Kloster hat noch mehr zu bieten. Zum Beispiel ein kleines sakrales Museum, in dem Relikte des Klosterlebens wie Jahrhunderte alte Priestergewänder, Silberarbeiten und Ikonen zu bestaunen sind. Stets gut besucht, zumeist von großen Reisegruppen, ist die Hauptkirche mit ihrer barocken Altarwand. Im unteren Stockwerk lagern interessante alte Frucht-, Öl- und Weinpressen. Kaum zu glauben, dass mit diesen Geräten früher Wein gekeltert wurde. Gut gefallen hat uns auch der Obst- und Gemüsegarten. Dank täglicher Bewässerung gedeihen die Früchte hervorragend. Die Mönche verstehen sich auf den Gartenbau. An der Brüstung des Klosters erwartet Sie ein herrlicher Blick hinab zur Bucht.

Felsenküste bei Paleokastrítsa

Öffnungszeiten Kloster April–Okt. tägl. 7–13 und 15–20 Uhr, das Museum öffnet um 9 Uhr. Die Besucher sollten angemessen gekleidet sein. Der Eintritt ist frei, aber es werden durchaus nachdrücklich Kerzenspenden erwartet. Am Eingang warten bereits Fotografen darauf, jeden Besucher abzulichten. Nach der Besichtigung kann man sich im **Restaurant Skeloydi** stärken: Die Gäste sitzen auf einer hübschen, schattigen Terrasse mit Blick auf Kloster und Meer. Für Rastlose gibt es auch kalte Getränke zum Mitnehmen. Die Preise sind alles andere als günstig (z. B. Frappé für 3,50 €).

Verbindungen Der grüne **Bus** fährt von Korfu-Stadt 12-mal tägl. nach Paleokastrítsa, sonntags nur 4-mal. Fahrtdauer 45 Min., Fahrpreis rund 2,30 €. Die Strecke führt durch eine interessante und abwechslungsreiche Landschaft mit üppiger Vegetation (fruchtbare Ebene mit Getreidefeldern, später Tannen-, Pinien- und Olivenwald).

Die **Straßen** sind in der Regel gut ausgebaut und ausreichend beschildert. Im Ort gibt es auch mehrere **Taxis**. Eine Fahrt zum Airport nach Korfu-Stadt kostet etwa 50 €.

Tauchen Anfängerkurse bietet eine Tauchschule, die von einem Deutschen betrieben wird, Schnupperkurse ab ca. 45 €, Ausflug nach Othoni (2 Tauchgänge) für 120 €. ✆ 693/2729011, www.korfudiving.com.

Übernachten In der ganzen Bucht gibt es etliche gigantische Hotelkomplexe, die sich aber erstaunlich geschickt in die Landschaft fügen und aus diesem Grund nicht aufdringlich wirken. Zudem steht eine Vielzahl von kleineren Hotels, Pensionen und Privatquartieren zur Verfügung. In der Hochsaison ist die Bucht jedoch restlos ausgebucht!

*** Paleo Art Nouveau, das ehemalige Hotel Paleokastritsa eröffnete 2015 nach Renovierung unter neuer Führung mit neuem Namen. Von den Balkonen hat man einen tollen Blick auf die Bucht – zum Genießen des Sonnenuntergangs. Das relativ ruhig am Hang und außerhalb des Ortes gelegene, sichelförmig gebaute 3-Sterne-Hotel besitzt einen Swimmingpool in grandioser Lage. Einziger Nachteil: Man braucht einen fahrbaren Untersatz. April–Okt. geöffnet. 163 Zimmer. DZ ab 60 €. ✆ 26630/41207, www.paleo.cnhotelgroup.com.

**** Akrotiri Beach, das in den 1970er-Jahren erbaute 4-Sterne-Apartmenthotel mit 126 Zimmern liegt malerisch auf einer Landspitze. Von den Balkonen bietet sich eine herrliche Sicht auf Paleokastrítsa. Alle Zimmer sind mit Bad, Minibar und Klimaanlage ausgestattet. Es gibt zwei Pools und über eine Treppe hat man Zugang zu einer kleinen Bucht (Strandbar). Eine Tauchschule befindet sich 2 km vom Hotel entfernt. Geöffnet April–Okt. DZ 120–195 €. ☎ 26630/41237, www.akrotiri-beach.com.

** **Odysseus**, solides 2-Sterne-Hotel, das durch seinen rosa Anstrich auffällt, renoviert, besonders von Briten geschätzt. Von den Balkonen der aus 3 Häusern bestehenden Anlage genießt der Gast einen schönen Ausblick. Zum unterhalb des Hotels gelegenen Strand sind es nur wenige Hundert Meter. Kleiner, aber schön gelegener Pool. Geöffnet Mai–Okt. DZ ab 80 €. ☎ 26630/41209, www.odysseushotel.gr.

Kaiser brauchen Sonne: Wilhelm II. in Paleokastrítsa

Der letzte Kaiser Deutschlands, Wilhelm II., schätzte die malerische Bucht von Paleokastrítsa. In seinem holländischen Exil schreibt der Hohenzoller, der Korfu als Ferienziel sehr schätzte, seine Erinnerungen auf. In seinen 1924 erschienen „Erinnerungen an Korfu" berichtet der Monarch:

„Am Nachmittag um 3 oder 4 Uhr wurde dann in Autos eine Fahrt zu irgendeinem der schönen Punkte unternommen, an deren die Insel reich ist. Ein beliebter Platz war unter anderem das alte Kloster Paleokastrítsa an der Südwestküste, auf steilen Felsen unmittelbar über dem brandenden Meer gelegen, das donnernd durch die Felsenriffe sich bahnt, um in Schaumbergen auf der scharf zerklüfteten, höchst wilden und romantischen Küste sich emporzubäumen. Der Blick vom Altan des Klosters in diese Felsenwildnis und tobende Brandung ist unzweifelhaft noch mächtiger und wilder wie auf Capri.

Die Fahrt zum Kloster führt durch eine in der Mitte der Insel liegende, sumpfige Niederung mit Wiesen, die mit langem Gras, Gräben und Wassertümpeln versehen sind und einen gänzlich anderen Charakter tragen als die übrige Insel. Die in dieser Gegend liegenden Dörfer haben viel unter Fieber zu leiden, da das Wasser aus der Niederung keinen Abfluss hat. Früher, als die Briten die Entwässerung geschaffen und in voller Ordnung gehalten hatten, war das ganze Gelände eine ertragreiche Quelle für Viehfutter, eine feste Wiese und gesunde Gegend. Nach dem Verlassen dieser „Val di Ropa" genannten Niederung zieht sich die Straße, durch Olivenwälder allmählich sich durchwindend, nach dem Meeresufer hin. Man passiert entzückende, von Felsen und vorgelagerten Klippen geschützte Buchten mit blendendweißem, von blauem Wasser bespülten Sande, zum Baden sehr verlockend; prächtige Schlupfwinkel für Seeräuber in allen Zeiten und Objekte für Archäologen, die schon jede dieser Buchten einmal der Ehre würdigten, die Landung des göttlichen Dulders Odysseus erlebt zu haben. Während zur Linken des Autors diese Bilder sich entrollen, sieht man zur Rechten die steilen Hänge des Pantokrátors und des ihm nach dem Meere zustrebenden Gebirges. Viel Geröll, mit großen Felstrümmern durchsetzt, bedeckt die Hänge und Höhen, während dann und wann der Eingang einer uralten Höhle zu erkennen ist. Im Kloster wird die Kirche besichtigt und dem greisen Abt, von dem es hieß, er sei nahe der hundert Jahre alt, ein Besuch abgestattet. Auf dem Altan des Klosters werden Kuchen und Gebäck säuberlich verpackt und dem diensthabenden Geistlichen übergeben, der es mit freudigem Dank als willkommene Osterzugabe für sich und seine Brüder aufheben zu wollen erklärt."

>>> Mein Tipp: **** **Fundana Villas**, für Naturliebhaber. 12 Bungalows für 2–6 Pers. Die traditionelle Anlage, eine venezianische Villa aus dem 17. Jh., ist zwischen April und Okt. fast immer ausgebucht. Kein Wunder, denn das Landhotel der Besitzerfamilie Spathas ist ein stilvolles Paradies auf einem Grundstück von rund 8 ha, inklusive einem kleinen Olivenölmuseum mit der traditionellen Ölpresse von Fundana. Einst gehörte es dem korfiotischen Maler Angelos Giallinas. Die Apartmentanlage liegt auf einer Anhöhe mit schönem Ausblick. Da das Hotel rund 5 km von Paleokastrítsa entfernt ist, sollten Gäste über ein Moped oder Auto verfügen. Kleiner Pool mit Kinderbassin. DZ in der HS ab 68 €. ✆ 26630/22532, www.fundanavillas.com. **<<<**

*** **Zephyros**, das rotbraun gestrichene Hotel von Irini Spiliopoulos ist ideal für Leute, die das Strandleben schätzen. Die Besitzerin hat die Zimmer im 75 Jahre alten Haus vergrößert und Apartments für Familien geschaffen. Ingesamt sind 11 im Landhausstil eingerichtete Räume für 2–5 Pers. entstanden. Tagsüber wegen des Verkehrs allerdings nur wenig Ruhe. April–Okt. geöffnet. DZ in der HS inkl. Frühstück 75–90 €. ✆ 26630/41244, www.hotel-zefiros.gr.

Villa Fiorita Studios, die 15 Einheiten für 2–4 Pers. sind ideal für Selbstversorger und modern eingerichtet. Jedes Studio hat einen eigenen Balkon mit schöner Aussicht auf die Bucht, ganzjährig geöffnet. Studio in der HS ca. 60 €. ✆ 26630/41352, www.paleokastritsa.info.

Camping Paleokastrítsa, der sehr ruhige und schattige Platz liegt 2 km von der Bucht entfernt und ist terrassenförmig angelegt, Olivenbäume spenden Schatten. Der Platz hat einen gut sortierten Lebensmittelladen nebst kleiner Taverne. Duschen und Toiletten sind neu (heißes Wasser). Nette Rezeption. Wie bei den anderen Campingplätzen geht es auch hier im Hochsommer eher ruhig zu. Nachts hört man allerdings den Autolärm von der nahen Straße. Gegenüber der Einfahrt hält der Bus in Richtung Korfu-Stadt. An der Rezeption gibt es Sicherheitsboxen. Es werden auch Scooter vermietet. Die Anlage ist von Mitte Mai bis Okt. geöffnet. Pro Pers. 5 €, Kinder bis 10 J. 3,10 €, Auto 3,10 €, Kleinbus 7 €, Zelt 3,50 €; Wohnwagen 4,40 €, Wohn-

Die Fischreste fest im Visier

mobil 6,50 €. ✆ 26630/41204, www.campingpaleokastritsa.com.

Essen & Trinken   **Taverna Nausika**, ein wirklich empfehlenswertes Restaurant oberhalb der Straße zur Bucht. Der Gast speist auf der schattigen Terrasse, die Bedienung ist freundlich, es kommen viele Familien mit Kindern. Das Essen ist gut und reichlich, es gibt griechische Spezialitäten und frischen Fisch, solange der Vorrat reicht. Die Taverne ist oft überfüllt, doch es lohnt sich, auf einen Tisch zu warten. ✆ 26630/41221.

>>> Mein Tipp: **La Grotta Bar**, spektakulär zwischen Felsen gelegene Bar, die vor allem ein Treffpunkt für junge Leute ist. Von der Hauptstraße aus führen 142 Stufen hinunter, aus den Lautsprechern schallt laute Elektromusik. Wagemutige klettern auf Felsvorsprünge und stürzen sich unter dem Applaus der Besucher ins Meer. Abends werden hier bei stimmiger Beleuchtung Partys gefeiert. www.lagrottabar.com. **<<<**

Der Norden →Umschlagkarte vorne

Doukádes

Das malerische Bergdörfchen liegt 4 km westlich von Paleokastrítsa abseits der gängigen Routen. Um den verträumten Weiler mit seinen engen Gassen, alten Steinhäusern aus venezianischer Zeit und seiner einladenden Platia kennenzulernen, lässt man das Auto am besten bereits vor dem Ort stehen. Das bekannteste Haus von Doukádes ist das Anwesen von *Geórgios Theotokis*, der Ende des 19. Jh. zum griechischen Premierminister aufgestiegen war. Aus dieser Zeit stammt auch sein Haus. Übrigens, an der Bar „Elisabeth" kommt in Doukádes ein Besucher nur schwer vorbei: Die schwergewichtige Wirtin begrüßt jeden der wenigen Besucher.

Essen & Trinken   Elisabeth, die Minitaverne an der Platia von Doukádes ist auch bei Einheimischen beliebt. Hier ist alles hausgemacht. Einen guten Ruf genießt die Pastitsada. Preiswert. Ganzjährig geöffnet.

»» Lesertipp: To Steki, wer sich von „Elisabeth" nicht überrumpeln lassen will, kann diese Taverne ansteuern. Es lohnt sich. Mediterrane Küche mit lokalen Produkten, freundliche Bedienung. „Wir haben sehr leckere gegrillte Dorade mit Zitronenöl und Kaninchen in Weinsoße gegessen" (Monika Schuster und Gerd Mager). **««**

Alles aus Kumquat: Destillerie Mavromatis

Eine Institution auf Korfu ist die Destillerie Mavromatis der gleichnamigen Familie. Sie verarbeitet die süß-bitteren Kumquats zu Bränden und Likören, aber auch zu Marmeladen. Die marinierten Mini-Orangen passen beispielsweise ideal zu Backhuhn und Ente. Alkoholisch sind die verarbeiteten Kumquats ein willkommener Aperitif. Von den teilweise kitschigen Flaschen – in der Inselform von Korfu – sollte sich der Besucher nicht abschrecken lassen. Mavromatis steht seit seiner Gründung im Jahr 1965 für Qualität. Jährlich werden rund 50 Tonnen der seltenen Zitrusfrucht verarbeitet. Übrigens, in China und anderen asiatischen Ländern symbolisieren Kumquats schlichtweg Glück. Sie gelten wegen ihres hohen Vitamin-C- und -A-Gehaltes als ausgesprochen gesund. Die Schale, die mitgegessen wird, soll eine cholesterinsenkende Wirkung haben. Kumquat-Bäume, die zwischen 2,5 und 4,5 m groß sein können, stehen vor allem im Nordwesten der Insel.

Um die Welt der Kumquats kennenzulernen, lassen Sie sich am besten vom fachkundigen Verkaufspersonal die verschiedenen Getränke und Produkte erklären. Probieren Sie auch die anderen lokalen Spezialitäten wie Feigenkuchen, Matolato und Mandola. Natürlich brennen die beiden Mavromatis-Brüder auch Ouzo.

Die Destillerie liegt an der viel befahrenen Straße zwischen Paleokastrítsa und Korfu-Stadt, beim Weiler Felekas (Km 16) – nicht zu verfehlen. ✆ 26630/22174, www.koumquat.com.

Liapádes

Das 900 Einwohner zählende Bergdorf ist von mehr als 200.000 Olivenbäumen umgeben. Die meisten wurden noch in venezianischer Zeit gepflanzt. Neben dem Olivenöl spielt auch der Weinbau in Liapádes eine wichtige Rolle. Hier wird beispielsweise der populäre Weißwein aus der Kakotrygi-Traube angepflanzt. Doch längst

Oliven: Das grüne Gold von Korfu

spielt die Landwirtschaft nicht mehr die bedeutende Rolle wie noch vor ein paar Jahren. Das liebenswerte Örtchen an der Westküste hat aber wegen seines 3 km entfernten Sandstrands in den letzten Jahren touristisch Karriere gemacht. Der 100 m breite Strand mit Blick auf das nahe Paleokastrítsa lädt nicht nur zum Schwimmen, sondern auch zum Schnorcheln ein. Wer eine ruhigere Alternative zum überlaufenen Paleokastrítsa sucht, wird hier fündig. Vor allem bei Individualreisenden und Familien ist Liapádes mit seiner Badebucht beliebt. In der Hauptsaison gestaltet sich die Parkplatzsuche entlang der steilen Bergstraße, die zum Strand führt, mitunter schwierig. Zum Übernachten bieten sich zahlreiche Privatunterkünfte an.

Spaziergang von Liapádes nach Paleokastrítsa: Der Spazierweg beginnt in Liapádes hinter dem Swimmingpool des Hotels Elly Beach. Wir gehen die Hoteleinfahrt entlang zum Poolbereich, hinter der Liegewiese befindet sich ein Holzzaun mit einer Lücke an der rechten Seite. Dahinter stoßen wir auf einen Baum mit gelber Markierung, vor dem ein Pfad rechts den Berg hinaufführt. Wir folgen dem Pfad, dann halten wir uns links. Der Pfad schlängelt sich weiter die Felsen hinauf bis zu einem großen Felsbrocken, an dem eine Leiter für Wanderer bereitsteht. Auf der anderen Seite geht es dann bergab. Nach einer Weile taucht links das Hotel Acapoulco am Felsen auf. Wir laufen weiter und kommen zu einer Olivenplantage. Links führen Stufen zur Zufahrtsstraße des Hotels hinunter. Auf der anderen Seite geht es weiter über einen Parkplatz und eine Wiese mit Bäumen einen asphaltierten Pfad entlang, bis wir auf Häuser stoßen. Zwischen den Häusern hindurch kommen wir an die Hauptzufahrtsstraße, die links in 500 m nach Paleokastrítsa führt.

Verbindungen Der grüne Bus fährt Mo–Sa 4-mal tägl. von und nach Korfu-Stadt, sonntags nur 2-mal. Preis 2 €.

Übernachten Corfu Pearl, die ruhige Apartmentanlage mit eigenem Pool liegt etwas außerhalb von Liapádes im Grünen. Die modernen Studios und Apartments für 2–6 Pers. sind stilvoll eingerichtet. DZ mit Frühstück in der HS ca. 64 €. ✆ 26630/41676, www.corfupearl.com.

Wanderung 6: Durch die Olivenhaine der Mármaro-Berge   → S. 226
Auf schattigen Wegen durch Olivenhaine bergauf und in einem Bogen zurück ins Dorf Liapádes.

Corfu Donkey Rescue – ein Herz für Esel

Judy Quinn hat ein Herz für Tiere. Und ganz besonders für Esel. Seit über einem Jahrzehnt betreibt die Britin eine Eselsherberge abseits der Touristenrouten im Hinterland. Sie ist extra auf die Insel gekommen, um misshandelten oder verwahrlosten Eseln zu helfen. Ihren ersten Esel hatte sie im Januar 2004 gerettet. „Wenn die Tiere krank sind oder zu alt werden, um in der Landwirtschaft zu arbeiten, setzen viele Bauern sie einfach aus", sagt sie. „Oder verkaufen sie den Zigeunern, die sie nach Italien transportieren und dort schlachten lassen." Gerne zeigt Judy Besuchern ihre Schützlinge. Über 500 Eseln hat sie bereits das Leben gerettet, mehrere Dutzend befinden sich zurzeit in ihrer Obhut. Hilfe bei der Arbeit bekommt Judy von Praktikanten aus aller Welt. Neben den altersschwachen Tieren gibt es welche mit offenen Wunden, gebrochenen Beinen oder entzündeten Hufen. Die medizinische Versorgung und der Unterhalt der Tiere sind teuer. Spenden sind daher immer willkommen. Helfen tut auch, wer sich einen der Esel ausleiht und mit ihm durch die herrliche Landschaft spazieren geht. Der „Donkey Walk" ist kostenlos. Und wer sich richtig in eines der Eselchen verliebt hat, hat schließlich die Möglichkeit, eine Patenschaft für das Tier zu übernehmen, die mindestens 90 Euro im Jahr kostet. Einst in der Nähe von Gouvia ansässig, wurde der Umzug der Farm notwendig, als sich die früheren Nachbarn nicht als Tierfreunde herausstellten und gegen Judy klagten. Längst hat die Eselsherberge nun mitten auf dem Land ein neues Zuhause gefunden. Esel sind übrigens erst seit 1800 auf Korfu heimisch. Das erste Tier wurde aus Malta importiert, später kamen sie auch vom griechischen Festland und dem benachbarten Albanien. Esel waren über Jahrhunderte geschätzte Nutztiere für die Olivenernte in unzugänglichen und bergigen Gegenden.

Tierliebe: Judy mit ihren Schützlingen

Anfahrt zur Farm: Von Paleokastrítsa ist man in ca. 20 Min. beim Eselhof. In Richtung Korfu-Stadt, nach den Abzweigungen nach Doukades und Liapádes liegt in einer langen Rechtskurve die Villa Alexandra. Biegen Sie direkt davor nach links ab und folgen Sie der asphaltierten Straße bis zur zweiten Kreuzung, an der Sie links abbiegen. Ab hier führt eine Schotterstraße an einem orangefarbenen Haus vorbei (rechts halten) zur Farm. Wer die 400 m Schotterpiste nicht mit dem Auto fahren will, kann sie auch wunderbar zu Fuß zurücklegen. Wegbeschreibungen liegen auch in verschiedenen Geschäften aus. Besuchszeiten tägl. 10–17 Uhr. Buchung bei Judy Quinn, ☎ 694/7375992, www.corfudonkeys.com. Kontakt in deutscher Sprache bei Dagmar Lohrenz, ☎ 693/6983048.

Ágios Górdis ist einer der bekanntesten Strände

Korfus Mitte

Touristisches Zentrum der Mitte Korfus ist Pélekas mit den zahlreichen verwinkelten Gassen und vielen Einkehrmöglichkeiten.

Das kleine Bergdorf liegt auf einem Hügel hoch über der Badebucht von Glifáda. Schon die österreichische Kaiserin Sisi und der deutsche Kaiser Wilhelm II. schätzten die herrliche Aussicht. Aber auch der Badeort Érmones mit seinen Bungalow- und Appartementanlagen lohnt sich für einen längeren Aufenthalt. Im landwirtschaftlich gut genutzten Ropa-Tal liegt Korfus einziger Golfplatz.

Mármaro

Das verträumte Bauerndorf in den gleichnamigen Bergen eignet sich gut für einen kleinen Zwischenstopp mit Picknick: Im Ortszentrum genießt man von zwei Metallbänken aus einen herrlichen Blick über die Ropa-Ebene. Hier weht oft eine angenehme Brise, die mächtigen Laubkronen alter Dorfbäume spenden Schatten. Auf der anderen Straßenseite gibt es fließendes Wasser. Wem Getränke oder Proviant ausgegangen sind, der kann sich in der benachbarten Cafeteria Nachschub besorgen.

Das Ropa-Tal

Das Tal entlang des Flüsschens Ropa, begrenzt von den Dörfern Vátos und Giannádes im Westen und Kouramadrítika und Kokíni im Osten, ist rund 1000 ha groß. Einst war das fruchtbare Gebiet ein See. Doch bereits die Briten haben die Senke trocken gelegt. Heute wird das Tal vor allem von Golfern und Reitern genutzt. Das Ropa-Tal spielt für die Ökologie auf Korfu eine wichtige Rolle. Es herrscht ein besonderes Mikroklima, das sich durch eine hohe Luftfeuchte, aber geringen Niederschlag auszeichnet. Die kleinen Seen im Osten des Tales sind wertvolle Reservate für seltene Vögel, Amphibien und Reptilien. Der fruchtbare Boden und das günstige Klima bieten ideale Voraussetzungen für den Weinbau.

In **Giannádes** lässt sich niemand so schnell aus der Ruhe bringen. Das Bauerndorf am Rande des Ropa-Tales liegt abseits der bekannten Touristen-Routen. Wer unverfälschtes Landleben kennenlernen möchte, ist in dem terrassenförmig angelegten Ort richtig. Von der Esplanade bietet sich übrigens ein schöner Blick über das Mesis-Gebiet. Nachmittags ist der Platz menschenleer, nicht einmal der kleine Kiosk hat dann geöffnet.

Das kleine, von Obstbäumen umgebene Bergdörfchen **Vátos** – obwohl nur 15 km von der Inselhauptstadt entfernt – liegt im Schatten des Tourismusbetriebs. Die meisten Besucher zieht es zum Strand von Érmones. Nur Wanderer auf dem Corfu-Trail machen auf der Dorf-Platia bisweilen Rast. Vom Dorf bietet sich ein schöner Blick über das Ropa-Tal. Aber auch kunsthistorisch hat das Dörfchen am Hang des 390 m hohen Berges Ágios Geórgios durchaus etwas zu bieten: Die Kirche *Ágios Nikoláos* mit Fresken aus dem 13. Jh. und die Kirche *Ágios Geórgios* mit Wandmalereien aus dem 14. und 15. Jh. Leider sind die Kirchen meist verschlossen, regelmäßige Öffnungszeiten gibt es nicht. Vátos ist auch für seinen Honig bekannt, denn in dem kleinen Ort hat die Imkerfamilie Vassilakis ihren Firmensitz. Zu ihren Spezialitäten zählt u. a. Bio-zertifizierter Honig, für den Bienen auf der abgeschiedenen Insel Erikoússa seltene Kräuter- und Blütenpollen sammeln. Erhältlich ist der Honig in Lindas Mini Market in Vátos sowie in Spezialgeschäften in Korfu-Stadt (☎ 26610/95148, www.mrhoney.eu).

Weinliebhabern sei ein Besuch auf dem **Weingut** der Familie Theotoky empfohlen, das etwas abseits im Ropa-Tal liegt. Das Weingut zählt zu den ältesten der Insel und ist erst seit wenigen Jahren für Besucher geöffnet. Das Anwesen erstreckt sich über 121 ha, rund sechs davon werden für den Weinanbau genutzt. Der Weißwein wird aus den traditionellen Sorten Kakotrigis und Robolla gekeltert, der Rotwein aus Syrah- und Cabernet-Sauvignon-Trauben. Zum Anwesen gehören auch 4000 Olivenbäume der kleinen, korfiotischen Sorte Lianolia, deren Früchte zu kaltgepresstem Olivenöl in Bio-Qualität verarbeitet werden. Die Familie zählt zu den ältesten in Griechenland und wurde auf Korfu von den Venezianern in den Grafenstand

Wein aus dem ältesten Weingut der Insel

erhoben. Aus ihren Reihen gingen Premierminister, Parlamentsabgeordnete und Minister hervor. Die Bibliothek (für die Öffentlichkeit nicht zugänglich) beherbergt eine Sammlung seltener Bücher und Karten, die die Geschichte der Ionischen Inseln dokumentieren.

Weingut Theotoky: Tägl. 10–15 Uhr, um Voranmeldung wird gebeten. Eine Weinprobe im Weinkeller kostet 5 € pro Pers., für Gruppen über 10 Pers. sind auch spezielle Arrangements möglich. Von der Verbindungsstraße zwischen Giannádes und der Hauptverkehrsstraße nach Korfu-Stadt weisen Schilder den Weg. ☎ 6947/965702, www.theotoky.com.

> **GPS-Wanderung 7: Von Vátos zum Myrtiótissa-Strand**   → S. 227
> Landschaftlich abwechslungsreiche Tour über Straßen sowie steinige und sandige Pfade in Küstennähe mit Besuchen im Kloster und am Strand von Myrtiótissa.

Érmones

Die kleine Bucht präsentiert sich eindrucksvoll: Grün bewachsene Hänge steigen steil an, weißer Kalkfelsen blitzt zwischen dem Buschwerk hervor, der helle Kiesstrand verschwindet im klaren Wasser. Érmones hat eine Traumbucht zu bieten, doch in den Sommermonaten quillt der rund 200 m lange Strand, an dem der

Ropa-Fluss ins Ionische Meer mündet, vor Urlaubern über. Für den steinigen Strand kann man Badeschuhe gut gebrauchen, dafür ist Érmones ein gutes Schnorchelrevier. Archäologische Forschungen haben bestätigt, dass Érmones bereits in der Bronzezeit besiedelt war.

Verbindungen Érmones ist mit dem **Bus** von Korfu-Stadt über Vátos zu erreichen; 7-mal tägl., sonntags 5-mal, Fahrpreis 2,20 €. Die Bushaltestelle befindet sich rund 1 km vom Strand entfernt.

Übernachten *** **Elena**, der von Rosen flankierte Eingang ist eine gute Visitenkarte für das kleine, sympathische Familienhotel, das abseits des Badetrubels liegt. Die gepflegte, geschmackvolle Herberge mit rosa Anstrich verfügt über einen eigenen schönen Swimmingpool mit tollem Ausblick und einen Kinderspielplatz. Man erreicht das Hotel über eine 400 m lange Betonpiste, die am Ortseingang links ab geht. Zum Strand sind es nur 120 m. Geöffnet April–Okt. DZ in der HS ca. 110 €. ℡ 26610/94131, www.hotelelena.gr.

***** **Grand Mediterraneo Resort & Spa**, die exklusive Herberge mit ihren 560 Betten ist terrassenförmig angelegt. Von fast jedem Balkon hat man eine fantastische Sicht zum Meer. Geöffnet April–Okt. Nur über Pauschalanbieter buchbar. ℡ 26610/94241, www.atlanticahotels.com.

**** **Rosa Bella**, das Hotel ist speziell auf Golfer ausgerichtet: 1 km entfernt liegt der Corfu Golf Club mit seinem 18-Loch-Parcours, die einzige Anlage der Insel. Das Hotel in direkter Strandnähe verfügt über 98 Luxus-Studios und Apartments, dank der Hanglage alle mit fantastischem Blick auf das Meer. Studio für 2 Pers. in der HS ca. 112 €. ℡ 26610/94236, www.rbellacorfuhotel.com.

*** **Philoxenia**, beliebtes Mittelklassehotel mit Pool und Kindergarten. DZ in der HS 100 €. ℡ 26610/94660, http://hotelphiloxenia.gr.

Essen & Trinken **Navsica**, die am Südende oberhalb der Bucht gelegene Taverne hat sich ganz auf das Badepublikum eingestellt. Unter schattigen Bäumen wird eher mittelmäßiges Essen serviert. Bei schlechtem Wetter sitzt man hinter Glas und unter einem Dach. Ab und zu gibt es griechische Tanzvorführungen.

Korfu Mitte

Hotel Elena in Érmones

Myrtiótissa-Bucht

Die gesamte Bucht und das Land mit seinen tausenden Olivenbäumen gehören zum **Kloster Myrtiótissa**. Es wurde im 16. Jh. am nördlichen Teil des Strandes zu Ehren der Jungfrau Maria erbaut. Seit 2006 wohnt hier der sympathische Pater Daniel, der das alte Kloster seither Stück für Stück renoviert. Der unermüdliche Abt lebt allein in den alten Gemäuern, doch einsam ist er nie. Er umgibt sich mit unzähligen Katzen, Ponys, Gänsen, Pfauen, Eseln und anderen Geschöpfen Gottes. Außerdem bekommt er häufig Besuch von einheimischen Jugendlichen, die ihm bei der Olivenernte helfen. Es kommen auch viele Touristen, denen er sein Kloster zeigt. Pater Daniel spricht fünf Sprachen, darunter auch fließend Deutsch, denn er hat in Düsseldorf studiert. Der Abt hat die Straße am Strand entlang bis zu seinem Kloster betonieren lassen, damit ältere Besucher den Berg nicht hinaufsteigen müssen. Direkt vor den Toren des Klosters ist so ein kleiner Parkplatz für die Gäste entstanden. Sein jüngstes Projekt: die alte Olivenpresse des Klosters zu restaurieren und wieder in Betrieb zu nehmen. Pater Daniel ärgert sich über die Profitgier der Parkplatzbetreiber und Hotelbesitzer. „Die warten alle nur darauf, dass ich sterbe, damit sie hier ihre Hotels bauen können", sagt er. Solange er da ist, bleibt die Traumbucht unbebaut. Seine Besucher führt der Pater gerne durch das große Kloster, in die heilige Höhle, auf der es gegründet wurde und in die reiche Kapelle, in der eine kostbare Krone aufbewahrt wird. Und nicht zuletzt zum Streichelzoo hinten im Garten (Besucher sind von Mai bis Ende Sept. willkommen, täglich 8–13 und 17–21 Uhr. Informationen unter www.mirtidiotissa.com).

Am Ufer des feinen *Sandstrands von Myrtiótissa* ragen mächtige Felsblöcke aus dem Sand. Der idyllische Strand ist inzwischen als reiner Nacktbadestrand bekannt. Die steile Straße ist betoniert und kann mit dem Auto befahren werden. Im Sommer kann es jedoch ganz schön eng werden. Für 2 € kann man sein Fahrzeug auch auf dem kleinen Parkplatz der Taverne „Eliás" abstellen und hinunter laufen.

Idyllische Ruhe im Kloster Myrtiótissa

Golfen auf Korfu

Das weitläufige Tal von Ropa, östlich der Érmones-Bucht, ist ein reizvoller Ort für den einzigen Golfclub auf den Ionischen Inseln. Der von dem Architekten Donald Harradine entworfene Platz – benannt nach dem Flüsschen Ropa, das die Ebene und die Grünanlage mit Wasser versorgt – besitzt 18 Löcher. Das in die Jahre gekommene Clubhaus wurde aus korfiotischem Stein gebaut. Die Ausrüstung kann man sich ausleihen. Eine Mitgliedschaft im Verein ist nicht notwendig. Gegen eine Gebühr kann der Gast auf dem Platz spielen (Preisnachlässe bei mehreren Tagen). Golflehrer auf Wunsch. Greenfee 18 Loch 55 €, 1 Woche 245 €. Set und Trolley gegen Gebühr. ☏ 26610/94220, www.corfugolfclub.com.

Im Gegensatz zu vielen anderen Buchten ist in Myrtiótissa dank des Klosters kein Hotel entstanden. Am Strand gibt es eine mobile Snackbar mit Getränken und Sandwiches. Auf halbem Weg Richtung Kloster liegt die Taverne „Bella Vista", wo in puncto Toilettensauberkeit allerdings katastrophale Zustände herrschen. Auf der anderen Seite der Bucht liegt etwas erhöht an der steilen Straße zum Strand die Taverne „Eliás": Sie bietet frische griechische Landküche. Auf der großen, hölzernen Bühne gibt es im Sommer abends Livemusik, leider zu unregelmäßigen Terminen.

Verbindungen Vátos ist mit dem **grünen Bus** in Richtung Glifáda erreichbar (→ Érmones). Myrtiótissa ist aber auch per **Boot** ab Érmones, Glifáda oder Paleokastrítsa zu erreichen.

Übernachten Villa Myrto, an der Abzweigung zwischen Pélekas und Vátos zum Myrtiótissa-Strand steht unübersehbar die rosa Apartmentanlage, umgeben von Oliven- und Zitronenbäumen. Die Zimmer sind einfach mit Holzmöbeln einge-richtet. Es gibt Apartments mit einem oder zwei Schlafzimmern, Bad und kleiner Küche. DZ in der HS für 50 €. ☏ 6948602268.

Riza Stone Cottage, das kleine Anwesen im Weiler Kapella wurde im traditionellen Stil liebevoll restauriert und in eine Villa für bis zu 5 Pers. verwandelt. Im idyllischen, von Olivenbäumen umrahmten Garten kann man zur Ruhe kommen. Preis pro Nacht ca. 190 €, nur wochenweise buchbar. ☏ 26610/42444, www.corfucottage.com.

Pélekas

Das kleine Bergdorf mit den zahlreichen verwinkelten Gassen, Tavernen und Kafenia liegt auf einem Hügel hoch über der Bucht von Glifáda. Schon die österreichische Kaiserin Sisi und der deutsche Kaiser Wilhelm II. schätzten die herrliche Aussicht.

Vor allem abends strömen Korfu-Urlauber in das Dorf, das für seine grandiosen Sonnenuntergänge auf der ganzen Insel bekannt ist. Pélekas ist auch als Standort prima geeignet und zählt zu den beliebtesten Orten für junge Individualtouristen, denn in der Umgebung des Dorfes gibt es zahlreiche schöne Strände und zur Inselhauptstadt ist es nur ein Katzensprung. Der deutsche Kaiser Wilhelm II., der nach dem Tode Elisabeths, der Kaiserin von Österreich (sie fiel 1898 im Alter von 60 Jahren in Genf einem Attentat zum Opfer), das Achilleion bewohnte, ließ sich jeden Nachmittag mit seinem roten Mercedes (dem ersten Kraftwagen auf der Insel überhaupt) nach Pélekas kutschieren, um hier den Sonnenuntergang zu genießen. Seitdem heißt der Platz auch *Kaiser's Throne*. Der Weg zum Aussichtspunkt (beschildert) zweigt von der schmalen Durchfahrtsstraße ab. Vom großen Parkplatz

Korfus Mitte

Majestätischer Ausblick vom Kaiser's Throne

beim Pélekas Sunset Hotel sind es noch ein paar Meter zum so genannten Thron des Kaisers: Der Rundblick über die Insel ist in der Tat überwältigend.

Die Ortschaft selbst ist überschaubar, neben einem kleinen Supermarkt, diversen Restaurants und Bars gibt es neben der Kirche auch eine Bäckerei. Pélekas ist als Ferienort nicht zuletzt wegen seiner attraktiven Strände beliebt. Gut zu erreichen sind der populäre *Glifáda-Beach* (→ S. 159) und der ursprüngliche *Myrtiótissa-Strand* (→ S. 227), der *Pélekas-Beach* liegt in der Bucht von Kontogialos rund 1,5 km von Pélekas entfernt. Er besteht aus feinem Sand, Liegen und Sonnenschirme stehen gegen Gebühr zur Verfügung. Für Familien gut geeignet. Eine steile, aber gut ausgebaute Straße führt zu dem Beach. An seinem südlichen Ende gibt es ein kleines Sträßchen, das weiter zum 800 m entfernten *Yaliskári-Beach* führt. Der saubere Sandstrand wird imposant von Felsen eingerahmt. Sonnenschirm- und Kanuverleih. Am südlichen Ende der Bucht gibt es einige betonierte Liegeflächen (ehemalige Hafenbefestigung) und eine Snackbar. Für das leibliche Wohl sorgt die Taverne „Yaliskari" direkt am Strand – hier gibt es viel frischen Fisch. Es werden auch Zimmer vermietet.

Aqualand: Im 9 km entfernten Ágios Ioánnis (an der Straße von Korfu-Stadt nach Paleokastrítsa) gibt es Wasserspaß ohne Grenzen. Der 1995 auf einem 75.000 qm großen Grundstück errichtete Freizeitpark bietet bis zu 350 m lange Rutschen und Tunnels, verschiedene Schwimmbecken, Bootstouren … Vor allem für Familien mit Kindern ist das Aqualand ein Vergnügen.
Tägl. 10–18 Uhr. Tageskarte 25 €, Senioren und Kinder 4–12 J. 17 €, Kinder unter 4 J. frei. Der Wasserpark wird regelmäßig von den blauen Bussen (Linie 11) sowie den grünen Bussen angefahren. Infos unter ✆ 26610/52963 oder www.aqualand-corfu.com.

Verbindungen Der **blaue Bus** Nr. 11 (vom San Rocco Square in Korfu-Stadt) kommt 12-mal tägl., sonntags 8-mal. Fahrtdauer 30 Min., Fahrpreis rund 2,20 €. Außerdem gibt es im Sommer 9-mal tägl. Busse zu den Stränden Glifáda und Pélekas (Infos unter ✆ 26610/94922). Eine **Taxifahrt** zum Flughafen Korfu kostet rund 30 €.

Übernachten   ****** Mayor Pelekas Monastery**, architektonisch ist das 181 Zimmer große 4-Sterne-Hotel (ehemals Aquis Pélekas Beach) alles andere als ein Schmuckstück. Als weißer Block verschandelt es die Bucht. Die terrassenförmige Anlage mit ihrer eindrucksvollen Glaskuppel in der Lobby ist ein angenehmes Haus für Ferien am Strand. Schöner Pool. Beliebt bei Familien. Nur über Pauschalanbieter buchbar. ✆ 2661/95151.

≫ Lesertipp: ** Bella Vista, macht seinem Namen alle Ehre: Am Hang über der Bucht gelegen, bietet sich ein herrlicher Blick von der Terrasse über die ganze Bucht. Das Restaurant ist auch für Nicht-Gäste geöffnet. „Uns hat vor allem die familiäre Atmosphäre gut gefallen: Mama und Papa kochen tolles Essen, Tochter Sophia bedient sehr nett und Sohn Andreas mixt wunderbare Cocktails. Wir waren fast jeden Abend oben – da floss auch schon mal der ein oder andere Ouzo umsonst" (Stephanie Kleiner). Zimmer, Studios und Apartments für bis zu 5 Pers. ✆ 26610/94927, www.bella vistacorfu.com. **≪**

≫ Mein Tipp: *** Levant, die neoklassizistische Villa mit 24 romantischen Zimmern am „Kaiser's Throne" zählt zu den schönsten Landhotels für Individualreisende. Von den sparsam, aber geschmackvoll ausgestatteten Zimmern genießt der Gast einen tollen Blick aufs Meer. Einige Zimmer verfügen auch über einen Balkon. Reservieren Sie auf alle Fälle ein Zimmer zur Meeresseite. Die Sonnenuntergänge sind atemberaubend. Alle Zimmer haben eine Klimaanlage. Zudem verfügt das Hotel über einen kleinen Swimmingpool. Gewöhnungsbedürftig sind nur die harten Matratzen. Das Frühstück wird in den Sommermonaten in dem romantischen Garten eingenommen. Das Angebot ist spärlich und die Katzen sind dankbar für ein Stück Wurst. Das Hotel ist nur in der Sommersaison geöffnet. Viele griechische und deutsche Gäste. DZ in der HS ab 65 €. ✆ 26610/94230, www.levantcorfu.com. **≪**

Pélekas hat sich auch auf Individualreisende eingestellt. Es gibt eine ganze Reihe von kleinen, relativ preiswerten Pensionen. Die meisten Tavernen bieten auch Zimmer an, Preise variieren stark nach Jahreszeit (→ auch Essen & Trinken). Eine gute Wahl ist die **Pension Martini**, seit über 30 Jahren vermieten die Österreicherin Brigitte und ihr griechischer Mann Tellis 7 einfache Zimmer, einige verfügen auch über ein eigenes Bad. Zitronenbäume flankieren den Eingang unterhalb des Zentrums, wegen der Nähe der Straße empfiehlt es sich, Zimmer zur Gartenseite zu nehmen. DZ für 25–35 €. ✆ 26610/94326, www.pensionmartini.com.

Essen & Trinken Sunset, das Restaurant im Hotel Levant zählt zu den stilvollsten der Insel. In eleganten Salons mit offenem Kamin und modernen Bildern lässt es sich auch an kühlen Abenden gemütlich speisen. In den Sommermonaten nimmt man sein Essen auf der Terrasse mit ihren romantischen Sonnenuntergängen ein. Leider kann die Küche mit der Faszination des Ortes nicht mithalten. Die Qualität ist nur durchschnittlich. Bisweilen stört auch die laute Musik in der Endlosschleife die Stimmung. Der Service ist herzlich und zuvorkommend. Das Preisniveau bewegt sich im Mittelfeld. ✆ 26610/94230.

Alexandros, ein Klassiker in Pélekas. Seit 1960 existiert die Taverne, die auch Zimmer vermietet. Besonders lecker sind Stifado und Moussaka. Das gute Preis-Leistungs-Verhältnis beschert Alexandros in der Hochsaison stets ein volles Haus. Schöne Terrasse (Sonnenuntergänge). Am Weg zu „Kaiser's Throne" auf der linken Seite. DZ ab ca. 55 €. ✆ 26610/94565, www.alexandrospelekas.com.

Jimmy's, auf der großen Terrasse mit Holzdach direkt gegenüber der Kirche lassen sich wunderbar Grillspezialitäten, Fisch und Pasta genießen. Die hübsche, gepflegte Taverne bietet auch eine große Auswahl an Spirituosen. DZ in der HS für 40 €. ✆ 26610/94284, www.jimmyspelekas.com.

Pink Panther, der rosarote Panther ist der Namensgeber dieser beliebten Taverne. Hier wird griechisch und italienisch gekocht. Die Pizza kommt aus dem Holzofen. Schöne Terrasse mit Blick zur Westküste.

Café Pélekas, eine Institution im Dorf, direkt neben dem Mahnmal für die Kriegsopfer. Unter einer Akazie bei einem kühlen Getränk genießen die Gäste das Dorfleben.

🌿 Geschmackserlebnisse auf „Ambelonas"

Bei Vasiliki Karounou trifft traditionelle korfiotische Küche auf Moderne und vereinigt sich zu aufregenden Geschmackserlebnissen. Ein Abend auf dem Gut „Ambelonas" ist nicht nur ein unvergessliches kulinarisches Erlebnis, sondern auch ein absolutes Muss auf Korfu.

Eingebettet inmitten von Weinbergen liegt das Anwesen auf einer Anhöhe zwischen Korfu-Stadt und Pélekas, mit großartigen Ausblicken über die Insel. Bevor man an einem der gedeckten Tische unter den Lauben Platz nimmt, lohnt sich ein Besuch der historischen Hofgebäude. In einem der Seitenräume hat Vasiliki einen

Laden für ihre Bio-Marke „Acordo" eingerichtet, mit der vor fünf Jahren alles begonnen hat. Bevor sie das Unternehmen gründete, war sie als IT-Beraterin in Athen tätig und gab auf Korfu ein Seminar für junge Landwirte zum Thema biologischer Anbau und Direktvermarktung. Die Bedingungen und Möglichkeiten vor Ort waren ideal, ganz begeistert erzählt Vasiliki von den unzähligen Wildkräutern, die sie schon auf Korfu gesammelt hat, von alten, vergessenen Gemüse- und Obstsorten, die hier wachsen, zum Beispiel der Topinambur/

Jerusalem Artischocke. Doch nur wenige Seminarteilnehmer ließen sich damals von den neuen Ideen anstecken, sodass Vasiliki schließlich selbst die Initiative ergriff. Zu den ersten Acordo-Produkten zählten Wildpflaumen- und Wilderdbeeren-Marmelade, schnell wuchs die Produktpalette auf über 60 Marmeladen, Chutneys, Senfsorten, Liköre, Essige und Öle. Seit 2009 vertreibt sie ihre Biolinie europaweit in Delikatessengeschäften. Mit „Ambelonas" erfüllte sich im Jahr 2011 der Traum vom eigenen Restaurant und der Möglichkeit, in der Küche direkt mit den Produkten zu arbeiten. Als Vorspeise serviert die engagierte Unternehmerin und passionierte Köchin zum Beispiel Noumboulo (geräucherten Speck), Pecorino, gewürzte Feigenspalten und süßen korfiotischen Fruchtsenf. Allen Gerichten schmeckt man die Experimentierfreude und das gekonnte Ausbalancieren der Zutaten an. Die Kräuter kommen frisch aus dem Garten, als Begleiter zum Essen wird der hofeigene „Triklino"-Wein gereicht. Preislich liegen die Vorspeisen zwischen 5 und 9 €, Hauptgerichte um 11 €.

Neben innovativer Bio-Gastronomie hat Vasiliki auf Ambelonas auch einen Ort für Kunst, Kultur und Unterhaltung geschaffen. In den Veranstaltungsräumen finden regelmäßig Konzerte und Ausstellungen statt, auch Workshops (z. B. zur Kräuterkunde) und Kochkurse stehen auf dem Programm (ab 5 Personen auf Anfrage). Ihre Rezepte und Küchenphilosophie hat Vasiliki jüngst in einem interessanten Kochbuch zusammengeführt, das auch auf Deutsch übersetzt wurde. Begeben Sie sich auf eine kulinarische Entdeckungsreise – ganz nach Vasilikis Motto „searching for the lost taste of the Corfiote Land". (Text: Margret Hornsteiner)

Geöffnet Mi–Fr ab 19 Uhr. Auch für private Veranstaltungen und Gruppen buchbar. Kontakt: Vasiliki Karounou und Sotiris Vlachos, Triklino-Kompitsi, 📞 26610/52301 oder 693/215 8888, www.acordo.gr, Ambelonas/Facebook. ∎

Das Café in dem apricotfarbenen Haus an der Durchfahrtsstraße ist ein beliebter Treffpunkt für junge Leute. Sehen und gesehen werden, heißt die Devise.

Zanzibar, die Bar gegenüber der Kirche zieht seit über 20 Jahren Reisende und Auswanderer zugleich an. Es gibt leckere Cocktails in entspannter Atmosphäre, besonders die Mojitos sind zu empfehlen.

Essen & Trinken außerhalb   Spiros & Vasilis, am Rande des 9 km entfernten Wei-

lers Ágios Ioánnis liegt dieses Restaurant. Von Ág. Ioánnis kommend, führt die Einfahrt kurz hinter dem Aqualand rechts rein, gut ausgeschildert. Hier wird französisch gekocht. Das etwas teurere Lokal steht bei den Korfioten hoch im Kurs, eine Reservierung ist ratsam. Malerische, von Bäumen umgebene Terrasse. Im Sommer ab 19 Uhr geöffnet, im Winter schon etwas früher, im Nov. geschlossen. ✆ 26610/52552, www. spirosvasilis.com.

Glifáda

Der beliebteste Sandstrand im Westen Korfus ist der sog. *Golden Beach* in der Bucht von Glifáda (auch Glyfada), inmitten eines Felsenkessels mit atemberaubenden Steilwänden. Leider verbauen Apartmentanlagen stellenweise den Blick.

Der nur 2 km von Pélekas entfernte Strand ist leicht anzufahren und vom Tourismus komplett erschlossen, ein Sonnenschirm reiht sich an den anderen. Der Abschnitt rund um die „Aloha-Bar" wird von lautstarker Partymusik übertönt, doch am weitläufigen und vor allem breiten Küstenabschnitt verteilt sich der große Ansturm in den Sommermonaten. Auf Holzstegen kann man bequem zum Wasser laufen. An touristischen Attraktionen herrscht kein Mangel: Parasailing, Diskothek, Bars, mehrere Tavernen, internationale Zeitungen, Supermarkt, Moped-, Liegestuhl-, Sonnenschirm- und Surfbrettverleih. In einem Zelt am Strand werden sogar professionelle Shiatsu-Massagen angeboten (20 Min für 20 €). Von Pélekas führt eine gut ausgebaute Asphaltstraße (2 km) zum Sandstrand. Es geht relativ flach ins Wasser. In den letzten Jahren wurde der Golden Beach immer populärer, eine ganze Reihe neuer Ferienwohnungen sind entstanden. Der große Parkplatz ist mittlerweile gebührenpflichtig (3 €).

Korfus Mitte

Glifáda Beach – Anziehungspunkt an der Westküste

Übrigens lässt sich vom Glifáda-Strand aus der *Myrtiótissa-Beach* zu Fuß an der Küste in rund einer halben Stunde erreichen.

Verbindungen Tägl. 7 Busverbindungen von und nach Korfu-Stadt, So 5-mal. Fahrtdauer 45 Min., Fahrpreis 2,20 €. Darüber hinaus gibt es einen kostenlosen Shuttle zum Dorf Pélekas. Genaue Abfahrtszeiten sind am Strand angeschlagen.

Wassersport Am Glifáda-Beach stehen alle Wassersportarten zur Verfügung. Einige Preisbeispiele: Wasserski 30 €, Parasailing 40 €, Motorbootverleih 30 €, Kanu 5 €, Bananenboot 15 €.

Übernachten **** Louis Grand Hotel Glyfada, stilvoller siebenstöckiger Hotelkomplex am Strand. Ein malerisch eingewachsener Park mit Yucca- und Dattelpalmen, Pinien, Agaven und einer Vielzahl von Blumensorten rahmt das Gebäude ein. Die Halle des Hotels ist im spanischen Stil eingerichtet, schmiedeeiserne Geländer und schwere Kronleuchter sorgen für gediegenes Ambiente. Buchen Sie nach Möglichkeit ein Zimmer mit Meerblick, die übrigen Räume werden durch den Lärm von der nahe gelegenen Gebirgsstraße beeinträchtigt. Diverse Restaurants, L-förmiger Swimmingpool, am Strand Beachvolleyball, Tennisplatz und etliche Wassersportmöglichkeiten. Freundliches Personal. Mai–Okt. geöffnet. DZ in der HS mit Halbpension ca. 240 €. ☎ 26610/94140, www.louishotels.com.

Gorgona Hotel Apartments, die einfachen Studios im Bungalowstil liegen in unmittelbarer Strandnähe, Zimmer mit Berg- und Meerbl ck. DZ ab 60°€. ☎ 26610/94337, www.gorgona-apartments.gr.

Essen & Trinken **Glifáda Beach**, in der beliebten Strandtaverne wird griechische Hausmannskost serviert. Sie ist frisch renoviert und rundum verglast.

Bar Alcha, die auf einer kleinen Anhöhe gelegene Bar mit ihrer unüberhörbaren Musik zählt zu den beliebtesten Treffpunkten an der Westküste. Hier feiern Jugendgruppen aus ganz Europa.

Varipatádes

Wer nicht die direkte Verbindung von Pélekas nach Ágios Górdis nimmt und über ein eigenes Fahrzeug verfügt, kann den Umweg über das verschlafene Gebirgsdorf Varipatádes wählen. Über eine kurvenreiche Straße mit einigen Schlaglöchern, vorbei an einem riesigen Kieswerk, kommt man von Pélekas nach Varipatádes. Nur

Olivenhaine soweit das Auge reicht

wenige Besucher verirren sich hierher. Der kleine Ort am Hang wirkt völlig untouristisch. Manche Häuser sind längst verlassen, andere werden nur im Sommer bewohnt. Während die Frauen am Morgen schon fleißig die Straße kehren oder in Haus und Garten wirtschaften, sitzen manche Männer bereits vor dem Kafenion und diskutieren das Tagesgeschehen oder spielen Tavli. In den unübersichtlichen, schmalen Gassen weisen blaue Pfeile den Fahrtweg. Im Ort gibt es keine Übernachtungsmöglichkeiten. Von Varipatádes führt die Straße durch die abgeschiedenen Bergdörfer Kalafatiónes und Kouramádes mit ihren ausgedehnten Olivenhainen nach Sinarádes.

Sinarádes

Es gibt noch immer das ländliche, abgeschiedene Korfu. Das malerische Bergdorf Sinarádes ist dafür ein Beispiel. Die meisten Reisenden lassen auf dem Weg zu den Stränden der Westküste den Ort links liegen.

Karaghiosis – Das Spiel mit dem Schatten

Auf Korfu kennt auch heute noch jedes Kind den Karaghiosis. Er ist die populäre Figur des Schattentheaters, das noch heute über die Insel zieht. Im Volkskundemuseum ist ein solcher Karaghiosis zu sehen. Ursprünglich brachten die Türken das Schattenspiel und auch die Figur nach Griechenland. Die mit Hilfe von Stäbchen geführte Figur heißt im türkischen Karagös („Schwarzauge"). Auf Korfu hingegen hat der Karaghiosis eher einen clownesken Charakter. Wenn ein Einheimischer sagt: „Du bist wie Karaghiosis" meint er, dass ihn sein Gegenüber nicht ernst nimmt. Schon Lawrence Durrell berichtet 1937 von dieser Tradition: „Zarian, wie immer von seinem wöchentlichen armenischen Artikel über Literatur zu theoretischen Spekulationen animiert, ergeht sich in leutseligen Erörterungen über das Schattenspiel. Er hat Karaghiosis in der Türkei und im Mittleren Osten schon in den verschiedensten Masken auftreten gesehen; der kleine schwarzäugige Mann trug dort statt seines großen Pavian-Greifarmes einen Phallus ähnlichen Ausmaßes. In seiner griechischen Maske ist er nicht mehr das Symbol pornografischer Possenreißerei, sondern etwas viel Feineres – die Verkörperung des griechischen Charakters. Das ist ein furchtbares Thema. Der Nationalcharakter, sagt Zarina, wird auf der Bühne geschaffen. (...) Wie steht es mit den Griechen? Ihr Nationalcharakter basiert auf der Vorstellung, dass sich der verarmte und unterdrückte kleine Mann aus der Welt, die ihn umgibt, mit allen Mitteln der List das Beste herausholen soll. Nimmt man dazu noch das Salz seines selbstkritischen Humors, hat man den unsterblichen Griechen: einen impulsiven, prahlerischen Mann, für dessen Ungeduld alles zu langsam geht, schnell von Sympathien entflammt und ebenso erfinderisch und anpassungsfähig. Feigling und Held zugleich ..." Die Popularität des Karaghiosis – eine Art griechischer Till Eulenspiegel – ist nach wie vor ungebrochen. Die volkstümliche Figur nimmt kein Blatt vor den Mund, macht sich über die Regierenden und Reichen lustig, darf gegen Gesetze verstoßen und dummen Mitbürgern Streiche spielen. Nur eines darf er nicht: die Sympathie des Publikums verlieren.

Ein Spaziergang durch Sinarádes mit seiner *venezianischen Kirche* samt Campanile und mancher schönen Villa lohnt sich. Der Stolz der Einwohner ist das in einem traditionellen Haus untergebrachte *Volkskundemuseum* (Weg beschildert) mit original eingerichteten Zimmern (Küche, Speise- und Schlafzimmer). Die ausgestellten Möbel, Gebrauchsgegenstände und Trachten geben einen getreuen Einblick in einen korfiotischen Haushalt auf dem Land von 1860 bis 1960. Das 1982 gegründete Bauernmuseum besitzt auch eine Bibliothek und ein Archiv alter Schriften.

Das Museum zeigt im ersten Stock eine Küche mit offenem Kamin, wie sie damals überall auf der Insel üblich war. Zentrum des Hauses war das Wohnzimmer, das meist mit historischen Stichen geschmückt war. Das Schlafzimmer, in dem die ganze Familie schlief, war verhältnismäßig klein. Das Museum zeigt einen bis in die 1960er-Jahre üblichen Holzsattel (von den Einheimischen „Ssella" genannt), der zum Gebären von Kindern benutzt wurde. Im zweiten Stock gibt es eine Reihe von weiteren kuriosen Exponaten, z. B. eine Urkunde des österreichischen Kaisers Franz-Joseph I. für den damaligen Bürgermeister von Gastoúri, Philippo Dukakis vom 18. Juni 1896, der sich damals beim Bau des Achilleions für Franz-Josephs Frau Kaiser Sisi verdient gemacht hatte. Erinnert wird mit Ausstellungsstücken wie Flugblättern auch an den Widerstand gegen die italienischen und deutschen Besatzungstruppen während des Zweiten Weltkriegs. Sinarádes war ein Zentrum der korfiotischen Widerstandsbewegung (ägl. außer So 9–14 Uhr, Eintritt 2 €, Studenten/Rentner 0,60 €, Gruppen 1 €, Kinder frei).

In dem Dorf werden noch heute Traditionen gepflegt. Die korfiotische Tracht, wie sie im Volkskundemuseum noch zu sehen ist, wird freilich nur an Festtagen getragen.

Am nördlichen Ortsbeginn (Richtung Pélekas) weist ein Schild auf die *Klippen von Aerostato* hin. Von dem kleinen Kap – ein einsamer Küstenabschnitt – bietet sich ein schöner Blick auf die Buchten von Ágios Górdis im Süden und Pélekas im Norden. Früher wurde das Kap von den Einheimischen als Beobachtungsplatz im Kampf gegen die Piraten genutzt.

Spaziergang zum Kap Aerostato: Der Weg ist einfach zu finden. Unser kleiner Spaziergang beginnt am Dorfplatz. Man läuft die Dorfstraße (Richtung Norden) zum Ortseingang. Man folgt dem Schild nach Aerostato nach links. Auf einer Asphaltstraße, die allerdings wenig befahren ist, geht es ungefähr 600 m bergauf, anschließend wieder etwas bergab. Die Straße endet an einem kleinen Parkplatz. Hier beginnt ein steiniger Fußpfad vorbei an Pinien,

Zypressen und einer vielfältigen Vegetation zu den Klippen. Im Frühjahr verwandelt sich der Pfad nach heftigen Schauern in einen kleinen Bach, im Sommer sieht man noch die Furchen der Wassermassen. Schon nach 100 m gabelt sich der Weg. Wir halten uns rechts (weiß bemalter Felsbrocken). Der Weg wird immer unbequemer (Achtung: Absturzgefahr) und die Ausblicke immer reizvoller. Unter uns fällt der Berg senkrecht ins Meer. Das türkise Wasser und die grüne Vegetation an der regenreichen Westküste bilden einen schönen Kontrast. Der Blick reicht von hier aus bis zum Myrtiótissa-Strand. Die sandigen Berghänge sind ein ideales Biotop für Höhlenbrüter wie Schwalben. Im Mai und Juni sind die Berghänge am Vormittag oft voller Schmetterlinge. Der Pfad endet schließlich abrupt an mehreren, herabgefallenen Felsbrocken. Hier gibt es kein Weiterkommen. Auf dem gleichen Weg geht es daher zurück nach Sinarádes. Auf dem Rückweg bietet sich an, in der Taverne Aerostato einzukehren.

Verbindungen Sinarádes ist über die Busverbindung in Richtung Ágios Gordios tägl. 8-mal, Sa 6-mal, So 2-mal erreichbar.

Übernachten In Sinarádes gibt es kein Hotel und nur wenige Privatzimmer.

Despina Apartments, das gepflegte Haus liegt etwas außerhalb von Sinarádes, Apartments für 2–4 Pers., über AirBnB buchbar. DZ ca. 50 €, ☎ 694/5709894.

Silvanas Apartments, in einem traditionellen Haus, mitten im historischen Zentrum von Sinarádes, vermieten Silvana und Evasio 3 Apartments für 2–4 Pers. Einfache Ausstattung, aber charmante Lage. DZ ab 30 €. ☎ 694/5709894.

Essen & Trinken Am Dorfplatz, rund um die große Palme, befinden sich mehrere Tavernen und Bars.

Ágios Górdis

Über schier endlose Serpentinen erreicht man einen der bekanntesten Strände an der Westküste. Vorbei an Zypressenwäldern, Olivenhainen und Feigenbäumen führt eine breite Asphaltstraße hinunter zum Strandort und der weitläufigen Sandstrandbucht (allerdings ohne Schatten). Das Besondere an Ágios Górdis sind die „Ortholithi", vorgelagerte felsige Inseln. Die beeindruckende Szenerie mit ihren bizarren Felsformationen und der romantische Beach locken in den Sommermonaten viele Besucher an. Die Wasserqualität ist ausgezeichnet. Ideal für Kinder: Es geht flach ins Wasser. Im südlichen Teil der Bucht mehrere bizarre Felsen, die steil abfallen, hier gibt es ideale Stellen zum Schnorcheln. In Richtung Norden (ca. 20 Min. zu Fuß), hinter dem letzten Restaurant, kommt ein wesentlich weniger besuchter Strandabschnitt. Beeindruckend, wie an der gesamten Westküste, sind die Sonnenuntergänge. Bereits seit Jahren boomt das Stranddorf: Immer mehr Apartments und Shops entstehen. Der verstärkte Andrang führt zu Parkplatzmangel.

Eine schöne Route mit grandiosem Blick auf Ágios Górdis bietet die Straße in Richtung Paramónas. Wer Abwechslung vom quirligen Ágios Górdis sucht, kann auch einen kleinen Abstecher zum nahe gelegenen Bergdorf **Káto Garúna** machen: Ein Bummel durch die engen Gassen lohnt sich, eine Taverne/Cafeteria am Ortsanfang sorgt für das leibliche Wohl.

Verbindungen Tägl. 8-mal **Busse** von/nach Korfu-Stadt, samstags 6-mal, sonntags 2-mal. Fahrtdauer 45 Min., Fahrpreis 2,20 €. Es gibt auch **Taxis**, ☎ 26610/33811 oder 21811.

Übernachten **** Mayor La Grotta Verde**, renoviertes, mondänes Hotel (ehemals

Aquis Ágios Górdis Beach Hotel) mit über 240 Zimmern. Keine Kinder erwünscht („Adults only"), großes Wellnessangebot. April–Okt. geöffnet. Über diverse Pauschalanbieter buchbar. ☎ 699/99915443.

** **Alonakia**, das gelbe, gepflegte Haus bietet ansprechende Zimmer mit Balkon,

Korfus Mitte

schöner Blick auf die Bucht, kein Straßenlärm, Pool mit Kinderbecken, 20 Zimmer. Geöffnet April–Okt. DZ in der HS ca. 70 €. ☎ 26610/53777, www.alonakiahotel.gr.

In Ágios Górdis gibt es auch zahlreiche Privatvermieter, eine Übersicht finden Sie z. B. unter http://agios-gordios.net.

Dinas, eine kleine Apartmentanlage am Hang mit tollem Blick auf die Bucht. Ruhig, schöner Pool. ☎ 26610/53184, www.dinas paradise.com.

Essen & Trinken   Romantic Palace, das blau gestrichene Restaurant mit kurioser Dekoration an der Strandpromenade ist seit Jahren ein Klassiker. Sehr gute griechische Küche (Fisch und Fleisch), auch Spezialitäten aus dem Holzofen. Für 2 Pers. ist man ca. 30 € für die großen Portionen zu rechnen (Fisch etwas teurer). Sehr nette Bedienung. Der Deutsch sprechende Wirt Michael Pangalis vermietet auch Zimmer der gehobenen Kategorie. ☎ 26610/53451, www. romanticpalace.com.

Kalimera Café, das Café liegt in einer Kurve an der zentralen Straße zum Strand. Mit seinem orangefarbenen Eingang ist es kaum zu übersehen. Große Auswahl an selbstgemachten Kuchen, Torten, gefüllten Teigtaschen und Sandwiches. Vor allem der Walnusskuchen ist zu empfehlen.

Pendáti

Das enge, stille Gebirgsdorf am Hang des 462 m hohen Ágios Pandeleimonas, umgeben von Zypressen und Olivenhainen, liegt abseits der Routen in den Inselsüden. Nicht einmal ein Schild verrät den wenigen Besuchern den Ortsnamen. Doch die vielen Serpentinen von Ágios Górdis hochzufahren lohnt sich. Denn von hier aus bietet sich ein wunderschöner Blick über die Bucht. Pendáti ist auch in rund 20 Minuten zu Fuß von Ágios Górdis zu erreichen.

Angelas Taverne, zur Einkehr lädt diese Taverne mitten im Dorf ein. Von der oberen Terrasse kann man das tolle Panorama und den Blick auf Ágios Górdis genießen. Hier wird traditionell und mit Bio-Zutaten aus dem eigenen Garten gekocht. Frisch gepresster Zitronen- und Orangensaft, leckere Salate, abends wechselnde warme Gerichte. Sehr freundliche Gastgeber. Ein Parkplatz für Gäste liegt um die Ecke. ☎ 26610/53116. ∎

Traumhafte Aussichten

Was haben Sie entdeckt?
Haben Sie *den* Strand gefunden, eine freundliche Taverne weitab vom Trubel, ein nettes Hotel mit Atmosphäre, einen schönen Wanderweg?
Wenn Sie Tipps oder Ergänzungen haben, lassen Sie es uns bitte wissen!

Schreiben Sie an: Hans-Peter Siebenhaar, Stichwort „Korfu"
c/o Michael Müller Verlag GmbH
Gerberei 19, D – 91054 Erlangen
hans-peter.siebenhaar@michael-mueller-verlag.de

Die Küste im Süden ist grün

Der Süden

Die Region der Gegensätze. Auf der einen Seite gibt es abgeschiedene Dörfer im Landesinneren wie Chlomós oder das verschlafene Landstädtchen Lefkímmi. Auf der anderen Seite wird das Straßendorf Kávos im Sommer zum griechischen Ballermann für junge Briten.

Das von Landwirtschaft geprägte Lefkímmi ist zwar das Zentrum, doch Besucher verirren sich nur selten hierher. Es besitzt einen außerhalb gelegenen Fährhafen, der den Süden Korfus mit der Nachbarinsel Paxós und dem wichtigen Fährhafen Igoumenítsa auf dem griechischen Festland verbindet. Badefreunde und sportlich Aktive zieht es vor allem an den langen Sandstrand des boomenden Weilers Ágios Geórgios. Naturliebhaber kommen in der Koríssion-Lagune auf ihre Kosten. Wer es ruhiger und individueller mag, wandert zu einer der stillen Ortschaften im Inselinneren. Eher Abstand sollte man hingegen von der sommerlichen Partyzone Kávos an der Ostküste halten, wo vor allem junge Briten lautstark feiern.

Der Südwesten

In den vergangenen Jahren hat sich die Westküste im südlichen Teil von Korfu touristisch weiterentwickelt.

Sandstrände und die Vor allem junge Gäste schätzen die weiten, noch nicht erschlossenen goldenen Sonnenuntergänge. Ágios Geórgios in seiner sichelförmigen Sandbucht hat sich zum Hotspot des Tourismus entwickelt. Der Boom hat auch seine Schattenseiten: Die Landschaft wird an diesem Strandabschnitt immer mehr zersiedelt.

Ágios Matthéos

Von jahrhundertealten Olivenhainen ist das mittelalterliche Dorf Ágios Matthéos umgeben. Hier scheint die Zeit stehen geblieben zu sein. Die Dorfbewohner sind unter sich. In den Kafenia werden große und kleine Probleme gewälzt. Korfu-Urlauber verirren sich eher selten hierher, doch das gemütliche, 1500 Einwohner zählende Dorf mit mehreren Tavernen am Hauptplatz lädt durchaus zu einer Rast ein. Halbkreisförmig schmiegt es sich an den 463 m hohen Pantokrátor. Auf dem Gipfel steht ein verlassenes Kloster, dessen Ursprünge bis ins 4. Jh. zurückreichen. Attraktion des Dorfes ist ein öffentliches Schwimmbad mit Kinderbecken und dazugehöriger Taverne. Hier lässt sich ein heißer Nachmittag entspannt verbringen.

Kafe sti Chovoli, das kleine Café direkt an der Hauptstraße ist ideal für eine kurze Rast. Neben leckeren kleinen Speisen, hausgemachten Kuchen und Brot wird hier noch der traditionelle griechische Kaffee serviert, der auf heißer Asche („Chovoli") zubereitet wird.

 Wanderung 8: Von Ágios Matthéos auf den Pantokrátor   → S. 229
Anspruchsvolle Wanderung auf den Gipfel des Berges Pantokrátor (463 m) zum Pantokrátor-Kloster über Geröllpfade und Treppen.

Paramónas

Paramónas liegt ungefähr auf der Hälfte der Strecke zwischen Pendáti und Gardíki. Der Küstenweg zwischen beiden Orten ist wegen der uralten Olivenhaine faszinierend. Tausende von Zikaden lärmen in der Hitze. Die Straße ist wenig von Autos befahren und eignet sich daher auch gut als Fahrradroute. Alternativ kann man einen Schlenker über **Káto Pavlianá** machen. Das winzige Gebirgsdorf lädt zu einem kurzen Zwischenstopp in der kleinen Bar des Ortes ein.

Von Káto Pavlianá führt eine Straße zum wenig überlaufenen *Paramónas-Beach*, den vor allem Einheimische schätzen. Paramónas ist von Olivenhainen, Weingärten und Zitronenfeldern umgeben und besteht nur aus ein paar Sommerhäusern und einem kleinen Hotel. Der schöne Strand von Paramónas liegt am Ende eines landwirtschaftlich genutzten Tales. Auf dem rund 1 km langen und nur etwa 5 m breiten, schattenlosen Strand liegt man auf Steinen/Kies, am südlichen Ende auf Sand. Eine gute Alternative für alle, die in der Hochsaison einen beschaulichen Strand zum Baden suchen.

Wer es einfach liebt, ist am sauberen *Prasoúdi-Strand*, südlich von Paramónas richtig. Der 50 m breite Beach mit seinem steil ansteigenden Ufer zu Füßen des 463 m hohen Pantokrátor wird wenig besucht. Vom Strand hat man einen schönen Blick auf die kleine, unbewohnte Prasoúdi-Insel. Es gibt sogar Holzwege ins Wasser und eine Dusche. Abends besuchen vor allem die Griechen den verlassenen Strand. Auf dem Weg von Geradíki nach Prasoúdi kommt man an einem Brunnen vorbei, den serbische Soldaten während des Ersten Weltkrieges errichtet haben.

Übernachten/Essen *** Paramonas, nur 22 Zimmer umfasst das dreistöckige, geschmackvolle Strandhotel in Paramónas – ein ideales Quartier abseits der bekannten Routen durch den Süden Korfus. Leider sind die Zimmer nicht immer ganz sauber. Freundliche Atmosphäre. April–Okt. geöffnet. DZ in der HS 70 €. ✆ 26610/76595, www.paramonas-hotel.com.

Taverne The Sunset, in dem kleinen, schattigen Garten in Paramónas kommt griechische Landküche auf den Teller. Der Fisch ist lecker, netter Service. Im Obergeschoss werden auch Privatzimmer vermietet. ✆ 26610/75149.

Prasoúdi, die einfache Taverne (es wird auch Deutsch gesprochen) direkt am Prasoúdi-Strand, hat zur Mittagszeit Hochbetrieb, wenn die Badegäste kommen. Man speist unter Pinien. Die Taverne vermietet auch einfache Zimmer.

Gardíki

Auf einer leichten Anhöhe liegt das einzige Kastell im Süden Korfus. Ein Jahrhunderte alter Olivenbaum markiert den Eingang. Die Überreste der ehemaligen achteckigen Festungsanlage aus dem 13. Jh. fallen eher bescheiden aus. Die byzantinischen Wehrmauern und Türme sind noch gut erhalten. Nachdem das gewaltige Innere der Feste von Pflanzen und Bäumen vor ein paar Jahren befreit wurde, bekommt der Betrachter einen Eindruck von der Größe der Anlage.

Von Gardíki erreicht man in rund 2 km über eine Schotter-Sand-Piste den *Kanoúli-Strand*. Hier gibt es kein Dorf, keine Taverne, nichts außer einem Sand-/Kiesstrand und Meer. Kanoúli steht vor allem bei Individualisten hoch im Kurs. Der Weg ist ausgeschildert. Man durchquert einen Olivenhain und einen ausgetrockneten Bach, vorbei an ein paar einsamen Bauernhöfen. Die letzten 100 m geht es über einen Pfad. Übrigens war die Gegend um Kanoúli/Gardíki schon vor 20.000 Jahren besiedelt. Archäologen fanden steinerne Werkzeuge und Knochen aus der letzten Eiszeit. Damals war Korfu noch mit dem nordgriechischen Festland verbunden.

Weitere Bademöglichkeiten bieten sich am *Alonaki-Beach* bei der Koríssion-Lagune (s. u.) und am nordwestlich gelegenen *Prasoúdi-Beach*.

Taverne Alonaki, am Alonáki-Strand (nördlich der Koríssion-Lagune), in der Nähe der Burg Gardíki, 5 km südlich von Ágios Matthéos.

Den auf einigen Karten verzeichneten Campingplatz gibt es nicht mehr.

Koríssion-Lagune

Die Küsten Korfus sind vielfältig: mal liebliche Buchten, mal gefährliche Klippen. Eines der außergewöhnlichsten Landschaftserlebnisse bietet die Koríssion-Lagune zwischen den Orten Gardíki und Ágios Geórgios. Über eine Fläche von 11 qkm erstreckt sich diese mit dem offenen Meer verbundene Lagune. Das riesige Feuchtgebiet hat eine wichtige ökologische Funktion und wurde deshalb nicht für den Tourismus erschlossen. Vor allem für Wasservögel ist die teilweise unzugängliche Gegend ein idealer Lebensraum. In den ausgedehnten Dünen findet sich eine charakteristische Fauna und Flora wie Sandwespe, Dünensandlaufkäfer, Sandgrille oder Stranddistel und Strandnarzisse.

Wanderung 9: Durch die Koríssion-Lagune   → S. 230
Zwischen Meer und Lagune am Strand entlang gen Süden durch ein unverbautes Naturparadies.

Die Koríssion-Lagune wird zum Meer hin durch eine hohe Nehrung begrenzt. In dieser herrlichen Dünenlandschaft kann man stundenlange Strandspaziergänge unternehmen. Vor allem am Abend, wenn die Sonne im Meer versinkt, ist das ein romantisches Vergnügen. Leider ist das Naturparadies in Gefahr durch Wildcamper, die mit dem Auto in die Dünen fahren und ihren Müll hinterlassen.

Die Lagune erreicht man am leichtesten über den Weiler Gardíki. Eine Asphaltstraße führt durch eine intensiv landwirtschaftlich genutzte Landschaft, vorbei an dem einfachen Weingut Livadiotis, zur Lagune und zum *Chalkikónas-Beach*. Nur die letzten 500 m sind unbefestigte Piste. Von dem Parkplatz führt ein sandiger Weg in südliche Richtung.

Dünenküste in der Koríssion-Lagune

Der Süden → Umschlagkarte hinten

Am Nordende der Lagune führt eine 3 km lange Straße (anfangs noch Asphalt, später Schotter mit großen Schlaglöchern) zum Strand von **Alonáki**. Der kleine, kiesige Beach mit Hafenmole ist bisweilen stark verschmutzt und lädt nicht zum Verweilen ein.

Die Dünenküste – ein Biotop mit labilem Gleichgewicht

Noch vor 45 Jahren zählten die Dünen von Koríssion bis zur Südspitze von Korfu zu den einsamsten Gegenden der Insel. Die Einwohner schätzten die geschützte Ostküste mit ihren felsigen Häfen. Doch das hat sich seit der Invasion in den 1970er-Jahren geändert. Der Mensch, ausgerüstet mit Liegestuhl und Sonnenschirm, hat die sandigen Strände entdeckt. Die größte Gefahr geht nach wie vor vom ungezügelten Bauen wie beispielsweise in Ágios Geórgios am Südrand der Koríssion-Lagune aus. Noch aber ist die Dünenküste einigermaßen intakt. Dazu trägt vor allem die unverbaute Koríssion-Lagune bei. Dünen sind generell Sandformationen mit einem labilen Gleichgewicht. Sie sind eine Art Miniaturwüste, die sich kontinuierlich durch Wind, Wasser und Jahreszeiten verändert. Sie beherbergt eine einzigartige Fauna. Zu den typischen Pflanzen, die man hier entdecken kann, zählen beispielsweise Dünenzypergras, Meersenf, Strandlilie und Stechwacholder.

Essen & Trinken/Übernachten Alonáki, Taverne mit einem schönen, schattigen Garten, direkt am Strand. Von der Straßenseite erreicht man die Taverne, indem man die Einfahrt zwischen zwei rosa gestrichenen Häusern hindurch nimmt – das Restaurant befindet sich dann hinter dem linken Gebäude. Der Besitzer Michalis Varagoulis vermietet 14 Zimmer in einem der rosa Nebengebäude. Ruhig und abgelegen. DZ mit Frühstück für ca. 60 €. ☎ 26610/75872.

🌿 **The Farm**, der Landgasthof an der Straße nach Alonáki hat ein ganz besonderes Ambiente: Die Gäste sitzen im Freien auf verschiedenen Ebenen, die einzelnen Tische durch Mäuerchen getrennt oder in einzelnen Lauben. Jeden Tag andere Gerichte aus biologischen Zutaten, Essen gibt es, solange der Vorrat reicht. In der Hochsaison ist es deshalb ratsam, zum Mittagessen zu kommen. Spezialität: Lamm im Tontopf aus dem offenen Backofen. ■

Die Lagune von Koríssion ist ein wertvolles Biotop

Die Olivenölpresse der Familie Mavroudis

Vranganiótika

Die Siedlung liegt entlang der Hauptverkehrsstraße nach Lefkímmi. Ein Besuch der *Olivenölpresse* der Mavroudis Familie lohnt sich allemal. Die Olivenölpresse ist die größte der Insel. Zwischen Oktober und Januar ist Erntezeit. Die Bauern aus der Umgebung bringen ihre Oliven und die Anlagen laufen auf Hochtouren. Im Sommer ist die Olivenpresse ein Museum, das interessante Einblicke in die Olivenproduktion und die technische Entwicklung gibt. Die Brüder Spiros und Vangelis Mavroudis führen Besucher über das Gelände und erklären die einzelnen Anlagen und Produktionsschritte. Das hauseigene Olivenöl und andere Spezialitäten aus Korfu sind am Ausgang im Verkaufsbereich erhältlich.

Olivenölpresse   Geöffnet Mo–Sa 9.30–20.30 Uhr, So 9–13 Uhr. ✆ 26610/76759. Facebook: Mavroudis Familiy Museum and Modern Olive Oil Press Corfu.

🌿 **Essen & Trinken**   Bioporos, das Restaurant gehört zu einem Bio-Bauernhof, oberhalb der Koríssion-Lagune gelegen. Bei Agathi und Kostas Vlassi kann man fernab vom touristischen Trubel der Insel authentische korfiotische Küche genießen. Herzliche, familiäre Atmosphäre. Agathi lässt die Gäste gerne in die Töpfe schauen und das Menü nach Belieben zusammenstellen. Die Zutaten kommen zum Großteil von der eigenen Farm, das Brot wird selbst gebacken. Besonders zu empfehlen sind auch der warme grüne Bohnensalat mit Zitronen-

saft (eine Spezialität in Süd-Korfu), die vegetarische Quiche und die Hackfleischbällchen mit frischen Kräutern und Zitrone. Von der Terrasse des Hauses bietet sich ein weites Panorama über die Lagune und das Meer. Wer etwas Zeit mitbringt, kann einen Spaziergang durch das Naturschutzgebiet unternehmen. Wenn es dunkel wird, richtet Kostas sein Teleskop auf den nächtlichen Sternenhimmel aus. Die Bio-Farm bietet auch zwei Gästehäuser, Vollpension für ca. 95 € pro Pers. Die Anfahrt ist gut ausgeschildert, von der Straße Richtung Lefkímmi auf Höhe Vraganiotika nach rechts abbiegen. Die Straße ist anfangs noch asphaltiert, geht dann aber in eine unbefestigte über. ✆ 26610/76224, www.bioporos.gr. ∎

Die Bucht von Ágios Geórgios: Zentrum der Wind- und Kitesurfer

Ágios Geórgios

Dünenlandschaft bis zum Horizont. Der Sandstrand mit seinem Hochufer bietet ideale Bademöglichkeiten. Man ist weitgehend ungestört, es geht immer ein Lüftchen – angenehm angesichts des spärlichen Schattens – und das Wasser ist sauber.

Kaum ein anderes Stranddorf im Süden der Insel erlebte in den vergangenen Jahren einen derartigen Bauboom wie Ágios Geórgios. Die einst abgeschiedene Küstenlandschaft ist weitgehend zersiedelt. Heute besteht Ágios Geórgios aus einer Ansammlung von Tavernen, Pensionen und Mini-Markets. Das Kirchlein an der Hauptstraße wirkt deplatziert und ein Ortszentrum sucht man vergeblich. Der breite, kilometerlange Strand ist dafür mehr als überzeugend. Hier weht die blaue Flagge, es gibt Wassersportangebote wie Jetski, und wer seine Ruhe haben will, muss nur ein wenig weiter Richtung Süden laufen. Aufgrund der günstigen Windverhältnisse hat sich der Ort zum Zentrum für Surfer, insbesondere Kitesurfer entwickelt. Übrigens: Ágios Geórgios bei Argirádes ist nicht zu verwechseln mit dem gleichnamigen Badeort bei Pagí, der im nördlichen Teil der Westküste liegt. Achten Sie bei Busfahrten darauf.

Verbindungen 2-mal pro Tag fährt der **Bus** ab Korfu-Stadt, auch sonntags, Preis 2,90 €. Sie können auch den Bus von Korfu nach Kávos oder Lefkímmi nehmen, der Busfahrer lässt Sie unterwegs aussteigen. Von der Hauptstraße sind es zu Fuß ca. 30 Min. bis zum Meer – besser Sie mieten sich ein Mofa an einer der **Moped- und Autovermietungen**, z. B. bei George, ✆ 26620/52930. Die relativ flache Küstenlandschaft ist aber auch ideal zum Fahrradfahren.

Wassersport Die **Kiteschule** von Ágios Geórgios wird von Deutschen geführt. Schnupperkurse kann man ab 49 € buchen, es werden auch Standup-Paddling-Touren angeboten. Material zum Ausleihen. Auskunft im Harleys Café oder unter ✆ 69771 45614, www.kite-club-corfu.com.

Essen & Trinken Sea Gulls, in der Taverne mit schmuckem Garten steht noch die Mama am Herd. Von der Terrasse genießt man einen wunderbaren Blick auf den Sonnenuntergang. Traditionelle Küche und freundlicher Service. ✆ 26620/51128.

Il mare, das italienische Restaurant liegt direkt an der Küstenstraße im Zentrum des Ortes. Frische Pizza aus dem Steinofen, schöne Terrasse. ✆ 26620/52939.

Der Südosten

Die Ostküste mit ihrem reizvollen Blick auf das griechische Festland war einst ein bevorzugtes Reiseziel. Vor allem an der üppigen, bergigen Küste südlich von Korfu-Stadt entstand manche noble Sommerresidenz.

Die von den Winden geschützte Ostküste ist heute nicht zuletzt wegen ihrer Nähe zum Flughafen eines der touristischen Zentren der Insel. Zwischen Meer und Bergrücken sind bereits vor Jahrzehnten zahlreiche Hotels entstanden. Dennoch hat die Region, die auf Grund der gegenüberliegenden Festlandsküste wie ein Seeufer wirkt, kaum an Attraktivität verloren. Die reizvolle, in der Hauptsaison allerdings völlig überlastete Küstenstraße führt durch eine touristisch sehr erschlossene Gegend bis zur Ortschaft Messongí, 19 km südlich von Korfu. Vor allem Engländer haben in unmittelbarer Nähe des Flughafens Quartier bezogen. Doch trotz der zahlreichen Touristen gibt es auch im Südosten stille Ortschaften, die sich ihren Charme bewahrt haben. Wer die schmale Küstenstraße von Messongí zu dem kleinen Fischerort Boukári nimmt, findet schnell ein Plätzchen abseits der Verkehrsströme. Fast spurlos ist der Tourismus an den Dörfern im Inselinneren wie Chlomós oder Kouspádes vorübergegangen.

Wichtigster Ort im Inselsüden ist die Kleinstadt Lefkímmi, die einem unglaublich langen Straßendorf gleicht und durch einen befahrbaren Stichkanal mit der Ostküste verbunden ist. Von hier führen verschiedene Straßen zu ruhigen Stränden. Das von Landwirtschaft geprägte Lefkímmi, in dem der Tourismus nie richtig Fuß fassen konnte, besitzt auch einen außerhalb gelegenen Fährhafen, der den Süden Korfus mit der Nachbarinsel Paxós und dem wichtigen Fährhafen Igoumenítsa auf dem griechischen Festland verbindet. Zweifellos die Urlauber-Hochburg der Ostküste ist das von jungen Briten geschätzte „Fun-Village" Kávos. Die Nächte in dem ehemaligen Bauerndörfchen im äußersten Süden der Insel sind lang und laut. Dennoch lohnt sich eine Fahrt hierher: Von Kávos führt eine schöne Wanderroute zu dem einsamen, verfallenen Kloster Panagía, das am südlichsten Punkt Korfus liegt.

Benítses

Wer heute durch den Küstenort spaziert, wird kaum glauben, dass dieser noch vor ein paar Jahrzehnten ein beschauliches Fischerdörfchen war. Heute zählt hier allein der Tourismus. Die vielen Gäste verwundern, denn die Bademöglichkeiten in Benítses fallen eher bescheiden aus und der Ortskern ist vom Durchgangsverkehr geplagt. Am Meer zieht sich lediglich ein schmaler Kiesstrand entlang. Doch schon die Römer schätzten Benítses als Badeort. Es gibt spärliche Ruinen einer antiken Badeanlage aus dem 2. Jh. n. Chr. Und wer sich ein bisschen vom Ortskern weg bewegt, wird die gartenähnliche Küstenlandschaft mit Oliven-, Zitronen- und Orangenbäumen schätzen lernen.

Wer sich für die Lebewesen im Meer interessiert, sollte das **Corfu Shell Museum** am nördlichen Dorfende (an der Straße nach Korfu-Stadt) besuchen. Die private Sammlung von Napoleon Sagias, die im ersten Stock (über einer Taverne) untergebracht ist, zeigt seit 1991 die Artenvielfalt des Ionischen Meeres. Neben Hunderten von Muscheln sind auch präparierte Fische, Krebse, Haigebisse und Delfinskelette zu sehen. Die Haifischsammlung sieht leider verdächtig nach Pappmachee aus. Er habe die Präparate farbig angemalt, um sie haltbarer zu machen, erklärt Sagias diesen Umstand.

Museum: 4 €, Kinder 2 €. Geöffnet Anfang März bis Ende Okt., in der Hochsaison tägl. 9–20 Uhr, sonst nur bis 18 Uhr. ℡ 26610/72227.

Wandern durch eine korfiotische Gartenlandschaft: die Wasserquellen von Benítses

Eines gleich vorneweg: Die angekündigten Wasserquellen sind eine Fata Morgana. Nur im Frühjahr und Spätherbst nach heftigen und ausgiebigen Regenfällen verwandelt sich das Rinnsal oberhalb von Benítses in einen reißenden Bach. Doch für diesen Spaziergang gilt: Der Weg ist das Ziel. Denn der mit normalem Schuhwerk begehbare Wanderweg führt durch eine bezaubernde korfiotische Küstenlandschaft.

Die Wegbeschreibung: Von der Küstenstraße führt eine gut ausgebaute Straße zum Achilleion. Wir nehmen aber etwas weiter südlich die Straße, bei der Aus- und Zufahrt durch eine kleine Verkehrsinsel getrennt sind. Vor dem Tor des mittlerweile geschlossenen Hotels Stefano biegen wir links ab und gehen den schmalen Asphaltweg 1,5 km in südlicher Richtung. Dann stoßen wir auf einen kleinen Schrein. Den Weg, der links vor dem Schrein abbiegt, beachten wir nicht, genauso wenig wie die Straße, die rechts hoch geht. Wir entscheiden uns für die Mitte, eine Sackgasse, die zu einem einsamen, schon teilweise verfallenen Gehöft führt. Hier wird die Straße für Autos endgültig unpassierbar. Es beginnt ein reizvoller Wanderweg mit Brücken und Treppen. Feigen-, Zitronen- und Walnussbäume, Weinfelder und Gemüsegärten begleiten den Spaziergänger durch dieses fruchtbare Tal. Kurz vor dem Ziel stößt man auf einen Kanal, den Mutige durchschreiten können. Ganz oben, unterhalb eines Olivenhaines, steht ein verschlossenes Kirchlein samt Campanile. Auf demselben Weg geht es wieder zurück zum Gehöft. Von dort führt eine kleine Asphaltstraße nach Benítses. Gehzeit rund eine Stunde.

Verbindungen Der **Bus** Nr. 6 fährt alle 30–45 Min. 26-mal tägl. von Korfu-Stadt nach Benítses. Abfahrt in der M. Methhodiou, ca. 300 m vom San Rocco Square, sonntags 13-mal tägl. Fahrtdauer 30 Min., Preis 2,20 €.

Baden/Wassersport Der schmale Kiesstrand liegt leider direkt an der Hauptverkehrsstraße. Trotzdem ist hier immer viel los. Zahlreiche Wassersportangebote wie Wasserski, Bananenboot und Parasailing.

Übernachten **** Luis Ionion Sun, ein empfehlenswertes, geschmackvolles Haus in Strandnähe, südlich von Benítses in Ágios Ioánnis gelegen. Geöffnet April–Okt. DZ in der HS ca. 127 €. ℡ 26610/71211, http://louishotels.com/primasol-louis-ionian-sun.html.

** Aurora, ein kleines, familiengeführtes Hotel mit 18 Zimmern, südlich von Bénitses in Ágios Ioánnis Persisteron oberhalb der Straße gelegen. Pool, Hotelstrand mit Liegen und Snackbar vorhanden. Sehr freundliches und hilfsbereites Personal. April–Okt. geöffnet. DZ mit Frühstück in der HS ca. 70 €. ℡ 26610/72644, www.aurorahotelcorfu.com.

Elli-Marina, saubere, sympathische Apartmentanlage, ideal für Selbstversorger und Familien. Die Studios und Apartments sind geräumig und haben alle einen Balkon und eine Küchenzeile. Die Besitzer, Elli und Marina Kontou, sind sehr hilfsbereit. Das Frühstück am Pool ist besser als in vielen Hotels, das Vollkornbrot ist selbst gebacken. Die „Barracuda"-Poolbar gegenüber des Wohnhauses ist bis 18 Uhr geöffnet und dient gleichzeitig als Rezeption. DZ/Frühstück in der HS etwa 60 €. ℡ 26610/72246 oder 69722882248, www.ellimarina.com.

Essen & Trinken Klimataria, das gepflegte, schmale Restaurant liegt direkt am Anfang der Uferpromenade. Hier wird frischer
Fisch angeboten, den sich der Gast in der
Küche selbst aussuchen kann. Die Bedienung ist freundlich, das Essen sehr gut.
Wer allerdings keinen Fisch mag, findet kaum
Alternativen. ✆ 26610/71201, www.klimataria-
restaurant.gr.

Paxinos, im alten Dorfkern von Benítses.
Das Essen ist hier nicht so günstig wie bei
der Konkurrenz, aber sehr gut und ab-
wechslungsreich. Lecker ist z. B. das Lamm
in Zitronensoße.

The Spice Kitchen, die Engländerin Gabby
Lynch-Hughes hat 2014 am Hafen von Benítses ein schmuckes, kleines Restaurant
eröffnet. Die Karte bietet eine willkommene
Abwechslung zu den klassischen Tavernen
und vereint Gewürze aus aller Welt. Neben
Falafel und Thai Curry stehen auch Tex-
Mex-Gerichte auf der Karte. Sehr lecker war
auch der Zitronen-Käsekuchen zum Nach-
tisch. ✆ 26610/71111.

Moraítika

Bereits in der Antike – so belegen Ausgrabungen – war Moraítika ein beliebter Er-
holungsort. Heute ist das Dorf vom Tourismus in Beschlag genommen. Die Gäste
schätzen den langen, 4 m breiten Sandstrand. Der pulsierende Ort selbst hat sich
voll auf die vielen englischen und deutschen Urlauber eingestellt: Entlang der
Hauptstraße reihen sich Souvenirläden, Mini-Märkte und Fastfood-Restaurants.

Baden   Zum langen, handtuchbreiten
Sandstrand führen schmale Fußwege, einer
direkt an den Hotels Delfinia vorbei. Parkmöglichkeiten entlang der Durchfahrtsstraße des Ortes.

Übernachten   **** Corfu Village, das 4-
Sterne-Haus mit seinen mächtigen Ein-
gangsarkaden und dem einladend großen
Pool steht in dem Badeort Ágios Ioánnis
Persisteron, 2 km nördlich von Moraítika.
Oberhalb des Pools liegen 65 Bungalows
im Villenstil mit schönem Meerblick. Die
geschmackvolle Anlage hat nur einen
Nachteil: Sie liegt direkt an der viel befahrenen Küstenstraße. DZ 70–120 €, allerdings
müssen zusätzlich happige Gebühren für
Kühlschrank und Klimaanlage gezahlt werden. ✆ 26610/75031, www.corfuvillagehotel.gr.

Der Süden   →   Umschlagkarte hinten

Kristallklar trotz vieler Fähren

**** Miramare Beach, ca. 400 m vom Ortskern entfernt, am Ortsausgang Richtung Korfu-Stadt. Die ehemalige Ferienanlage wurde vor über 30 Jahren von Tankerkönig Onassis erbaut und liegt inmitten eines 50.000 qm großen, 500 Jahre alten Olivenhains. Heute ist es ein bei Pauschaltouristen beliebtes Strandhotel mit Lärmschutzwänden zur Küstenstraße. Allerdings liegt ein Gebäude der Anlage weniger idyllisch auf der anderen Seite der Küstenstraße. Hoteleigene Wassersportstation mit Wasserski, Segeln, Surfen etc., Swimmingpool (mit Kinderplanschbecken) und Tennisplätze. Amerikanisches Frühstück. Über Pauschalanbieter buchbar. ✆ 26610/75224, www.sunmarotel.com.

**** Corfu Delfinia, die besonders familienfreundlichen Hotels der gehobenen Mittelklasse liegen in einem weitläufigen, gepflegten Park direkt am Meer. Das erste der drei Gebäude wurde 1967 erbaut. Die Hotels werden von einer Familie geleitet und verfügen zusammen über 340 Betten. Die Gebäude umgibt ein einladender Garten, in dem sich Kinder austoben können. Die Zimmer sind durchweg geräumig und modern eingerichtet, die Bäder sind klein. Die Hälfte der Zimmer besitzt Klimaanlage. Lobenswert: Einige Zimmer sind behindertenfreundlich eingerichtet und leicht zugänglich, der Weg zum Strand ist eben. In der repräsentativen Eingangshalle wird der Gast freundlich empfangen. Es gibt ein gemeinsames Restaurant, Swimmingpool samt Kinderpool, Privatstrand, Freiluft-

Schach und zwei Tennisplätze. Geöffnet April–Okt. DZ in der HS 110 €. ✆ 26610/76320, www.delfiniahotels.gr.

*** Messonghi Beach, ein Wächter kontrolliert der Eingang zu dem weitläufigen Areal mit gepflegtem Garten, das außerhalb des Zentrums liegt und mit 1771 Betten (!) in 920 Räumen das größte Übernachtungsquartier Korfus ist. Doch die Anlage wirkt viel kleiner, als sie tatsächlich ist. Die Rezeption erweckt leider trotzdem den Anschein von Massenabfertigung. Das fünf Etagen zählende Hauptgebäude und seine 78 Bungalows liegen in einem 20 ha großen Park. Die vielen Zimmer sind sehr unterschiedlich ausgestattet, werfen Sie deshalb nach Möglichkeit vorher einen Blick hinein. Swimmingpool, am Strand Wassersportangebote wie Wasserski, Jet-Ski etc; der Sandstrand geht im Wasser in Kies über. Am Ufer finden sich einige schöne Plätze im Schatten von Ölbäumen. DZ 40–80 €, ✆ 26610/83000, www.messonghibeach.gr.

Essen & Trinken Bella Vista, die Taverne liegt oberhalb von Moraítika. Die Anfahrt ist eher unbequem, aber ein Spaziergang lohnt sich. Man hat einen traumhaften Blick über die gesamte Bucht und Küste. Die schlichte Taverne (kein Ruhetag) wird von den Gästen seit vielen Jahren geschätzt. Aus Richtung Benítses kommend, geht es hinter dem Hotel Miramare rechts ab durch den ursprünglichen Ort, den Schildern nach und bei der Bushaltestelle bergauf.

Messongí

Zweite Hälfte des Doppelortes Moraítika-Messongí, den der Fluss Messongí trennt. Im Vergleich zu anderen Ortschaften geht es in Messongí mit seinem kleinen Fischerhafen scheinbar ruhig zu – nicht zuletzt, weil die Hauptstraße durch den Ort von der Küstenstraße abzweigt. Doch der erste Eindruck täuscht. Seit langem hat sich der Küstenort bestens auf seine Kundschaft eingestellt: Während der Hauptsaison gibt es kaum eine Taverne oder Bar, die mittags und abends nicht gut mit Urlaubern gefüllt ist.

An der langen Uferpromenade reihen sich dicht gedrängt Tavernen, Bars, Mini-Märkte, Zeitungsstände und Souvenirläden. Aber es gibt noch immer Fischer in Messongí. Die schattigen Gassen der Ortschaft laden zu jeder Tageszeit zu einem gemütlichen Bummel ein. Hier wird es nie heiß, denn ständig weht eine kühle Brise vom Meer her. Und wenn in anderen Orten auf Korfu schon längst die Lichter ausgeknipst sind, geht in Messongí das Nachtleben munter weiter.

Die meisten Gäste kommen wegen des langen Sandstrandes mit wenigen kleinen Kieselsteinchen. Ein langer Holzsteg lädt zum Sonnenbaden ein. Im Sommer kann es am Beach schon mal eng zugehen. Der Strand ist relativ flach und eignet sich daher zum Familienurlaub.

Verbindungen Der **Bus** kommt tägl. 17-mal von Korfu-Stadt, samstags 14-mal, sonntags nur 7-mal. Fahrtdauer etwa 45 Min., Fahrpreis rund 2,20 €. Ein Bushäuschen befindet sich an der Ecke gegenüber dem 3K's Supermarkt und dem Restaurant Anna's Garden. Eine zweite Haltestelle gibt es weiter nördlich, an der Abzweigung nach Moraïtika.

Baden Die Bademöglichkeiten sind gut, der Sandstrand führt flach ins Wasser (mit Kies). Die Wasserqualität hat sich in den letzten Jahren stark verbessert. Gut ist das sportliche Angebot: Surfbrettverleih, Tretboot, Jet- und Wasserski. Sonnenschirm und Liegen gibt es für 6 €.

Übernachten **** Apollo Palace, ziegelgedeckte Häuser fügen sich zu einem kleinen Dorf mit Höfen und gepflasterten Wegen zusammen. Die über 500 Betten große Anlage (45.000 qm) im griechischen Villenstil mit vielen Ölbäumen ist sozusagen ein Ort im Ort. Die Zimmer und Studios sind mit Bad, Veranda bzw. Balkon ausgestattet. Die großzügige Gartenanlage schließt tolle Pools, Tennisplätze, einen Kinderspielplatz und sogar ein Amphitheater mit ein. Es gibt alle großen deutschen Tageszeitungen, das Frühstücksbuffet ist reichhaltig. Ein ausgesprochen beliebtes Hotel. DZ 120–150 €. ℡ 26610/75433, www.apollopalace-corfu.com.

≫≫ **Lesertipp:** Dinos Green Place, Haus mit Privatzimmern am Strand in Richtung Bou-

kári. „Das Ehepaar ist wirklich sehr nett, zum Abschied bekamen wir noch eine Flasche frisch gepressten Traubensaft mit", berichtet Leserin Daniela Kamm aus Winnenden. Studios für 2 Pers. in der HS ab 45 €, Apartments für 4 Pers. ab 65 €. ℡ 26610/75695, www.dinosgreenplace.com. ≪≪

Direkt nebenan hat Dinos' Cousin die **Villa Ramos** eingerichtet. Das Haus steht direkt am Strand, familiäre Atmosphäre. DZ in der HS 45 €. ℡ 26610/75376, www.villa-ramos.com.

Ionian Eye, elegante Apartments und Studios in modernem Design, im Süden von Messongí in Richtung Boukári gelegen. Sehr schöne Poolanlage. Studios für 2 Pers. mit Meerblick in der HS 98 €, Familienapartments für 4 Pers. 130 €. ℡ 6945/265048, http://ionianeye.com.

Essen & Trinken Bacchus, in der Strandtaverne mit den blauen Stühlen und weißen Decken gibt es vor allem Fisch. Der Besitzer steht selbst am Kochtopf. Bisweilen kommt er aus der Küche und spricht mit seinen Gästen ein bisschen Deutsch oder Englisch. Sein Sohn serviert das preiswerte und leckere Essen. Viele Stammgäste.

The Fisherman's Haunt, beliebte Taverne in dem südlichen Vorort Psara. Direkt am Wasser gelegen mit tollem Blick auf die Bucht von Messongí, leicht zu Fuß zu erreichen. ℡ 26610/75365.

Chlomós

Wer in Messongí die schmale Bergstraße nimmt, gelangt über die beiden Weiler Káto Spíleo und Ágios Dimítrios zu dem von uralten Olivenhainen umgebenen Bergdörfchen Chlomós. Schon die Anfahrt über die kurvige, enge Landstraße ist ein Erlebnis. Das am Hang erbaute Chlomós mit den schönen Natursteinhäusern ist ein verträumter Ort. Sein historisches Zentrum gleicht einer Fußgängerzone, denn die gepflasterten Straßen sind viel zu schmal für Autos. Das Bergdorf bietet einen bezaubernden Blick über den Süden der Insel und die Ostküste. Auch Privatzimmer bekommt man im Ort, z. B. Georges Apartments. Oberhalb von Chlomós steht eine kleine Kirche, von der aus man einen traumhaften Blick auf die gesamt Südspitze Korfus hat.

Einkaufen ≫≫ **Mein Tipp:** Ionios Anemos, mit dem Geschäft, dessen Name „ionischer Wind" bedeutet, haben sich zwei Aussteiger ihren Lebenstraum erfüllt. Als sich die Finanzkrise in Griechenland zuspitzte, beschlossen Areti Kavadia und Sur-

tiris Statiris ihr Leben in Athen als Make-Up-Artist und Landschaftsarchitekt hinter sich zu lassen. Sie kauften ein altes Haus in Chlomós und begannen es eigenhändig zu renovieren, eine ehemalige Scheune wurde zum Workshop umgebaut. Ihr 2012 eröffnetes

Der Süden → Umschlagkarte hinten

Geschäft ist eine bunte Mischung aus Workshop, Galerie und Souvenirladen, u. a. gibt es kleine Kunstwerke aus Treibholz und Steinen, die Areti und Surtiris am Strand sammeln. Im Sommer kommen viele Wanderer vorbei, bunte Schilder weisen den Weg durch die engen Gassen. Im Sommer 9–21 Uhr geöffnet, im Winter nur nachmittags. «

Essen & Trinken Taverna Balis, von der Terrasse aus genießt man ein großartiges Panorama, für das der Wirt auch gerne ein Fernglas bereitstellt. Gute, traditionelle Landküche, z. B. frische Moussaka. Livemusik am Wochenende. ☎ 26620/52449, www.corfu-balis.gr.

Boukári

Der kleine Fischerhafen an der Ostküste ist Korfioten ein Begriff, denn Boukári ist seit Jahrzehnten ein kulinarisches Ausflugsziel.

Der Ort lebt hauptsächlich von seinen bekannten Fischtavernen, die nicht nur an Sonn- und Feiertagen gut besucht sind. Das Mittagsmahl wird oft zum Tagesausflug. Boukári ist auch bei deutschen Feriengästen sehr beliebt: Griechenland wie im Bilderbuch. An der kleinen Hafenmole schaukeln die Fischerboote, Katzen streunen durch die Taverne und es duftet nach gegrilltem Fisch. Und Zeit? Die hat jeder sowieso im Überfluss. Der Ort ist ideal für Erholungssuchende, die auf Stress und Lärm verzichten wollen. Es gibt nur einen Nachteil: Der sandige, kiesige Strand von Boukári ist nicht überzeugend. Das Wasser südlich und nördlich von Boukári ist sauber, allerdings an manchen Stellen zu flach, um schwimmen zu können. Der Kiesstrand ist nicht allzu breit, dafür gibt es aber an etlichen Stellen reichlich Schatten (Bäume).

Küste zwischen Messongí und Boukári

Verbindungen Im Sommer besteht eine Busverbindung nach Korfu-Stadt, tägl., auch sonntags, 2-mal hin und zurück. Fahrpreis rund 2 €.

Baden Zum Strand sind es von der Mole nur rund 200 m. Die flachen Steine sind vermutlich der Grund, warum dieser Uferabschnitt nie überfüllt ist.

Übernachten In Boukári gibt es zahlreiche Privatvermieter und eine Handvoll familiärer Hotels.

Helios Hotel, das kleine, familiengeführte Hotel wird von Ruhesuchenden und Individualtouristen geschätzt. Das Haus verfügt über 15 Zimmer. Viele Stammgäste. DZ mit Frühstück in der HS 50°€. ✆ 26620/51824, http://hotelhelios-corfu.com.

Golden Sunset, das geschmackvolle, zweistöckige Haus der Familie Dousis – gegenüber von der Taverne Karidis – beherbergt komfortable und saubere Zimmer mit Blick aufs Meer, die oberen Zimmer bzw. Apartments verfügen über einen Balkon. Exzellentes Preis-Leistungs-Verhältnis, netter Service. Die Taverne hat es schwer, sich gegen die starke Konkurrenz aus der Nachbarschaft durchzusetzen. Ein DZ kostet in der HS 60 €. ✆ 26620/51853, www.korfusunset.de.

**** Penelopi**, der zweistöckige Bau in Form eines Reihenhauses liegt unweit der Hafenmole. Während der Hauptsaison wird im Familienbetrieb, der 2004 eröffnet wurde, Halb- oder Vollpension angeboten. Gekocht wird traditionelle Hausmannskost. Abends sitzt man entweder auf der Terrasse (Mücken!) oder an der gut gefüllten, hauseigenen Bar. Die 12 Zimmer sind einfach ausgestattet, die Bäder ordentlich und sauber. DZ mit Frühstück in der HS ab 60 €. ✆ 26620/51791, www.boukaribeach.gr.

Villa Alexandra, oberhalb des Küstenwegs, Zimmer werden über das Boukari Beach Restaurant vermietet. DZ für 60 €. ✆ 26620/51791, www.boukaribeach.gr.

Essen & Trinken Längst ist Boukári kein preiswertes Ausflugsziel mehr. Vor allem die Preise für frischen Fisch sind mit denen in anspruchsvollen Restaurants in Korfu-Stadt durchaus vergleichbar. Wenn Sie als Tourist bestellen, lassen Sie sich nicht nur den Fisch in der Küche zeigen und den Kilopreis nennen, sondern fragen Sie konkret nach dem endgültigen Preis für Ihr Gericht, um beim Bezahlen der Rechnung

keine unangenehme Überraschung zu erleben. Natürlich können Sie auch auf der Speisekarte manches Fischgericht finden, das bereits mit einem Festpreis ausgewiesen ist.

Boukari Beach, 1 km vom Fischerhafen in Richtung Messongí liegt die beliebte Fischertaverne. Olivenbäume und Weiden spenden Schatten. Netter Service. Die Taverne verfügt über einen Bootssteg, sodass auch Ausflugsschiffe gerne hier Halt machen.

Beschaulicher Fischerhafen
in Boukári

》》 Lesertipp: Potamaki, „urgemütliche Fischerkneipe von Fotini Vlachopoulou mit Terrasse direkt am Meer. Kleiner Steg mit dem Boot des Besitzers, der jeden Abend aufs Meer zum Fischen hinaus fährt, leckere Gerichte wie frittierte kleine Fische, Tintenfische oder Moussaka, herzliche Atmosphäre" (Ursula Nikol, Bamberg). ✆ 26620/51095. 《《

》》 Mein Tipp: Taverne Spiros Karidis, wer vom Fischessen in Boukári spricht, meint die Taverne des betagten Spiros Karidis. Längst führt sein Sohn die Traditionstaverne. Vor allem Griechen aus Korfu-Stadt,

Der Süden   → Umschlagkarte hinten

aber auch viele Touristen schätzen seinen frischen Fisch und die Krustentiere. Ein Mittagessen gerät hier schnell zu einem mehrstündigen kulinarischen Erlebnis. Spiros Karidis hat stets Fangfrisches aus dem Meer auf dem Speiseplan und am Wochenende oft auch Lamm vom Spieß. Aus einem großen Aquarium werden die Hummer und Langusten geholt. Die gute Küche hat natürlich ihren Preis. Aber es gibt auch preiswerte Gerichte, z. B. leckere frittierte Sardinen oder Garnelen. Beim oft überlasteten Service ist Geduld angesagt. Neben der schattigen Terrasse vor dem Haus wird auch direkt am Meer serviert. ✆ 26620/51205. ≪

Petretí

Das kleine Dorf Petretí, etwa 3 km südlich von Boukári, liegt abseits der bekannten Erkundungsrouten im Süden Korfus. Der Ort am Rand einer von Ölbäumen geprägten Ebene besitzt einen wichtigen Fischerhafen. An der Mole kann man in einer der Tavernen wie „Leonidas" oder „Stamatis" gute griechische Landküche genießen und den Blick hinüber aufs griechische Festland richten. Hier geht es ruhig und gemütlich zu. Es gibt auch einen kleinen Sandstrand.

Das Wasser in der Bucht von Lefkímmi, an deren Nordrand Petretí liegt, ist sehr seicht. Man kann sogar durchs Wasser zu einer kleinen Felseninsel mit weißem Kreuz waten. Eine attraktive Badealternative ist *Nótos-Beach* östlich des Nachbarortes Ágios Nikólaos.

Ágios Nikólaos

Das kleine, von uralten Olivenbäumen umgebene Bauerndörfchen ist bei Einheimischen vor allem wegen seiner nahen Strände an der *Lefkímmi-Bucht* beliebt. Neben dem wenig erschlossenen *Sárvas-Beach* (mit Holzsteg) ist der *Nótos-Beach* ein populäres Ausflugsziel in den heißen Sommermonaten. Eine Asphaltstraße führt zu dem Strand mit der von Bananenstauden umwucherten Taverne „Panorama", die der freundliche Vagias Anastasios führt. Den Nótos-Beach kann man natürlich auch von Petretí selbst erreichen, indem man am Strand vom Hafen aus in südlicher Richtung läuft.

Panorama, das rosa Apartmentgebäude der Familie Anastasios liegt oberhalb der zugehörigen Taverne Panorama mit ihrem romantisch-verrückten Garten, der überladen ist mit Bananenstauden, rosafarbenen Blüten und antik-kitschigen Statuen. Die meisten der 15 Zimmer haben einen Balkon mit Meerblick, Frühstück wird auf der überdachten Terrasse serviert. DZ mit Frühstück für 45 €. ✆ 26620/51707, www.panoramacorfu.gr.

Marathiás

Das Bauerndorf an der Inselhauptstraße besitzt 2 km westlich einen breiten Sandstrand, der mittlerweile auch mit Holzstegen, Sonnenliegen und -schirmen touristisch erschlossen ist. Trotzdem kann man hier dem Trubel in den Urlaubsorten für einige Stunden entfliehen. Der Strand ist mit seinem flachen Wasser besonders für Kinder und Familien geeignet. Im südlichen Teil des Strandes gibt es einige Strandbars und einen kleinen Supermarkt, der nördliche Abschnitt ist noch weitgehend unverbaut. Am Abzweig zum Strand befindet sich die Taverne „The Village". In Marathiás haben sich viele deutsche Auswanderer niedergelassen – so findet man hier auch einen Biergarten mit Bier vom Fass. Individualtouristen schätzen vor allem die Ursprünglichkeit und Ruhe abseits des Massentourismus.

Übernachten **Anna**, neben Apartments und Studios für bis zu 6 Pers. gibt es auch einfache Zimmer. DZ ab ca. 40 €. ℘ 26620/52701, www.annacorfu.com.

Christina, einfache Studios und Apartments mit Balkon, Küche und Klimaanlage, in Richtung der Nordseite des Strandes gelegen. Bis zum Strand und der Taverne Nikos ist es nicht weit. DZ 40°€, Apartments für 4 Pers. 70°€. ℘ 26620/51691.

Gerasimos, die kleine Pension bietet einfache Unterkünfte mit Meerblick. Sie verfügt über 10 Studios und DZ. DZ ab 40 €. ℘ 26620/52673, http://pension-gerasimos.com.

🐚 **Essen & Trinken** **The Village**, die an der Hauptstraße nach Lefkímmi gelegene Taverne genießt einen sehr guten Ruf. Moderne griechische Küche mit frischen Zutaten aus biologischem Anbau. Über das Restaurant werden auch Zimmer in Marathiás vermietet. ℘ 26620/52801, www.the villagetaverna.gr. ∎

Nikos Restaurant, das Restaurant liegt am Nordende des Strandes. Von der Terrasse genießt man einen wunderbaren Ausblick. Die Küche bietet neben Fisch auch Fleischgerichte und Pasta zu moderaten Preisen. ℘ 2662/770677

🐚 **Taverne Dimitris**, die Traditionstaverne in Marathiás unweit des Strandes. Klassische griechische Landküche mit frischem Gemüse aus dem hauseigenen Bio-Garten. ℘ 26620/51182, www.marathiasbeach.com. ∎

Perivóli

Das Bauerndorf war lange Zeit Durchgangsstation auf dem Weg Richtung Süden. Doch die schmale Dorfstraße wurde schnell zu eng für den vielen Verkehr. Mittlerweile führt eine neue, gut ausgebaute Umgehungsstraße westlich an Perivóli vorbei. Ziel der meisten Touristen sind vielmehr die Sandstrände an der Westküste.

Viele junge Bewohner haben Perivóli längst verlassen und auch die Dorfbar hat schon bessere Zeiten gesehen. Der Ort hat allerdings zwei attraktive Strände zu bieten. Von der Umgehungsstraße führt eine 4 km lange Straße in südwestlicher Richtung durch ein fruchtbares Tal mit Weingärten über den Weiler Vitaládes zum 1,5 km langen *Gardénos-Strand* an der Westküste: Der Beach, der im Süden von einer Steilküste und im Norden von einem Berg begrenzt wird, ist ideal für Familien, denn das Wasser ist relativ seicht. Taverne und Liegestuhlverleih vorhanden. Nett für eine Erfrischungspause ist das Café „Meltemi" direkt am Strand: Eine transparente Plane bietet Schutz vor dem oftmals strammen Westwind. Die entspannende Musik lockt viele junge, einheimische Gäste an. Die Alternative ist der *Strand Agia Barbara*: Sand so weit das Auge reicht. Der von hohen Felsen umrahmte Strand ist rund 2 km lang und bis zu 40 m breit. In der weitläufigen Bucht verteilt sich der Urlauberansturm, es gibt ausreichend Platz für den Bau von Sandburgen. Verschiedene Tavernen

Olivenbaum bei Perivóli

stehen zur Auswahl. Eine Teerstraße, die an der Kapelle Agia Varvara vorbeiführt, verbindet den Strand mit Perivóli.

Übernachten ** Gardenos, das rosa Gebäude am Hang auf dem Weg zum Gardénos-Beach ist eine ideale Unterkunft für Ruhebedürftige. Das mitten in der Landschaft erbaute Hotel verfügt über einen eigenen Pool. Der Gardénos-Strand ist allerdings weit entfernt. Ganzjährig geöffnet, DZ ca. 45 €. ℘ 26620/25175, www.gardenoshotel.com.

Pink House Socrates, wer nahe am Gardé-

nos-Strand wohnen möchte, ist bei den Pink House Apartments richtig. Ferienwohnung für 2 Pers. in der HS 40 €. ℘ 26620/24980, www.pinkhousesocrates.com.

Maria Apartments, die einfachen Apartments mit Küche und Klimaanlage liegen direkt am St. Barbara-Strand und sind vor allem bei Familien beliebt. DZ für ca. 40 €. ℘ 26620/23151, www.corfusantabarbara.com.

Mólos

Das 3 km nordwestlich von Lefkímmi gelegene Mólos ist kein Dorf, sondern eher eine Ansammlung von Ferienhäusern zwischen uralten Ölbäumen. Bis zum Hotel Attika verläuft eine gut befahrbare Straße, die anschließend in einen Waldweg

Hier sieht man noch viele Esel

übergeht. Hier findet man schattige Stellplätze für Fahrzeuge. Einige Pfade führen an Privatgrundstücken vorbei zu einem schmalen Sandstrand (→ Hotel Attika).

Östlich von Mólos befindet sich die *Lagune von Alikés*, wo seit dem 15. Jh. Salz gewonnen wurde. Noch heute kann man die alten Salinen bestaunen, das Gebiet wurde 2001 zum Naturschutzgebiet (Natura 2000) erklärt. Alikés besitzt einen kleinen Umschlaghafen mit einigen Fischerbooten. Ansonsten stellt der Ort mit einer paar Pensionen und Tavernen nicht gerade das reizvollste Ausflugsziel im Süden Korfus dar. Die Bademöglichkeiten sind bescheiden.

Anfahrt In Lefkímmi von der Hauptstraße abzweigen und den Wegweisern zum Hotel Attika Beach oder nach Mólos folgen.

Baden Zum Hotel gehört ein sehr einladender Sandstrand, der auch von Gästen benutzt werden kann, die nicht im Hotel wohnen. Ideal für Familien mit Kindern zum Planschen und Ballspielen; das Ufer führt sehr flach ins Wasser. Ausgezeichnet mit der Blauen Flagge. Natürlicher Schatten durch Eukalyptusbäume.

Übernachten **** Attika, der gesamte 4-Sterne-Komplex – eine der schönsten Hotelanlagen im Süden Korfus – liegt in einem mehr als tausend Jahre alten Olivenhain. Eine Säulenallee führt zum Hauptgebäude, das einem pompösen Traumschlösschen gleicht. Im Marmorboden ist der Willkom-

mensgruß verewigt, zwei Wohnflügel fügen sich hufeisenförmig zusammen. Ein Pavillonrestaurant und verschwenderisches Dekor mit Marmor und Onyx im Inneren verleihen dem Haus gehobenes Flair. Die 146 Zimmer sind modern, schlicht und geräumig, lediglich die Badfenster befinden sich leicht einsehbar auf Augenhöhe. Ein kleeblattförmiger Swimmingpool (Süßwasser) und ein Kinderpool liegen im hoteleigenen Garten. Das Wasser am Sandstrand ist relativ seicht und gut für Kinder geeignet. Eukalyptusbäume spenden Schatten. Großer Kinderspielplatz. 2-mal tägl. Hotelbus nach Lefkímmi und mit dem Grünen Bus nach Korfu-Stadt. Geöffnet Mai–Okt. Ausschließlich über Pauschalanbieter buchbar. ℘ 26620/23990, www.attikahotel.gr.

Am Kanal von Lefkímmi

Lefkímmi

Der lang gezogene, beschauliche Straßenort Lefkímmi, aus mehreren Dörfern zusammengewachsen, ist das Zentrum des Inselsüdens. Zu Fuß braucht man von einem Ende zum anderen eine gute halbe Stunde.

Touristen trifft man in dem 3500 Einwohner zählenden Städtchen nur selten. Und die Kafenia an der Hauptstraße sind noch fest in Männerhand. Ursprünglich bestand Lefkímmi aus fünf Dörfern (Pentichora): Rigaládes, Anapládes, Ag. Theodór, Potámi und Melíkia. Die jüngeren Korfioten haben die Ortschaft im Süden längst verlassen, um in den Touristenhochburgen von Korfu im Sommer ihr Geld zu verdienen. Und sie arbeiten nicht nur für sich allein, sondern auch für ihre Familie. Zurückgeblieben sind die Landwirte. Gerade die Gegend um Lefkímmi wird intensiv agrarwirtschaftlich genutzt. Der hier angebaute Wein genießt auf der Insel einen guten Ruf. Die touristische Attraktion Lefkímmis ist der Fluss gleichen Namens, der zum Kanal ausgebaut und mit dem Schiff befahrbar ist. Seine beiden Ufer verbindet eine renovierte Brücke.

Einen Spaziergang ist das 500 m östlich vom Ort gelegene *Kloster der Jungfrau Kokkinada* wert, der Weg ist ausgeschildert. Durch einen Tunnel aus Reben betritt der Besucher die hellgelb gestrichene Anlage. Die Kirche, umgeben von einem kleinen Friedhof, ist allerdings meist verschlossen.

Verbindungen Zu erreichen ist Lefkímmi von Korfu-Stadt aus mit dem **Bus** in Richtung Kávos, der südlichsten Ortschaft der Insel. Tägl. gibt es 10 Verbindungen, sonntags eine, Fahrpreis 4,40 €.

Fähren: Im Osten Lefkímmis wurde in den 1990er-Jahren ein großer Hafen errichtet. Von hier verkehren Fähren zum Festland (Igoumenitsa), die Fährverbindung nach Paxós wurde jedoch eingestellt. Ticketverkauf direkt am Hafen. ✆ 26620/23200, www.lefkim milines.gr.

Auch **Ausflugsfahrten** nach Paxós und Antípaxos (Britannia Cruises), Preise ca. 30 €. Informationen unter ✆ 26620/61400.

Essen & Trinken Das Angebot an Tavernen ist in Lefkímmi klein. Eine empfehlenswerte Adresse ist die Taverne **Cheeky Face** am Karal im Ortszentrum, einfaches Essen.

Kritika

In dem kleinen Dorf laufen die Uhren langsam, die Einkäufe werden noch mit dem Esel nach Hause transportiert. Am Ortsende führt ein Weg zum Strand, der als *Secret Paradise* ausgeschildert ist. Die Straße ist nur anfangs asphaltiert und im letzten Stück sehr steil. Nur mit geländegängigem Fahrzeug zu empfehlen. Die etwa 1 km lange Strecke ist zu Fuß in rund 30 Minuten zu bewältigen und führt durch Olivenhaine und Zypressenwälder, vorbei an Birnen- und Orangenbäumen. Oberhalb des naturbelassenen Strandes befindet sich die „Secret Paradise Bar", für Gäste stehen kostenlose Liegen und Sonnenschirme zur Verfügung. Getränke und Snacks werden auch direkt an den Strand geliefert.

Kávos

Das einstige Bauerndörfchen mit seinem 5 km langen Sandstrand ist heute eines der wichtigsten Touristenzentren der Insel. Ab Mai herrscht hier Rummel total, hauptsächlich fröhliche junge Briten haben Kávos seit Jahren zu ihrem bevorzugten Ferienort erkoren.

Die Gegend um Kávos ist ein Obstgarten

Vor allem abends geht es in den Gassen, den Tavernen und Bars hoch her. Am Tage herrscht deshalb zuweilen Katerstimmung am etwas ungepflegten Strand. Große

Hotelblocks sucht man in Kávos vergeblich. In den letzten Jahren entstanden vor allem viele, teilweise sehr geschmackvolle Apartmentanlagen. Während der Saison verwandelt sich das Straßendorf in ein Fun-Village: Die Bars locken mit Live-Übertragungen aus der englischen Fußballliga und die Feriengäste unternehmen einen Spaziergang im Bikini bzw. in der Badehose durch die Dorfgassen. Es gibt sogar einen Ableger einer amerikanischen Frikadellen-Braterei in dem Stranddorf, bunte Reklamen säumen die Straße. In der Nacht fließt in den Gassen reichlich Alkohol.

Der Klassiker am Mittag

Verschiedene Erste-Hilfe-Stationen im Zentrum sind auf mögliche Alkoholopfer eingerichtet. Tagsüber hat der Ort den Charme eines verlassenen Rummelplatzes: geschlossene Bars, viel Müll, aber nur wenige Menschen auf der Straße.

Dank des langen Strandes und der menschenleeren Umgebung gibt es um Kávos viele Rückzugsmöglichkeiten. Dazu zählen beispielsweise die beiden Bergdörfer **Sparterá** und **Dragotiná** mit dem noch nicht überlaufenen *Strand von Arkoudíla*. Eine der schönsten Ausflugsmöglichkeiten bietet das **Kloster Panagía Arkoudíla** wenige hundert Meter nordwestlich von der Südspitze Korfus, dem *Kap Asprókavos*.

Verbindungen Bus von Korfu-Stadt 10-mal tägl., sonntags nur 1-mal, Fahrtzeit über 1 Std., Fahrpreis 4,40 €.

Tägl. werden **Trips und Tagesausflüge** zu den Inseln Paxós und Antípaxos (etwa 30 €), zum griechischen Festland oder nach Korfu-Stadt angeboten.

Übernachten Die meisten Urlauber sind als Pauschaltouristen unterwegs, es gibt jedoch etliche Privatquartiere. Wer in Kávos übernachtet, hat unter den überwiegend preiswerten Hotels und Pensionen die Qual der Wahl. Ein empfehlenswertes Haus ist das Apartment-Hotel **Ionian Sea View**, ℘ 26620/61679) im mediterranen Villenstil mit Pool direkt am schmalen Sandstrand.

> 🚶 **GPS-Wanderung 10: Rund um die Südspitze von Korfu**   → S. 232
> Strand, Ruinen, Olivenhaine, steile Klippen sowie wunderbare Blicke auf die Südspitze von Korfu und auf die Nachbarinsel Paxós hat diese Tour zu bieten.

Was haben Sie entdeckt?

Haben Sie *den* Strand gefunden, eine freundliche Taverne weitab vom Trubel, ein nettes Hotel mit Atmosphäre, einen schönen Wanderweg? Wenn Sie Tipps oder Ergänzungen haben, lassen Sie es uns bitte wissen!

Schreiben Sie an: Hans-Peter Siebenhaar, Stichwort „Korfu" c/o Michael Müller Verlag GmbH, Gerberei 19, D – 91054 Erlangen, hans-peter.siebenhaar@michael-mueller-verlag.de

Der Süden → Umschlagkarte hinten

Das Wasser an der Küste von Paxos ist kristallklar

Ausflüge

Die schönsten Ausflugziele von Korfu sind das südliche gelegene Paxós und seine Nachbarinsel Antípaxos.

Die Mini-Inseln lohnen sich angesichts ihrer landschaftlichen Schönheit sowie den attraktiven Bade- und Wandermöglichkeiten auch für einen mehrtägigen Aufenthalt. Für archäologisch Interessierte bietet sich ein Tagesausflug in das Balkanland Albanien an. Von der Hafenstadt Saranda geht es in Bussen zu den sehenswerten Ausgrabungen von Butrint. Der Korfu gegenüberliegende, quirlige Fährhafen Igoumenítsa – eine wichtige Drehscheibe für die griechische Wirtschaft – lohnt sich hingegen wenig – außer man ist auf der Weiterreise zu Zielen am Festland.

Igoumenítsa

Der wichtige Hafenort an der Westküste von Épirus gegenüber von Kórfu ist nicht unbedingt das klassische Ausflugziel. Für viele, die mit der Fähre von Italien übersetzen, ist er aber die erste Station in Griechenland.

In den vergangenen Jahren ist die Kleinstadt auch zur wichtigen Anlaufstelle von Flüchtlingen aus dem Nahen Osten und Afrika geworden. Die Migranten hoffen, illegal mit einer der Fähren nach Italien und später nach Mittel- und Nordeuropa zu gelangen.

Igoumenítsa ist eine vergleichsweise junge Stadt ohne große, aber mit bitterer Vergangenheit: Deutsche Truppen legten nach ihrem Abzug im Jahr 1944 die Stadt in Schutt und Asche. Igoumenítsa musste neu aufgebaut werden.

In den letzten Jahren wurde der Süd-Hafen großflächig erweitert; fast verlieren sich die wenigen Pkws und Lkws beim Verlassen der Fähre. Doch Igoumenítsa soll in Zukunft zu einem der größten Handelshäfen Griechenlands ausgebaut werden.

Ausflüge

Direkt nach Verlassen des Zollhafens trifft man entlang der Hauptstraße auf Dutzende von Straßencafés und Imbissständen sowie auf eine unüberschaubare Anzahl von Reisebüros. Für die meisten Urlauber ist dieses Hafenpanorama die einzige bleibende Erinnerung, da sie schnell ihre Reise fortsetzen.

Aber auch optisch erscheint die Stadt gefällig, vor allem, wenn man mit der Fähre anlegt. Hinter der weit gezogenen, kesselförmigen Bucht steigen steil die kahlen Hänge des *Óri-Paramithiás-Gebirges* auf. Gerade wenn der Ort mit Wolken verhangen ist, eine recht imposante Kulisse und ein einprägsamer Vorgeschmack auf die Vielfalt der griechischen Landschaften.

Verbindungen Igoumenítsa ist Anlaufpunkt der **Fähren von Ancona**, **Triest**, **Venedig**, **Bari** und **Brindisi** (für Autofähren ist der Südhafen am Ortsende von Bedeutung). Ebenso legen die Fähren von **Pátras** nach Italien in Igoumenítsa einen Stopp ein (Details, Preise etc. → Anreise). Wer von hier zurückfährt, sollte sich nach Möglichkeit von einer der Hafenagenturen (evtl. telefonisch) einige Tage zuvor den Abfahrtstermin rückbestätigen lassen. Wer zu spät kommt, verliert unter Umständen Anspruch auf seinen Kabinenplatz.

Etwa alle 1,5 Std. verkehren zwischen 5 und 21.30 Uhr die **Fähren von und nach Kórfu**. Die Überfahrt dauert ca. 1,5 Std. und kostet pro Pers. 7 €, für ein Auto 33 €, Motorrad 10 €. An Bord recht befindet sich eine kleine Snackbar. Informationen und Preisauskunft: ℆ 26610/22240 und 26410 (Lagos Travel).

Igoumenítsa ist an kein Bahnnetz angeschlossen. Wer über kein eigenes Fahrzeug verfügt, ist auf den Bus angewiesen. Vom Busbahnhof im Ortszentrum tägl. mehr-

mals Verbindungen nach Préveza, Párga oder Árta sowie nach Thessaloníki und Athen. Informationen und Preisauskunft: ℆ 26650/22309.

Adressen Entlang der Strandpromenade gibt es jede Menge Einkaufsmöglichkeiten, Banken (mit Automaten), Autovermieter und Buchungsbüros der Schiffslinien, die durch die räumliche Entfernung zum neuen Fährhafen etwas aus dem „Rampenlicht" geraten sind.

Hafenamt: ℆ 26650/22235 und 26921.

Busbahnhof: ℆ 26650/22500, 22309 und 22408.

Apotheke: Links neben dem türkis-gelben Gebäude der Polizei: ℆ 26650/23960.

Touristenpolizei: ℆ 26650/22302.

Zoll: ℆ 26650/22227.

Übernachten Man hat sich auf die vielen Durchreisetouristen eingestellt. Entlang der Hafenstraße und in den Querstraßen etliche Hotels und Pensionen.

*** **Hotel El Greco**, an der Uferstraße, 500 m von der Fähranlegestelle entfernt. 45 Zimmer, funktionell und einigermaßen sauber, Frühstück mit Käse- und Wurstplatten. Ganzjährig geöffnet. DZ ab 35 €. Ethnikis Andistasseos-Str. 76, ℡ 26650/22245.

** **Hotel Acropolis**, gegenüber dem alten Fährhafen. Das 1952 gegründete Ein-Sterne-Hotel bietet 26 kleine Zimmer mit Balkon, TV, AC und Bad. Eigentümlicher Innenhof. DZ in der Hauptsaison ab 35 €. Ethnikis Andistasseos 58 a, ℡ 26650/28346, www.hotel-acropolis.gr.

Umgebung von Igoumenítsa

Wer nicht nur auf der Durchreise ist, kann von Igoumenítsa noch einen Abstecher Richtung Süden machen. Die Fahrt auf der zunächst gut befahrbaren Küstenstraße ist optisch sehr eindrucksvoll – einerseits die kahlen, nur spärlich bewachsenen Kalkfelsen und auf der rechten Seite das tiefblaue Meer mit dem Blick auf die Südspitze von Kórfu. Etwa 10 km südlich von Igoumenítsa zweigt die Straße dann zum Meer ab (alternativ: Inlandsroute weiter bis Préveza). An der Küste mehrere Übernachtungsmöglichkeiten.

Platária: Die sehr weit gezogene Ortschaft am Meer (zwischen Kap Agionissi und Kap Ieronissi) und am Fuße einer Hügelkette mit ihren sanften Ausläufern bietet nur mäßige Bademöglichkeiten. Zwar wurden an zwei Stränden mittlerweile Palmen gepflanzt, doch Schatten ist dennoch Mangelware. Mit anderen Worten – bedingt geeignet für einen längeren Aufenthalt. Vorteil allerdings: Es ist ruhiger und die Übernachtungspreise sind günstiger als in der Umgebung.

Sívota: Abzweigung zu diesem sehr geschäftigen Hafenort etwa 2 km südlich von Platária. Viele neue Hotelbauten sind in den letzten Jahren aus dem Boden geschossen. Große Anlage des „Diamond Spa Resort". Privatzimmer sind hier zwar ausgeschildert, aber besonders in den Sommermonaten meist durch Gruppenreservierungen belegt. Einige kleine und saubere Badestrände (Richtung Párga) z. T. mit schroffen Felswänden und sauberen Sand-/Kiesstränden.

Líchnos: Die Ortschaft, etwa 2 km vor Párga am Hang, besitzt eine Traumbucht! Sandstrand mit steil aufragenden, kahlen Felswänden. Eine schmale Serpentinenstraße führt hinunter zum Meer. Líchnos Beach liegt etwa 5 km außerhalb von Párga (mit Taxiboot ab Párga Zentrum 20 Min.). Viele Sportmöglichkeiten wie Surfen und Parasailing; Strandbars und Tavernen.

Bootsausflüge Werden nach Párga von Líchnos Beach aus angeboten, Tickets können an Bord gekauft werden.

Übernachten *** **Platária Beach Hotel**, etwa 10 km südlich von Igoumenítsa führt die Straße hinunter zum Meer. Neue Apartmentanlage mit flachen, unaufdringlichen Gebäuden (22 schlichte Zimmer). Heiße Duschen und saubere Toiletten, zudem schöne Terrasse. Sehr viel Ruhe, die Gäste haben den sauberen Kiesstrand für sich alleine. Erfrischungen in der Taverne am Strand. Geöffnet April–Okt. Apartment in der Hauptsaison 50–70 €. ℡ 26650/71287, www.platariabeach.gr.

≫ **Mein Tipp:** Camping Elena Beach, 8 km südlich von Igoumenítsa bzw. 3 km nördlich von Platária. Hier leiten Thalia Theodoridis und ihr Bruder George ein Restaurant und eine Bar. Sie befinden sich auf ihrem Privatgrundstück inmitten von Bäumen und Blumen. Wirklich gute Küche und günstige Preise, dazu im Hintergrund leise Musik von Pop bis Reggae. Saubere Sanitäranlagen und eine chemische Wasserwiederaufbereitungsanlage am Platz. Behindertengerechte Sanitäranlagen und Rampen für Rollstuhlfahrer. Hinter dem Hauptgebäude terrassenförmige Stellplätze mit Olivenbäumen. Trotz der etwas versteckten Lage abseits der Straße kann es im Hochsommer voll werden und dann wird es eng

am schmalen Kiesstrand. Geöffnet April–
Okt. Erwachsene 7 €, Kinder 3,50 €, Auto
4,50 €, Wohnmobil 6,50 €, Strom 4 €.
☎ 26650/71031, www.campingelena.gr. «

Auf der gegenüberliegenden Seite der
Bucht liegt Camping Nautilus, großer, gepflegter Platz mit schöner Sicht (s. u.).

Camping Kalámi Beach, etwa 7 km südlich
von Igoumenítsa. Terrassenartige Anlage
mit zahlreichen Schattenplätzen. Schmaler
Sandstrand mit sehr sauberem Wasser.
Toiletten und Duschen, wie überhaupt die
ganze Anlage, sehr gepflegt. Nachteil:
Stellplätze z. T. mit kleinen Kieseln (Zeltbö-
den!), der Platz scheint zunehmend von
Großgruppen und Dauercampern frequen-
tiert. Hunde erlaubt. Stellen Sie Ihr Zelt
nicht direkt am Strand auf – sehr laut und
keine Abgrenzung. Gemütliche Taverne mit
einladender Terrasse. Man spricht gut
Deutsch. Geöffnet April–15.Okt. 7 €/Pers.,
Zelt und Auto je 4 €. ☎ 26650/71211-3, www.
campingkalamibeach.gr.

»»» Lesertipp: Camping Nautilos Beach,
„an der Küstenstraße nach Sívota, etwa
1 km nach Platariá gelegen. Das Gelände
ist terrassiert, mit reichlich Schatten unter
Kirschlorbeer und Eukalyptus. Der Strand
mit flachen weißen Steinen ist ideal für Familien, in der Bucht eine Bar, Beachvolleyball und Duschen. Auf dem Platz Swimmingpool, Minimarkt und Café. Von der
Terrasse des Restaurants (gutes Essen) genießt man schöne Ausblicke auf Meer und
Sonnenuntergang. Sanitäranlagen (einige
alt bzw. modernisiert) gut in Schuss" (San-
dra & Philipp Sevian). Erwachsene 8 €, Kind
4,50 €, Auto 3 € und Zelt 4,50 €. ☎ 26650/
71416, www.nautiloscamping.gr. «

*** Lichnos Beach Hotel & Suites, sehr gepflegte und ruhige, zum Teil renovierte
Bungalow-Anlage mit Komfort: Tennisplatz,
Schwimmbad, Lift, 2 Bars und 2 Restaurants usw. Nur wenige Meter bis zum
Sandstrand. DZ/Frühstück 85–130 €. ☎ 26840/
31257, www.lichnosbeach.gr.

»»» Mein Tipp: Camping Enjoy Lichnos,
optimale Bademöglichkeiten in der Bucht.
Strand und Wasser sehr sauber, allerdings
sehr viele Urlauber (Tretbootverleih, Miet-
sonnenschirme). Damit möglichst wenig
Tagesgäste den Weg zur Bucht suchen,
wird die Zufahrt mittels Schranke „geblockt".
Schattige Stellplätze für Zelte im Olivenhain, z. T. abschüssig; Camper stehen unter Strohmatten. Campingplatz/Supermarkt
geöffnet Anfang April–10. Okt. (Strandtaverne/
Bar nur bis 20. Sept.). Gut sortierter Supermarkt mit vernünftigen Preisen. Erwachsene ab 6,50 €, Kinder ab 4 €, Auto und Zelt je
4,50 €, Strom 4 €. Vermietet werden auch
Apartments mit AC für 2–5 Pers.; ohne Küche ab 45 €, mit Küche ab 55 €/Tag. Reservierung bereits im Frühjahr notwendig.
☎ 26840/31171, www.enjoy-lichnos.net. «

Albanien

**Das antike Butrint ist eine Ausgrabungsstätte, wie sie Korfu selbst nicht zu
bieten hat. Das auf einer Halbinsel gelegene Weltkulturerbe im Süden Albaniens brilliert mit Resten aus griechischer, römischer und venezianischer
Zeit. In der Ruinenstadt besonders sehenswert sind das Theater, das
Aquädukt, der Asklepios-Tempel, die frühchristliche Basilika und die Reste
des Kastells der Venezianer.**

Von Korfu-Stadt aus fahren im Sommer täglich Fähren nach Saranda in Albanien.
Die einfache Überfahrt mit der Gesellschaft Ionian Cruises kostet 23,80 € und dauert
etwa 90 Minuten. Ein Touristenvisum ist für einen Aufenthalt unter 90 Tagen nicht
erforderlich, die Einreise erfolgt mit Personalausweis oder Reisepass. Der Ver-
anstalter Ionian Cruises bietet auch Ausflüge von Saranda aus an, zum Beispiel zur
Ausgrabungsstätte Butrint inklusive Mittagessen oder eine Fahrt zum „Blauen Auge", einem geologischen Quellen-Phänomen. Die Planung eines Ausfluges ist durchaus empfehlenswert, denn in Saranda selbst gibt es nur wenige Sehenswürdigkeiten.

Ausflüge

Saranda: In der Bezirkshauptstadt (17.000 Einwohner) legen die Fähren aus Korfu an. Hochhäuser in allen Farben bestimmen die Skyline der Hafenstadt. Zwischendrin stehen noch viele Rohbauten. Die Hafenpromenade ist sauber, Palmen sorgen für Schatten und der parkähnliche Streifen ist gepflegt. Hier gibt es zahlreiche Souvenirläden und Fastfood-Buden. Es wurde auch eine moderne Touristeninformation eingerichtet, allerdings mit unregelmäßigen Öffnungszeiten. Ein paar einheimische Kinder wollen ihre Muschelketten verkaufen, ihre Mütter preisen gestickte Tischdecken und Spitzengardinen als Handarbeit an. Der Kiesstrand grenzt direkt an die Promenade. Vor allem in der Nebensaison ist es hier an manchen Tagen menschenleer, die Kulisse vor den bonbonfarbenen Hochhäusern wirkt dann etwas künstlich. Saranda ist wegen des Strandes und des milden Klimas beliebt. Der Boom lässt sich an den zahlreichen Neubauten der vergangenen Jahr leicht ablesen. Vor allem Albaner und Kosovaren verbringen hier gerne ihre Sommerferien.

Butrinti/Buthrot: Die antike Stadt Butrint zählt zu den berühmtesten Sehenswürdigkeiten Albaniens und ist Weltkulturerbe der UNESCO. Butrint war eine illyrische Stadt, bis sie etwa 167 v. Chr. zur römischen Kolonie wurde. Zu den wichtigsten Funden der Anlage gehört das Löwentor, ein Tor in der mächtigen Stadtmauer. Weitere wertvolle Bauten aus der Antike sind ein Theater, ein Gymnasium und eine römische Badeanlage. Die Überreste sind erstaunlich gut erhalten. Offizielle, englische Internetseite: www.butrint.org.

Verbindungen: Von verschiedenen Ortschaften auf Korfu starten Ausflugsboote nach Saranda, meist wird der Ausflug nach Butrint mit angeboten. Die Gesellschaft Ionian Cruises bietet in der Hochsaison tägl. 3 Fahrten mit dem Flying Dolphin nach Albanien an; www.ionian-cruises.com, ☎ 26610/38690.

Wer keine Lust auf die Massenabfertigung auf den großen Ausflugsbooten hat, sollte versuchen, über ein Reisebüro individuell zu buchen. Empfehlenswert ist Sipa Tours in Saranda, das von einem Albaner geführt wird, der viele Jahre auf Korfu gelebt hat. Er bietet geführte Touren rund um die Stadt für ein bis elf Tage an. Griechische Telefonnummer: ☎ 26610/56415 oder 6976 650713, www.sipatours.com.

Gut erhalten: große Basilika in Butrint

Kaffeefahrt nach Butrint

Direkt von der Fähre holen Busse die Touristen ab. Wir werden nach Sprachen sortiert: „deutsch", „english", „french" steht in großen Lettern an den Windschutzscheiben der Busse. Weil zwei Fähren mit mehreren hundert Besuchern auf einmal ankommen, ist das Chaos trotzdem groß. Etwa 20 Minuten dauert die Fahrt zur Ausgrabungsstätte Butrint. Im Bus erzählt uns Reiseleiter Timmi, der in Saranda geboren wurde, von den Schönheiten Albaniens. Ganz kann er uns nicht überzeugen: Der marode Zustand der Straßen, der Müll überall am Straßenrand und die heruntergekommen, verlassenen Rohbauten wirken befremdlich. Die Ausgrabungsstätte Butrint dagegen, ein Touristenmagnet, ist liebevoll gepflegt und diesen Ausflug wirklich wert. Timmi führt uns durch die Ruinenstadt. Leider drängeln hinter uns die Gruppen aus den anderen Bussen, sodass oft nicht viel Zeit bleibt, alles in Ruhe anzusehen. Der Rundgang dauert gut eine Stunde und bietet dann doch noch Aussichten auf die schönen Landschaften Albaniens, die Timmi uns versprochen hatte. Zurück in Saranda essen wir in einem Hotel. Das Buffet ist mäßig, das Ganze erinnert stark an Massenabfertigung und Kaffeefahrt. Doch bis der Bus uns zurück zum Hafen bringt, bleibt noch ein wenig Zeit, um sich Saranda anzusehen und in Ruhe umherzuschlendern.

Paxós

Der Inselname stammt vom lateinischen Wort „pax". Und tatsächlich ist Paxós ein Ort des Friedens. Auf dem knapp 20 km^2 großen Eiland geht es gelassen zu. Hektik kommt hier nicht auf. Denn Paxós verfügt weder über einen Flughafen noch über ein großes Hotel. Genau das schätzen die Gäste.

Die unverbaute Insel ist ein kleines Naturparadies mit verdeckten Stränden mit glasklarem Wasser und ausgedehnten Wäldern aus Olivenbäumen und Zypressen. Lebhaft wird es nur in der Hauptsaison und dann vor allem in der winzigen Inselhauptstadt Gáios. Paxós (oft auch Paxi genannt) hat in den letzten Jahren stark an Popularität gewonnen: Das Übersetzen von Korfu-Stadt nach Gáios dauert ca. 1,5 Stunden. Im Sommer strömen Tausende von Tagesausflüglern auf die hügelige Insel, die etwa 15 km südlich von Korfu liegt. Die drei Hauptorte und natürlichen Häfen Gáios, Lákka und Lóggos sind ein beliebtes Ausflugsziel. Hektik kommt trotzdem keine auf. Abends, wenn die Ausflugsboote in Richtung Korfu abgelegt haben, kehrt wieder Ruhe ein. Im Sommer sind die Buchten von Paxós ein beliebtes Segelrevier.

Die 3000 Einwohner leben traditionell hauptsächlich von den Erträgen der 300.000 (!) Ölbäume, die Paxós in einen einzigen Olivenhain verwandeln. Der Tourismus nimmt jedoch auch auf Paxós immer größeren Raum ein und verändert die Insel zusehends. In der Hochsaison sind Hotels, Privatquartiere und Apartments der Insel weitgehend – vor allem von italienischen und britischen Touristen – ausgebucht. Dann steigt die Zahl der Inselbesucher auf rund 20.000. Übrigens, Campen ist auf Paxós nicht erlaubt. Grundsätzlich besitzt Paxós im Vergleich zu anderen Ionischen Inseln ein gehobenes Preisniveau. Das macht sich auch bei den Mietpreisen für Ferienhäuser bemerkbar.

Ausflüge/Paxós → Umschlagkarte hinten

Die Insel mit einer Länge von 10 km und einer Breite von 4 km lässt sich leicht zu Fuß, per Moped oder mit dem Inselbus erkunden. Abseits der Küstendörfer ist der Spaziergänger schnell mutterseelenallein. Während die Westküste schroff zum Meer abfällt, zeigt sich die Ostküste ähnlich wie auf Korfu lieblicher. Die meisten Kiesstrände sind im Osten zu finden. Wer über die Insel wandert, wird schnell merken, wie hügelig Paxós ist. Die höchste Erhebung ragt 248 m über den Meeresspiegel.

Paxós verfügt nur über wenige natürliche Quellen. Das meiste Wasser wird daher in den regenreichen Wintermonaten gesammelt. Seit dem Bau von zwei großen Stauseen ist die Wasserversorgung über den trockenen Sommer gesichert. Die Qualität des Wassers reicht zum Baden und Kochen aus. Allerdings sollte man zum Trinken auf ein Mineralwasser zurückgreifen, das traditionell ohne Kohlensäure überall angeboten wird.

Paxós ist arm an archäologisch interessanten Objekten (Ausgrabungsstätten sucht man vergebens), aber reich an Seemannsgarn. In den Tavernen von Gáios und Lákka erzählen die Fischer gerne die abenteuerlichsten Geschichten: von vorbeiziehenden Walen, mächtigen Haien und anderen gigantischen Unterwasser-Bewohnern, die sich ins Ionische Meer verirrt haben. Mit etwas Glück kann man Mönchsrobben beobachten, die sich spielerisch im Wasser tummeln.

Wer auf Paxós einen längeren Urlaub verbringt, wird feststellen, dass zwischen den Ortschaften Gáios, Lóggos und Lákka eine nicht zu übersehende Rivalität um die Gunst der Touristen besteht. Uns gefiel Gáios am besten, nicht zuletzt wegen seiner Nähe zum Badeparadies Antípaxos und der guten Verbindungen nach Korfu und dem griechischen Festland. Wer es ruhiger und einsamer möchte, sollte jedoch nach Lóggos ausweichen.

Nur in der Nebensaison sind die Tavernen von Lá‹ka leer

Geschichte

Die Geschichte von Paxós ist – entsprechend der geografischen Lage – eng mit der von Korfu verbunden. Doch während Korfu stets als einflussreiche Inselmacht galt, erlebte Paxós lediglich nach der Eroberung durch die Venezianer im Jahre 1386 eine wirtschaftliche Blüte. Aus dieser Zeit stammt auch die *Festung Ágios Nikólaos* (fertiggestellt 1453) auf der gleichnamigen, dem Ort Gáios vorgelagerten Insel. Heute sind nur noch die Ruinen sowie einige verrottete Kanonen zu besichtigen. Die Venezianer herrschten 411 Jahre, von 1386 bis 1797.

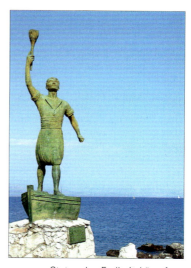

Im Jahre 1797 übernahm das napoleonische Frankreich die Insel von Venedig. Nur zwei Jahre später wechselte sie nach der Eroberung durch die türkisch-russische Flotte erneut den Besitzer. Erst 1807 kam sie wieder unter französische Oberhoheit und wurde damit auch in die englisch-französischen Auseinandersetzungen am Anfang des 19. Jh. hineingezogen. Aufgrund der Lebensmittelknappheit, die während der englischen Blockade in den französischen Häfen entstand, kam es 1810 auf Paxós zu einem blutigen Aufstand, bei dem der französische Statthalter ermordet wurde. Nach Niederschlagung der Rebellion wurden sieben der Aufständischen in der Festung auf Korfu hingerichtet.

Statue des Freiheitskämpfers Georgios Anemogiannis im Hafen von Gáios

1814 eroberten die Engländer die Ionischen Inseln und fassten diese zu den *Vereinigten Staaten der Ionischen Inseln* zusammen. Erst 1864 traten sie Korfu und damit auch Paxós freiwillig an Griechenland ab. Einst gab es sogar einen britischen Friedhof auf Paxós. Doch der wurde schließlich nach Korfu-Stadt überführt.

Während des Zweiten Weltkrieges diente Paxós (insbesondere die Grotten an der Westküste) der griechischen Marine als Versteck. Selbst der Holocaust machte vor dem kleinen Inselparadies nicht Halt. Wie das Museum in Gáios berichtet, beging ein Grieche jüdischen Glaubens aus Angst vor den Deutschen Selbstmord. Er wollte nicht wie viele andere Juden von den Ionischen Inseln in einem deutschen Konzentrationslager auf grausame Weise umkommen.

Anfahrt/Verbindungen In den Sommermonaten verkehren von Korfu-Stadt nach Gáios/Paxós mehrfach tägl. **Linienschiffe**. Das Terminal liegt am neuen Hafen (bei Setti Venti Café), Tickets sind in den Reiseagenturen auf der anderen Straßenseite erhältlich. Es empfiehlt sich 30 Min. vor Abfahrt am Quai zu sein, denn im Sommer sind die Schiffe bis auf den letzten Platz belegt. Eine einfache Fahrt mit dem Despina-Schiff (Kamelia Lines) dauert rund 95 Min. und kostet ca. 15 € (www.kamelialines.gr, Korfu ✆ 26610/40372, Gáios ✆ 26620/32131). Eine schnellere Alternative ist das Tragflügelboot Ilida II (Flying Dolphin). Die Fahrtzeit beträgt ca. 60 Min., Preis ca. 24 € (Facebook: Flying Dolphin, Korfu ✆ 26610/49800, Gáios ✆ 26620/32401). Achtung: Die Häufigkeit der

Fährverbindungen wechselt je nach Saison. Außerhalb der Sommermonate verkehren die Linienschiffe nicht täglich. Auch die Abfahrtszeiten können täglich wechseln.

Unterscheiden Sie Ausflugs- und Linienboote. Von verschiedenen Orten Korfus (z. B. Korfu-Stadt und Kávos) starten **Ausflugskaikis** für einen „Day-trip" nach Gáios auf Paxós. Für eine Tour nach Paxós und Antípaxos inkl. Besichtigung der Grotten muss man mit etwa 35 € rechnen.

Mönchsrobben auf Paxós: bedrohte Lieblinge

Zoologen wissen nicht viel von ihr. Nur so viel ist sicher: Die Mönchsrobbe ist vom Aussterben bedroht. Die abgelegenen Meeresgrotten an der Westküste von Paxós zählen zu ihren letzten Refugien. Wer die Insel auf eigene Faust umrundet, wird bei ein wenig Glück die bedrohten Lieblinge sehen. Vor allem im Frühjahr aalen sich die Tiere mit ihrem Nachwuchs auf den Felsen an der Westküste. Von Monachus monachus – so der lateinische Name – hatte bereits Homer berichtet. Doch von den Robbenherden, die in der Odyssee verewigt sind, sind nur noch wenige Exemplare übrig geblieben. Die Forscher schätzen den Bestand der Mönchsrobben im Mittelmeer, im Schwarzen Meer und an der Nordküste Afrikas auf nur noch 500 Tiere. Eines der letzten Biotope sind neben Paxós auch die unzugänglichen Küsten der Ionischen Nachbarinseln Kefaloniá und Íthaka.

Über das Leben und Verhalten der seltenen Robbenart ist nicht allzu viel bekannt. Sie ernährt sich von Fischen und Tintenfischen und hat einen täglichen Nahrungsbedarf von rund fünf Prozent des Eigengewichts. Eine ausgewachsene Robbe kann bis zu 350 kg wiegen. Um ihren Nahrungsbedarf zu decken, legen die Mönchsrobben teilweise sehr große Distanzen zurück. Ein Weibchen bringt alle ein bis zwei Jahre nur ein Junges zur Welt. Die Mönchsrobben stehen am Ende der Nahrungskette. Ihr Zustand gilt bei Wissenschaftlern als Indikator für die ökologische Balance im Ionischen Meer.

Jahrelang gehörten die Fischer zu den größten Feinden der Robben. Die Überfischung der Gewässer nahm den Tieren die Existenzgrundlage. Hinzu kam, dass lange Zeit wütende Fischer die Robben gezielt abgeschossen haben, da diese auf der Suche nach Essbarem auch vor den vollen Schleppnetzen nicht Halt gemacht haben. Doch die Zeiten haben sich geändert. Die Fischer verzichten längst auf die Tötung der schwergewichtigen Säuger. Bei nachweislichen Schäden durch Mönchsrobben gibt es Entschädigungen, auch wenn diese noch gering ausfallen. Im öffentlichen Bewusstsein gelten die Tiere als schützenswert. Sie sind eine Art Symbol für eine intakte Ökologie auf den Ionischen Inseln.

Die größte Bedrohung für die Mönchsrobben sind heutzutage weniger die Fischer als der Tourismus. Vor allem in den Sommermonaten Juli und August ist Paxós von Segel- und Motorjachten umringt. Doch es hat sich ein kurioser Effekt eingestellt. Die Mönchsrobben haben sich an den Trubel auf dem Wasser in der Hochsaison gewöhnt. Dennoch unsere Bitte: Meiden Sie die abgelegenen, nur vom Meer zugänglichen Buchten an der Westküste und halten Sie Abstand zu den Meereshöhlen und -grotten, die nicht von den Inseltouren regelmäßig angefahren werden.

Wer mit dem Auto nach Paxós will, muss einen Umweg über Igoumenítsa in Kauf nehmen. Mit Ionian Lines 2-mal tägl. (www. ionionlines.eu). Vorsicht: Mit Mietwägen ist das Verlassen der Insel in der Regel nicht erlaubt.

Per **Flugzeug** ist Paxós am besten über den Airport in Korfu zu erreichen. Aber auch der Flughafen in Preveza auf dem griechischen Festland bietet sich an. Per Bus geht es vom Airport zu dem nördlich gelegenen Fährhafen Párga, wo die Schiffe nach Paxós ablegen.

Gáios

Der wichtigste Ort der Insel ist der malerische Naturhafen Gáios mit seinen 1500 Einwohnern. Wie eine Sichel öffnet sich das Ionische Meer um die vorgelagerte Insel Ágios Nikólaos. Noch heute prägt die Hauptstadt die traditionelle Architektur der Ionischen Inseln.

Das Leben entlang der langen, gewundenen Promenade ist beschaulich. Längst ist die Hafenmole für den Autoverkehr gesperrt. Vor allem Segler schätzen den malerischen Ort mit seinen vielen Tavernen. Wer nicht auf seinem eigenen Boot kommt, erreicht Paxós mit Linienschiffen am neu errichteten Hafen nördlich des Zentrums. Beim Anlegen stehen mehrere Busse bereit, um die Urlauber direkt nach Gáios zu bringen. Sportliche gehen zu Fuß (15 Min.) und sparen sich den einen Euro für das Busticket. Viele Hotels holen ihre Gäste nach Absprache auch vom Hafen ab.

Wesentlich romantischer ist dagegen das Übersetzen mit einem kleinen Ausflugskaiki. Langsam tuckern die Boote durch den Kanal zwischen der kleinen Insel Ágios Nikólaos mit ihrer halb verfallenen Festung und den mit Ölbäumen übersäten Hängen von Paxós auf der anderen Seite. Man hat das Gefühl, ein Piratennest anzusteuern, so versteckt liegt Gáios. Die Netze liegen zum Trocknen am Pier, Angler hoffen auf ein Abendessen und die Katzen auf Abfälle. Ionische Impressionen zum Verlieben.

Der Naturhafen von Gáios ist bei Seglern beliebt

Ausflüge/Paxós → Umschlagkarte hinten

Dem an der geschützten Ostküste gelegenen Ort liegen zwei kleine Inseln gegenüber: Neben **Panagía** mit einer Wallfahrtskirche und einem Leuchtturm lohnt das Inselchen **Ágios Nikólaos** einen Ausflug. Auf dem mit Pinien bewaldeten Eiland lassen sich noch die Ruinen einer Festung entdecken. Sie wurde 1423 von den Venezianern gebaut. Außerdem gibt es zwei kleine Kirchen, Ágios Ioánnis und Ágios Nikólaos, und eine malerische Windmühle.

Unterhalb des Gemeindehauses befindet sich die 1966 errichtete Statue von *Georgios Anemogiannis* (1789–1821*)*, einem griechischen Freiheitskämpfer, der weiland ein türkisches Kriegsschiff in Brand steckte. Und allein diese Tatsache stellt in Griechenland etwas ganz Besonderes dar. Paxós wurde – wie Korfu – nie von den Türken besetzt.

Kultureller wie kirchlicher Höhepunkt in Gáios (und auf ganz Paxós) ist der 15. August, Mariä Entschlafung. Anfang September wird außerdem ein Kammermusikfestival veranstaltet.

Wer sich über die Geschichte der Insel informieren will, sollte das 1996 gegründete **Folklore-Museum** an der Hafenmole aufsuchen (Mai–Okt. täglich 10–13 und 18–22 Uhr, Eintritt 2 €, ✆ 26620/32556). Das klassizistische Gebäude – eines der schönsten der Inselhauptstadt – ist nicht zu übersehen. Im Mittelpunkt der Sammlung – ausgestellt in vier Räumen – steht das Leben der einfachen Leute auf der Insel: ihr Handwerkszeug, Haushaltsgegenstände aus Metall und Keramik, Möbel und Trachten. Hier wird aber auch das einzige noch existierende Exemplar des Buches „Paxós und Antípaxos im Ionischen Meer", verfasst von dem österreichischen Erzherzog Ludwig Salvator, sorgfältig aufbewahrt. Das in Kunstleder gefasste Werk ist mit zahlreichen Stichen und einer herausklappbaren Karte versehen. Es berichtet ausführlich über Klima und Meer, Viehzucht, Jagd, Fischzucht bis zum Thema Steuern, Maße und Gewichte. Noch heute lässt sich bis ins kleinste Detail nachvollziehen, wo der Habsburger zeichnete, recherchierte, wanderte oder mit seinem Boot vor Anker lag. Lassen Sie sich auf die vom Museumsverein liebevoll zusammengestellte Sammlung ein. Denn das Museum besitzt viele Relikte, die von einer reichen Geschichte erzählen: Die kunterbunte Sammlung mit antiken Münzen, Fossilien, Bildern, Möbeln, Haushaltsgeräten und Trachten aus dem frühen 20. Jh. lebt auch durch die Erzählungen der fachkundigen Führung.

⌒Basis-Infos

Information Die Touristenpolizei, ✆ 26620/32222, befindet sich direkt hinter der Post im südlichen Teil der Hafenmole.

Verbindungen Sea-Taxis: Tägl. gegen 10 Uhr starten Badekaikis zu den Stränden auf **Antípaxos**. Die Überfahrt kostet ca. 10 € und dauert rund 20 Min. In der Regel fahren die einfachen Boote ab 10 Uhr jede Stunde. Im Sommer läuft das letzte Boot aus Antípaxos gegen 18 Uhr in Gáios ein. Erkundigen Sie sich nach den genauen Abfahrtszeiten.

Bus: Der Inselbus pendelt außer sonntags tägl. 3-mal zwischen Gáios, Lóggos und Lákka. In der Nebensaison fährt er allerdings seltener. Die Abfahrtszeiten sind überall angeschlagen. Die Fahrt von Gáios nach Lákka dauert 30 Min. und kostet 2,50 €, vor Lákka nach Lóggos 1,80 €. Informationen unter ✆ 26620/32245.

Taxis: Auf Paxós gibt es ein halbes Dutzend Taxis. Da die Insel sehr klein ist, ist das Taxi ein beliebtes Fortbewegungsmittel. Eine Fahrt vom Hafen zu einem Ferienhaus in und um Gáios kostet ca. 10 €. Die Taxifahrer sind übrigens auf der Insel ausgesprochen flott unterwegs. Radarkontrollen gibt es keine und jede einzelne Kurve auf den wenigen Straßen kennen sie seit Jahren. Ein netter Fahrer ist Haris Bogda-

Ausflugsboot nach Antípaxos

nos. Er ist über das Handy zu erreichen, ℘ 6974/135660.

Auto- und Mopedvermietung: Paxós ist relativ klein, sodass ein Moped durchaus für Entdeckungsfahrten reicht. Wer nur einen Führerschein der Klasse B besitzt, kann ein Auto oder einen Jeep mieten. Auch mit einem Quad lässt sich Paxós wunderbar erkunden. Die geländegängigen Fahrzeuge sind nach einer Einführung leicht zu bedienen und sind besonders für unbefestigte Straßen zu den Stränden geeignet. Mopeds und Roller gibt es ab ca. 20 €, ein Quad für 40 €€ am Tag. Wer ein Auto mieten möchte, muss für einen Kleinwagen mit ca. 40 €€ am Tag rechnen, Jeeps für 60 €€. Ein Mountainbike kostet ca. 10 €. Deutlich günstigere Preise in der Nebensaison. Es gibt diverse Vermietungen: Fougaros am Marktplatz von Gáios, ℘ 26620/32373, www.fougarostravel.com. Sehr zuvorkommend ist der Service auch bei Ionian Rent a Car & Bike, auf halber Höhe zwischen Bus-Station und Marktplatz. Das Fahrzeug wird auf Wunsch zum Hotel gebracht. (℘ 26620/32553 oder 6977/271680)

Arzt/Apotheke Auf der Insel gibt es in Bogdanatika, etwa 2 km von Gáios, ein Ge-

sundheitszentrum, das 24 Stunden geöffnet ist (℘ 26620/31466), zudem einen Allgemeinarzt (℘ 26620/32555) sowie einen Zahnarzt. Apotheke, ℘ 26620/32200.

Ausflüge Mit dem **Poseidon Express**, einem Glasboden-Boot, lässt sich ein spannender Ausflug in die Höhlen an der Westküste der Insel machen. Die bekannteste ist *Ipapanti*, die im Zweiten Weltkrieg der griechischen Marine als U-Boot-Versteck gedient hat. Ziel vieler Ausflugsboote ist auch die *Petriti-Höhle*, die mit außergewöhnlichen Lichteffekten die Besucher beeindruckt. Eine Fahrt zu den Höhlen und nach Antipaxós kostet ca. 25 €€. Suchen Sie sich einen relativ windstillen Tag aus, denn sonst kann der Trip an der unruhigen Westküste durchaus mühsam werden.

Bootsvermietung Das beste Fortbewegungsmittel, um die Insel zu entdecken. Da vor allem im Juli und Aug. Motor- und Segelboote gesucht sind, sollten Sie frühzeitig reservieren, beispielsweise bei Gáios Travel, ℘ 26620/32033, wo nicht nur Autos, sondern auch Boote vermietet werden. Die Motorboote sind einfach zu bedienen. In der Regel verfügen Sie nur über einen Vorwärts- und Rückwärtsgang. Die mit Außenborder

Ausflüge/Paxós → Umschlagkarte hinten

ausgestatteten Boote werden nur wochenweise vermietet. Mit kleineren Booten kann jedoch die raue, an Klippen reiche West-

Motorrollerverleih in Gáios

küste nicht befahren werden. Eine Überfahrt nach Antípaxos muss in der Regel mit der Vermietungsagentur abgesprochen werden. Ein ordentliches Boot kostet pro Tag 40 €.

Einkaufen Dilavio, Juwelier der etwas anderen Art. Hübscher Schmuck, den garantiert nicht jeder hat.

The Green, wer traditionelle Produkte aus Paxós sucht, wird hier fündig. Hier ist alles noch selbstgemacht – vom Olivenöl, Eingelegtem, Marmeladen, Honig und Seifen bis zu Süßigkeiten. Versteckt in den Altstadtgassen. ■

Hafenamt 26620/32533 oder 32259.

Polizei 26620/32222.

Postamt Etwas versteckt in den Gassen von Gáios, 26620/32256.

Reisebüros Touristenservice in ganzer Breite – vom Fährticket bis zum Flugschein – liefern die Reisebüros am Hafen. Ein großes Angebot an Apartments, Zimmern und Ferienhäusern bieten auch an: Bouas Tours, www.bouastours.gr, 26620/32401, direkt am Hafen in Gaiós; Paxós Magic Holidays, liegt hinter dem Marktplatz etwas vom Hafen entfernt, www.paxosmagic. com, 26620/32269. Das Reisebüro bietet auch geführte Wanderungen an. Boots- und Kajaktouren sind bei Thalassa Travel buchbar (http://paxos-holidays.gr).

Übernachten

Paxós ist keine preiswerte Insel. Die Übernachtungspreise liegen wesentlich über dem Durchschnitt der Ionischen Inseln. Das Hotelangebot ist dünn, denn die meisten Gäste bevorzugen eines der schönen, aber ebenso teuren Ferienhäuser an der Küste. Wer im August ohne Reservierung anreist, hat in der Regel keine Chance auf ein Zimmer, geschweige denn auf ein Ferienhaus, da die Nachfrage das Angebot übersteigt.

Hotels *** Paxós Club, das von Olivenhainen umgebene Hotel gilt als das beste der Insel, obwohl es keinen Meerblick besitzt. Es gehört einer paxiotischen Familie. Nach Gáios sind es etwa 20 Min. zu Fuß. Vom Hotel fährt ein kostenloser Shuttlebus 1-mal tägl. zum Strand Kaki Langada und mehrmals nach Gáios. Auf Wunsch wird der Gast auch vom Fährhafen abgeholt. Netter, persönlicher Service. Die 1993 erbaute Anlage bietet 43 Zimmer in zwei 2-stöckigen Gebäuden, Studios für 1–3 Pers. und Apartments für 2–5 Pers. Die Zimmer verfügen über Minibar, Telefon, TV und einen großen Balkon. Sie sind eher nüchtern möbliert, die Einrichtung erinnert ein wenig an die 1970er-Jahre. Es gibt einen 20 m langen Swimmingpool mit Kinderbecken und Jacuzzi. In das Hotel wurde das ehemalige Wohnhaus der Besitzerfamilie integriert. Das 1880 erbaute Gebäude aus Naturstein dient heute als Restaurant. Ein Problem im Hochsommer sind die Schnaken. In allen Zimmern liegen deshalb Anti-Mücken-Mittel bereit. Geöffnet Mai–Okt. DZ in der HS ca. 170 €. 26620/32450, www.paxosclub.gr.

*** Paxós Beach Hotel, dieses weitläufige Hotel (20.000 qm) liegt 1,5 km südlich von Gáios direkt am Meer. Allerdings hat die Anlage schon bessere Zeiten gesehen. Die großzügige, von Ölbäumen und Zypressen umgebene Bungalowanlage mit 42 einfachen Zimmern (mit Aircondition und Kühlschrank) verfügt über einen Tennis-Hartplatz und eine Taverne. Zum Zentrum von Gáios sind es 15 Min. zu Fuß. Geöffnet Mai–Okt. DZ 250–290 € mit Frühstück. ✆ 26620/32211 www.paxosbeachhotel.gr.

Ferienhäuser/Ferienwohnungen Mehrere Agenturen vermieten luxuriös ausgestattete Bungalows und Apartments, über die ganze Insel verteilt. Selbst wer auf einen Swimmingpool Wert legt, wird entsprechende Ferienhäuser finden.

Paxos Magic Holidays, hält ein gutes Angebot, auch an Apartments, bereit. ✆ 26620/32269 oder 32440, www.paxosmagic.com.

Eine empfehlenswerte Adresse der Agentur: **Christos**, 1 km südlich von Gáios liegt dieses Anwesen mit einem großen Pool. Es gibt verschiedene Wohnungen für maximal 8 Pers. Das Haus liegt auf einer Anhö-he, 65 Stufen führen hinauf. Schöne Aussicht auf das griechische Festland.

Ebenfalls empfehlenswert: **Delphini**, die stilvollen Villen liegen 2,5 km außerhalb von Gáios, es gibt Wohnungen für 2 und 4 Pers. Vom Swimmingpool bietet sich ein fantastischer Ausblick auf die Hafeneinfahrt von Gáios. Eine idyllische Adresse, buchbar meist über britische Agenturen wie CV Travel, www.cvtravel.co.uk.

Apartments/Studios Eine große Auswahl preisgünstiger Apartments in Gáios ist im Internet unter www.paxosweb.gr zu finden. Viele Bewohner von Gáios vermieten die Apartments, um sich etwas dazu zu verdienen.

Spiro's Apartments, Spiros ist der Besitzer des einzigen Fitnessclubs in Gáios. Er kennt fast jeden Bewohner der Insel, auf der er geboren wurde. Der Familienvater ist äußerst hilfsbereit, seine Apartments sind schlicht und ein wenig altmodisch eingerichtet. Der alte Hafen ist zu Fuß in 5 Min. zu erreichen. Ein Studio für 2 Pers. kostet in der HS 60–75 €. ✆ 26620/32137 oder 6944512138.

Essen & Trinken/Nachtleben

Ob zum Frühstück, Kaffee oder zum abendlichen Aperitif – man trifft sich in den Tavernen und Café-Bars am Hauptplatz oder entlang der „Küstenstraße". Wer länger bleibt, wird in einem kleinen Ort wie Gáios schnell Kontakt in den Tavernen finden.

Restaurants Genesis, ein Klassiker. Seit vielen Jahren gehört diese Taverne in Gáios zu den beliebtesten Treffpunkten am Abend. Die Gäste genießen den schönen Blick und die deftige Landküche. Freundlicher Service, große Menükarte.

Pan & Theo, beliebte Taverne an der Hafenpromenade. Das Erfolgsgeheimnis sind die frischen Zutaten. Guter Fisch und leckeres Gemüse. Bunt eingedeckte Tische. In der Hochsaison stets bis auf den letzten Platz besetzt.

Taka-Taka, in den Gassen des Zentrums. Typische Landküche, empfehlenswerte Spinattaschen oder gegrillte Tomaten. Die Gäste speisen in einem malerischen Garten. Leider müssen sie manchmal etwas länger auf die Bedienung warten. Zwei Olivenbäume spenden Schatten. 100 m vom Hafen.

Carnagio, das Restaurant liegt außerhalb von Gaiós an der Straße Richtung Paxos Club Hotel. Die gute Küche mit täglich wechselnden Gerichten ist vor allem bei den Einheimischen sehr beliebt.

Mediterraneo, am nördlichen Ende der Hafenpromenade von Gáios, ruhig gelegen. Guter Fisch zu vergleichsweise moderaten Preisen.

Apagio, nettes Restaurant direkt am alten Hafen. Griechische Küche, fröhliche Kellner.

Kontza, das unauffällige Häuschen außerhalb von Gáios (gegenüber vom Hotel Paxos Club) bietet guten Fisch. Es ist mittags und abends offen. Preiswert. Die Taverne liegt 900 m außerhalb, an der Straße von Gáios nach Lákka, bei der Abbiegung nach Oziás.

Koyzini, das charmante kleine Restaurant inmitten der Altstadt ist bekannt für seinen Fisch und frische Pasta. Modernes, gemütliches Design, freundlicher Service.

Ausflüge/Paxós → Umschlagkarte hinten

Bar/Café   Bar Volcano, beliebter Treffpunkt hinter der Kirche am Dorfplatz. Tagsüber sitzt man unter großen, gelben Sonnenschirmen. Es gibt auch leckere Crêpes und Waffeln.

Cafe Capriccio, stilvolles Café in einem grauen Gebäude, gute Weine, beliebter Abendtreffpunkt im Sommer.

Nachtleben   Disco Phoenix Club, die führende Diskothek der Insel. Die Lage auf einer Anhöhe ganz in der Nähe des neuen Hafens von Gáios ist schlichtweg spektakulär. Im Sommer nicht zu früh kommen.

Disco Castello, 500 m außerhalb (bei der BP-Tankstelle) in Richtung Lákka. Tango im Olivenhain, Stimmung kommt allerdings nur in der Hochsaison auf, wenn die Disco voll wird.

Wanderung 11: Von Gáios zur Halbinsel Mongonísi   → S. 234
Einfache Tour an der Ostküste entlang, auf dem Weg hübsche Buchten, die bergige Halbinsel Mongonísi und der dazugehörige Sandstrand.

GPS-Wanderung 12: Zum Arch Tripitos   → S. 236
Durch Wald und Olivenhaine auf teils verwilderten Pfaden zum Felsbogen an der äußersten Westspitze. Das letzte Stück nur für Alpinerfahrene.

Inselinneres

Olivenhaine, so weit das Auge reicht, zumeist in Terrassen angelegt und mit Steinmauern befestigt. Zwischen den Dörfern **Magaziá** und **Fontána** steht der gewaltigste Ölbaum der Insel. Vier Menschen sind nötig, um ihn zu umfassen. Wahrlich eine Rarität, denn normalerweise erreicht der Stamm eines Ölbaums bei weitem nicht solch einen Umfang. Einheimische trifft man kaum und ebenso selten ist es, dass man eine der vielen kleinen Kapellen offen vorfindet. Wer sich zu einer Wanderung entschlossen hat, sollte die Wasserflasche nicht vergessen. Obwohl die höchste Erhebung nur 248 m über dem Meeresspiegel liegt, ist Paxós durchaus eine sehr hügelige Insel.

An der Küste von Paxós

Bogdanátika

Die Streusiedlung, umgeben von Tausenden von Olivenbäumen, liegt nur 1,5 km nordwestlich von Gáios. Zum Wandern lockt der 231 m hohe Megali Vigla – die höchste Erhebung auf Paxós. Wer sich in Bogdanátika einquartiert, sucht die Einsamkeit, denn selbst in der Hochsaison herrscht hier eine Friedhofsruhe.

Übernachten   *** Landhotel Adamantia, das stimmungsvolle Haus mit grüner Tür und grünen Fensterläden gehört zur Kategorie der traditionellen Hotels. Martha Tranakas hat die über 200 Jahre alten Gebäude liebevoll renoviert, ohne dabei ihren ursprünglichen Charme zu zerstören. Alle 9 Apartments sind mit Kühlschrank und Fernseher ausgestattet, 6 haben auch eine eigene Küche. Sie sind umgeben von Oliven- und Zitronenbäumen und liegen nur 10 m unterhalb der Verbindungsstraße von Gáios nach Lákka (nach Gáios sind es rund 2,5 km). Ein Schild weist auf die Herberge hin. Das Frühstück wird auf Bestellung direkt auf die eigene Terrasse vor das Schlafzimmer geliefert. Geöffnet Mai–Sept., oft schon ein Jahr im Voraus ausgebucht. So

viel Idylle hat ihren Preis. Ein Doppelzimmer mit Frühstück kostet in der HS 90 €. ℰ 26620/31121, www.adamantiahotel.gr.

Essen & Trinken Biros Taverne, inmitten von Olivenbäumen bezaubert die Taverne durch ihr idyllisches wie stilvolles Ambiente, hochpreisig. www.birostavern.gr.

Bohemissia Taverne, traditionelle, familiengeführte Taverne mit idyllischer Terrasse unter alten Olivenbäumen. Moderates Preisniveau.

Magaziá/Kastanída

Der Weiler **Magaziá** liegt inmitten von Olivenhainen auf halbem Weg zwischen Gáios und Lákka. Die Hauptstraße ist sozusagen die Lebensader des Bauerndörfchens. Magaziá ist ein guter Ausgangspunkt für eine Wanderung an die Westküste. Der Ort verfügt über eine Shell-Tankstelle und eine beliebte Taverne. Bei „Lilas" gibt es vor allem gute Fleischgerichte. Ein wenig Schatten bietet ein Olivenbaum. Am Ortsrand von Magaziá wurde vor Jahren eine alte Ölmühle zu einem *Museum* umfunktioniert. Das niedrige Steinhaus mit seinen kleinen Fenstern inmitten eines riesigen, terrassenförmigen Olivenhains erzählt die beschwerliche Arbeit rund um das „gelbe Gold". Zu sehen sind beispielsweise ein schwerer Mühlstein und Handwerkszeug. Natürlich kann auch Olivenöl gekauft werden. Das kleine Museum befindet sich an der Hauptstraße auf der linken Seite Richtung Lákka am Ortsausgang von Magaziá. Es ist nur sehr unregelmäßig geöffnet.

Von Magaziá lohnt sich insbesondere ein Ausflug nach **Kastanída** an der Westküste. Der kleine Weiler, den man auf einer schmalen Straße über Manesátika erreicht, lohnt sich wegen seiner spektakulären Sonnenuntergänge. In der Taverne „Sunset"

Paxós ist ein einziger Olivenhain

Ausflüge/Paxós → Umschlagkarte hinten

Spektakulär: Westküste von Paxós bei Boikátika

mit ihrem idyllischen Garten kann der Gast einkehren. Von der Taverne sind es nur wenige hundert Meter zur steilen Westküste. Von einer hölzernen Aussichtsplattform bietet sich ein atemberaubender Rundblick, nach Antipaxós, Korfu und – glaubt man den Einheimischen – an Tagen mit guter Sicht sogar bis Italien.

Die Mittelmeerzypresse auf Paxós

Inmitten der Berglandschaft rund um den 231 m hohen Inselberg Arvanitakeika fühlt sich die Mittelmeerzypresse wohl. Ein wahrhaft mediterraner Baum: Die Zypresse ist neben Pinie und Olivenbaum die auf Paxós am weitesten verbreitete Baumart. Sie ist leicht an ihrer schlanken, hohen Form zu erkennen. Viele Griechen verbinden mit der Zypresse vor allem den nächstgelegenen Friedhof. Denn viele Gottesäcker – wie beispielsweise auf Korfu – sind von diesem Baum umgeben.

Die Mittelmeerzypresse besitzt kugelförmige, rund 3 cm große Zapfen, die an kurzen Stielen hängen und aus acht bis 14 holzigen Schuppen bestehen. Heutzutage wird die Zypresse vor allem gegen Bodenerosion eingesetzt. Die Blätter und Zweige sind jedoch seit der Antike wegen ihrer Heilwirkung beliebt. Die aus ihnen gewonnenen ätherischen Öle lindern beispielsweise Erkrankungen der Atemwege. Sie werden auch für Parfüms und Raumsprays verwendet.

Boikátika

Von einem Dorf zu sprechen, ist eigentlich übertrieben. Boikátika ist eine weit verstreute Siedlung auf einem Bergrücken an der Westküste. Der Weiler ist leicht über eine Teerstraße zu erreichen, die von der Hauptstraße Gáios–Lákka in Magaziá (bei der Taverne „Lilas") abzweigt. Die meisten Besucher kommen erst am Abend, um einen der spektakulären Sonnenuntergänge zu beobachten. Der beste Platz dafür ist die abends mit Fackeln erleuchtete „Bar Ermitis", auf einem Hügel oberhalb der Kirche *Ágios Apostóli*. Von der Terrasse des 1932 erbauten Häuschens blickt man über einen Zypressenwald hinweg auf die senkrechten Wände der Westküste, die wie Zähne ins Ionische Meer beißen. Von ferne hört man die Schreie der Vögel. Die Steilwände sind eine willkommene Brutstätte. Die von Feigenbäumen und Wein umgebene Bar ist ein stimmungsvoller Ort für dieses Naturspektakel. Die Bar ist von Mittag bis Mitternacht geöffnet. Bei Vollmond gibt es All-Night-Partys (☎ 6977753499, www.erimitis.com). Ein Besuch in der benachbarten Kirche Ágios Apostóli samt Friedhof lohnt sich wegen der naiven Malereien im Inneren des Gotteshauses.

Fontána

Wer von Gáios die Ostroute (über den neuen Hafen) nach Lóggos nimmt, kommt durch den malerischen Weiler Fontána. Das Dörflein im Inselinneren besteht nur aus einer Handvoll Häuser. Zentrum wie noch vor 100 Jahren ist die *Kirche* mit ihrem markanten Campanile. Die meisten Besucher kommen wegen der populären Taverne „Fontána", die an der Straße nach Magaziá liegt.

Lóggos

Die kleinste und stillste der drei größeren Ortschaften an der Ostküste von Paxós ist von Gáios aus per Boot in rund 15 Minuten und per Moped in 20 Minuten zu erreichen. Knapp 40 Häuser drängen sich dicht um die fast kreisrunde Hafenbucht, die von vielen Tausend Olivenbäumen umgeben ist.

Lärm und Hektik sind verpönt. Man schlürft genüsslich seinen Greek Coffee, schmökert in der dicken Urlaubsschwarte oder beobachtet. Bewegung entsteht eigentlich nur, wenn der Inselbus sich durch die schmalen Gassen zwängt. Lóggos

Ausflüge/Paxós → Umschlagkarte hinten

Lóggos: Nicht nur ein Traumziel für Segler

hat sich seinen ursprünglichen Charme erhalten. Moderne Gebäude sucht man hier vergeblich. Kein überdimensionierter Hotelkasten verschandelt das malerische Ortsbild. Stattdessen wird auf den Erhalt der Bausubstanz viel Wert gelegt. Das schönste historische Haus steht am südlichen Dorfende, oberhalb der Straße nach Gáios.

Zum *Levréchio-Strand* spaziert man gemütlich in nur fünf Minuten, die Bucht befindet sich 200 m südlich des Ortszentrums. Den breiten Kiesstrand rahmen Felsen ein, die sich als Liegefläche eignen. Die Taverne „Bouloukos" verköstigt die Besucher, eine Imbissbude verkauft kleine Snacks.

Von Lóggos sind es 6 km nach Gáios und 8 km nach Lákka. Die Nachbarorte lassen sich nicht nur mit dem Inselbus, sondern auch per Wassertaxi erreichen. Am Ortsrand von Lóggos haben sich Gebäude einer früheren Seifen- und Olivenölfabrik erhalten. Einst waren die Ölbäume die wirtschaftliche Grundlage der Insel. Doch der Wettbewerb ist hart und viele Landwirte verdienen sich ihr Geld heute lieber und leichter mit dem Tourismus.

Verbindungen Auch von Lóggos starten Sea-Taxis zu abseits gelegenen Badebuchten sowie zu Rundfahrten um die Insel. Genauere Auskunft geben die Hinweistafeln. Ausflüge unternimmt das kleine Boot Lefcothea, z. B. für 24 € (Kinder bis 12 J. zahlen die Hälfte) einmal um die Insel herum und nach Antípaxos. Auskünfte über Ausflüge bei Paxos Thalassa Travel, ☎ 26620/31662, www.paxos-holidays.gr.

Übernachten In Lóggos gibt es mittlerweile einige Apartments zu mieten, eine Auswahl findet sich unter www.paxosgreece.com. Auch das Büro Paxos Thalassa Travel vor Ort hilft bei der Suche nach einer Unterkunft weiter.

Essen & Trinken Man hat die Qual der Wahl. In den letzten Jahren schossen zahlreiche Tavernen aus dem Boden. Wer nur schnell etwas essen möchte, dem sei die bereits 1900 gegründete **Dorfbäckerei** empfohlen. Hier gibt es so leckere Backwaren wie Spinattaschen, Weintrauben im Mandelteig oder Schinkentörtchen.

O Nassos, die klassische Taverne ist auch bei Einheimischen beliebt. Geschätzt werden vor allem die Fischgerichte. Mittleres Preisniveau.

Gios, beliebte Taverne am Hafen, die zum Mittag- und Abendessen einlädt.

Bar Taxidi, Steinhaus an der Hafenmole mit grünen Fensterrahmen, lockere Atmosphäre am Hafen, beliebt sind die frisch gepressten Orangensäfte.

Roxi-Bar, am Hafen, gute Cocktails. Hier werden auch Boote vermietet – von 15 bis 125 Pferdestärken.

》》Mein Tipp: Taverne Vassilis, das einstöckige, rotbraune Haus an der Hafenmole ist beinahe schon ein Klassiker. Vassilis zählt zweifellos zu den besten Köchen der Insel. Eine ständig wechselnde Tageskarte machen einen Besuch zum kulinarischen Erlebnis. Vassilis und sein Team lassen sich gerne in die Kochtöpfe gucken. Er erklärt bereitwillig seine Speisen, die im Stil der neuen griechischen Küche zubereitet werden. Viele Gäste lieben vor allem sein ungewöhnliches Moussaka mit Zucchini und Tomaten. Lecker sind auch Oktopusse in Rotwein-Sauce, Risotto mit Krustentieren oder die mit Spinat gefüllten Tomaten. Die Qualität hat allerdings auch ihren Preis. Man speist an Holztischen mit einer Marmorplatte und genießt den Blick auf die verfallene Olivenölfabrik. Da das Eckhaus direkt an der Straße zum Hafen liegt, kann es schon mal eng und manchmal auch laut werden. Es empfiehlt sich, für den Abend einen Tisch zu reservieren. **《《**

🚶 **Wanderung 13: Von Lóggos zum Kipádi-Strand**　　　→ S. 239
Geringe Höhenunterschiede machen die Tour durch Oliven- und Zypressenhaine zum idyllischen, wenig besuchten Kipádi-Beach angenehm. Nur der letzte Abstieg zur Bucht ist steil.

Im Hafen von Lákka

Lákka

Das „sportliche" Fischerdörfchen liegt in einer windgeschützten Bucht an der Nordspitze der Insel. Nur wenige Müßiggänger sitzen tagsüber in den Cafés. Die meisten Urlauber sind beim Surfen, Segeln, Tauchen oder entspannen an einem der umliegenden Strände. Abends dagegen wird klar, warum so viele Tische und Stühle vor den Tavernen und Cafés stehen.

Nach der Inselhauptstadt Gáios ist Lákka der wichtigste Ort auf der Insel. Vor allem britische Touristen schätzen den Ort, der in einer fast kreisförmigen Bucht liegt. Lákka ist sehr angenehm auch für längere Aufenthalte. Der kleine Ortskern wurde längst zur Fußgängerzone erklärt. Ganz in der Nähe sind zahlreiche Strände wie der *Arkoudáki-, Orkós-* oder *Lákos-Beach,* die relativ leicht zu erreichen sind. Am bequemsten geht es allerdings mit Boot. An Verleihern fehlt es nicht. Das Meer rund um Paxós gilt auch als Eldorado für Taucher. Weil keine Abwässer ins Meer geleitet werden, ist es weitgehend sauber und klar. Da es sich zudem um eine felsige Küste handelt, gibt es kaum natürliche Trübung. Taucher und Unterwasserfotografen treffen sich am Lákka-Riff, Steingartenplateau, Torbogen, U-Boot-Felsen oder in der Alexanderhöhle und beobachten Papageienfische, Muränen, Hornhechte und was es sonst noch unter dem Meeresspiegel zu sehen gibt.

Lákkas Tavernen sind bekannt für guten Fisch und Krustentiere. Echte Individualisten sucht man hier vergebens. Fast jede Aktivität wird von den örtlichen Reisebüros organisiert. Übrigens liegt die *Ipapanti-Höhle* nur wenige Kilometer von Lákka entfernt an der Westküste.

Verbindungen Die meisten Urlauber kommen mit dem **Bus** (alle 2 Std.) aus Gáios oder per **Kaiki** von Kávos an der Südspitze Korfus. Ausflüge organisiert z. B. seit vielen Jahren **Planos Holidays**, ☏ 26620/31744.

Ausflüge/Paxós → Umschlagkarte hinten

Olivenöl – das gelbe Gold von Paxós

Auf ganz Paxós gibt es gewaltige Olivenhaine. Die Arbeit um das gelbe Gold, das Olivenöl, ist beschwerlich. Der Anbau von Olivenbäumen erfordert Geduld und nochmals Geduld. Erst nach fünf bis zehn Jahren trägt der Baum erste Früchte. Doch wirklich lukrativ wird es erst nach rund zwei Jahrzehnten. Rund 20 kg kann dann ein Baum abwerfen. Die Investition in Olivenbäume lohnt sich für viele Generationen. Bei guter Pflege können sie mehrere Jahrhunderte alt werden. In Griechenland gibt es mehrere Dutzend Sorten, die auch unterschiedlich schmecken. Doch eines haben sie gemeinsam: Die Bäume vertragen nur wenige Frosttage pro Jahr. Sie mögen ein warmes und trockenes Klima – wie auf Paxós. Nur wenn diese Bedingungen erfüllt sind, zeigen sich in den Monaten Mai und Juni die gelb-weißen Blüten. Die Früchte reifen von September bis November. Der Winter ist Erntezeit. Dann sieht man im Spätherbst große Netze unter den Bäumen ausliegen. Der Wind bläst die vielen Oliven herunter. Der Rest wird mit Stangen und Kämmen geerntet. Kluge Bauern passen auf. Denn wird die Haut der Oliven bei der Ernte verletzt, sinkt die Qualität des Öls. In die Ölmühlen wandern die von Ästen und Blättern befreiten Oliven spätestens drei Tage nach der Ernte. Die Oliven werden gewaschen, gemahlen und gepresst. Die Kaltpressung liefert das beste Öl, das auch natives Olivenöl genannt wird.

Folgt man der griechischen Mythologie, war die Olive ein göttliches Geschenk. Pallas Athene höchstpersönlich war es nämlich, die den Griechen, in einem Wettstreit mit Poseidon um die später nach ihr benannte Landeshauptstadt, den Ölbaum schenkte.

An den hohen Stellenwert hat sich seit der Antike nichts geändert: Die Ernte ist ein gesellschaftliches Ereignis und das Pressen der Frucht archaisch. Im immer gleichen Rhythmus drehen sich die riesigen Steinräder der Mühlen und zermahlen die je nach Reifegrad noch grünen oder schon schwarz-violett schimmernden Oliven zu einem Brei. Der wird dann zwischen unzähligen Schichten geflochtener Matten gepresst. Das Öl, jetzt noch schmuddelig braun-grau, wird nun mit Wasser vermischt und gewaschen, bevor es langsam giftgrün aus der Zentrifuge herausläuft. Bei der ersten Pressung will jeder dabei sein: ein Stück frisches Weißbrot in der Hand, mit von der Erntearbeit noch verschwitztem Gesicht, gespannt auf die ersten Tropfen des „gelben Goldes".

Und wer sich einmal auf das Olivenöl eingelassen hat, wird den Enthusiasmus der Griechen verstehen: Olivenöl zum Fisch braten, für den Tomatensalat, als Brotaufstrich oder als Handcreme. Noch vor wenigen Jahrzehnten war Olivenöl, unterschiedlich temperiert und mit wechselnden Konzentrationen von Oregano versetzt, ein Allheilmittel.

Noch bis vor wenigen Jahren bestimmte die Arbeit mit der Olive auch den Rhythmus auf Paxós. Wenn die letzten Gäste im Herbst die Ionische Insel verlassen hatten, ging die große Schlacht um das gelbe Gold los. Alles, was Räder bzw. Beine hatte, wurde für die Olivenernte eingesetzt. Die gesamte Großfamilie trat zur gemeinsamen Ernte an, selbst der altersschwache Esel, der im Sommer in der macchiabewachsenen Wildnis hinter dem Haus stand, wurde mit Körben ausgerüstet und hatte nun seinen großen Einsatz. Zwischen November und Februar stand die Insel ganz im Zeichen der

Olivenernte. Selbst die orthodoxe Kirche erwies sich in der Erntezeit als unorthodox großzügig, wenn am Sonntag die Glocken schwiegen, weil auch der Pope ein paar üppige Bäume sein Eigen nannte. Schauen Sie in der Ölmühle von Lákka oder im Olivenölmuseum von Magaziá vorbei und entdecken Sie die Welt des gelben Goldes.

Dieses Stück Selbstverständnis und Tradition befindet sich jedoch auf dem Rückzug. Obwohl das Olivenöl aus Paxós einen besonders guten Ruf genießt, werden immer weniger Olivenhaine bewirtschaftet. Viele Bauern ernten nur noch für den Eigenbedarf, ihr wirtschaftliches Auskommen finden sie längst im Tourismus. Hinzu kommt, dass seit ca. fünf Jahren verstärkt Briten und Italiener Land auf Paxós erwerben, um (mehr oder weniger) luxuriöse Ferienhäuser zu bauen. Die Bautätigkeit auf Paxós ist trotz Krise ungebrochen und verändert den Charakter der Insel. Der Küstenabschnitt nördlich von Gáios ist bereits bis in die oberen Hanglagen baulich erschlossen. Viele Einheimische sehen die Entwicklungen skeptisch. Innerhalb kürzester Zeit sind von ehemals rund zwölf Olivenpressen auf Paxós noch fünf übrig geblieben. Auch die Olivenölfabrik in Lákka ist mittlerweile geschlossen. Die Arbeit mit der Natur ist vielen zu aufwendig geworden, so mancher Olivenhain beginnt zu verwildern. Selten geworden ist der frühere Stolz und das ‚gelbe Gold' der Insel. Wer Olivenöl aus Paxós kaufen möchte, muss schon danach suchen – fündig wird man z. B. im *The Green* (Gáios).

Prächtige Olivenbäume – das Wahrzeichen von Paxós

Baden/Wassersport In der Bucht von Lákka gibt es zwei Strände. Am beliebtesten ist der **Haramí-Beach** auf der Westseite. Er ist in 5 Min. vom Ortszentrum zu erreichen. Hier gibt es auch viele Sportmöglichkeiten von Surfen bis Wasserski. Außerdem serviert die **Harami Beach Bar** ihren Gästen die Drinks an ihre Liegestühle. Es gibt auch einen Massage-Service.

Eine Alternative zu Haramí-Beach ist ein 40 m breiter Kieselstrand auf der nordöstlichen Seite der Bucht.

Wer es einsamer liebt, sollte zum **Pláni-Beach** an der nordwestlichen Spitze von Paxós aufbrechen. Für die genaue Wegbeschreibung → Wanderung 14 zum Leuchtturm und Badestrand Pláni.

Wasserski bietet während der Saison beispielsweise Jerry am Dorfstrand Haramí an, ☎ 6977000348, oder Bonzai am Monodéndri-Strand, einer Badebucht zwischen Lákka und Lóggos.

Tauchkurse werden von Oasi-Sub-Diving angeboten. Nähere Infos unter ☎ 26623/00395 oder ☎ 6945784034, www.paxos oasisub.com.

Einkaufen Taste and Flavour of Olive, kleiner, schmucker Laden in einer Seitengasse mit einer großen Auswahl ihrer Bio-Produkte. Die Oliven stammen vom familieneigenen Hof in Nímfes, im Norden von Korfu. Neben hochwertigem Olivenöl, selbstgemachten Cremes und Lotions gibt es auch leckere Süßigkeiten, Honig und Marmeladen. Die Familie vermietet auch Apartments im Zentrum von Lákka. ☎ 26620/33031 oder 6972841887, www.nymfes farm.com. ■

George Apergis, handgemachter Schmuck in einer Seitengasse. www.georgeapergis. com.

Paxos Lacca Art, direkt am Hafen, schöner Laden mit Glaskunst, handgemachten Lampen, Geschirr aus Messing und Keramik.

Übernachten Routsis Holidays, gute Auskünfte erhält man hier im kleinen Büro im Ortsinneren von Lákka. Irene spricht Englisch und ist äußerst hilfsbereit. Sie hat auch sonst den einen oder anderen Tipp parat, schließlich lebt sie seit Jahren auf Paxós. ☎ 26620/31807, www.routsis-holidays.com.

Strand auf Paxós zwischen Lákka und Lóggos

Planos Holidays, die britische Agentur vermietet eine Vielzahl von Häusern in Lákka. www.planos.co.uk.

Pension Ilios, der Zweckbau mit 15 Zimmern liegt nur wenige Meter vom Hafen entfernt. Alle Zimmer verfügen über einen Balkon. In der Nebensaison nur wenig besucht. Die Zimmer bei Adonis Argyros kosten 20–55 €. ✆ 6976609800.

*** Bastas, am südlichen Ortsrand gelegen, 50 Zimmer. Buchbar nur über Olympic Holidays, www.olympicholidays.com.

*** Amfitriti, traumhaft direkt über dem Haramí-Strand gelegen, Pool mit Poolbar. Studios für 2–3 Pers. Das Hotel ist unabhängig von Agenturen. DZ in der HS 85–105 €. ✆ 26620/30011, www.amfitritihotel.gr.

Apartments in der 10 Min. von Lákka entfernt gelegenen **Villa Kalithea** vermietet Bouas Tours (→ Gáios). Von der Veranda und den Balkonen bietet sich ein traumhafter Blick über Olivenhaine und den Ort bis zum Meer. Die gemütlichen Zweier-Apartments mit kleiner Küche und Wohnzimmer sollten frühzeitig reserviert werden.

Essen/Nachtleben   La Rosa di Paxos, die einstöckige Villa ist ein romantischer Ort für ein Abendessen. Sie liegt in einer ruhigen Ecke des Hafens. Auf den Tisch kommen griechische und italienische Spezialitäten. Leckeres Risotto.

La Bocca, italienisches Restaurant abseits des Rummels: Die herrliche Terrasse liegt am östlichen Ende der Bucht, an der Hafenmole. Toller Blick auf den Ort und die ganze Bucht. Gehobenes Preisniveau. Mittags und abends geöffnet. ✆ 26620/31991.

Stasinos, die romantische Taverne liegt in einer kleinen Gasse, nur 100 m vom Hafen. Hier gibt es die korfiotische Fischspezialität Bourdetto. Nette Musik. ✆ 26620/31924.

Bar Arriva, Bar neben „Rosa", beliebter Treffpunkt zum Frühstücken.

Bar Akis, das Terrassencafé im Hafen ist fester Anlaufpunkt der Segel-Gemeinde.

Fischerboot im Hafen von Lákka

Bar Romantica, urige Bar an der Hafenmole. Unter den Arkaden kann man den Tag bei einem guten Cocktail ausklingen lassen, beliebt bei Seglern.

 Wanderung 14:
Von Lákka zum Leuchtturm und zum Pláni-Strand   → S. 240
Auf und ab an der felsigen Küste auf Asphalt- und Schotterwegen, tolle Ausblicke auf die Bucht von Lákka inklusive.

Türkisfarbene Badebuchten auf Antípaxos locken Ausflugsboote an

Antípaxos

Eine Trauminsel. Die kiesigen, bisweilen sandigen Strände von Vríka und Voutoúmi auf der nur 3 qkm „großen" Insel sind schlichtweg zauberhaft. Das türkisfarbene Wasser schimmert fast schon kitschig. Antípaxos ist eine Art vorgelagerter Badestrand von Paxós.

Von Gáios, Lákka und Lóggos startet täglich eine kleine Armada Sea-Taxis zu weitgehend menschenleeren Stränden. Die meisten Strände liegen an der geschützten Ostküste. Am meisten besucht ist der *Vríka-Strand* im Nordosten des Eilands. Beliebt ist auch der größere *Voutoúmi-Beach*, wenige 100 m weiter südlich.

Trotz der vielen Badebesucher im Sommer ist Antípaxos ursprünglich geblieben. Abgesehen von einer Handvoll Strandtavernen ist alles so geblieben wie vor Jahrzehnten. Heute leben noch rund 150 Menschen dauerhaft auf Antípaxos. Neben dem Geschäft mit den Touristen sichert hauptsächlich die Landwirtschaft den Lebensunterhalt der wenigen Inselbewohner. Besonders stolz sind sie auf ihre auffallend gepflegten Weingärten. Wer sich bei einem Spaziergang zum *Leuchtturm* an der Südspitze der Insel „durstig gewandert" hat, sollte sich in einer der Inseltavernen mit dem hiesigen fruchtigen, aber schweren und alkoholreichen Wein erfrischen. Im Herbst ist die Insel auch ein beliebtes Jagdrevier der Paxioten.

Wer das Landesinnere kennenlernen möchte, sollte dies am Vormittag tun. Dann herrscht im Hochsommer wegen der ankommenden Boote an den Stränden Hochbetrieb. Erst am Nachmittag kehrt Ruhe ein. Übrigens, das Eiland lässt sich bequem in anderthalb Stunden durchqueren.

Die Insel in der Form eines Beils ist durchaus bergig. Von Nordosten nach Nordwesten durchzieht ein 116 m hoher Bergrücken die Insel. Auf dem Plateau liegt auch der einzige noch bewohnte Weiler der Insel, Vigla. Hotels gibt es keine auf Antípaxos.

Die Preise in den wenigen Lokalen sind höher als auf Paxós. Übrigens haben die vier Tavernen abends in der Regel zu, da kaum einer der Reisenden auf Antípaxos übernachtet.

Die Insel erreicht man von Gáios auf Paxós in kaum einer halben Stunde. Nur ein schmaler Kanal trennt die beiden Schwesterinseln. Antípaxos ist unter Seglern ein bevorzugtes Ziel. In den Buchten liegen deshalb ein Dutzend Jachten vor Anker. Übrigens hat Antípaxos einen natürlichen, aber sehr versteckt liegenden Hafen. Die wenigen Fischerboote liegen in der *Agrapidiá-Bucht*, ungefähr in der Mitte der Ostküste. Von dort führt eine Betonpiste hinauf zum Inseldorf Vigla.

Strände

Vríka-Strand/Mesóvrika-Strand: Wer mit dem Kaiki von Paxós übersetzt, landet erst einmal am Vríka-Beach. Es ist der beliebteste Strand der Insel. Die beiden Inseltavernen, „Spiro's Taverna" und „Taverna Vrika", versorgen die vielen Besucher mit Nahrhaftem. Über einen Pfad kann der Gast den ursprünglichen, kiesigen Mesóvrika-Beach erreichen. Er liegt zwischen Vríka und Voutoúmi. Für die Kurzwanderung sollte man mit rund einer halben Stunde Gehzeit rechnen.

Voutoúmi-Strand: Etwas ruhiger geht es am Voutoúmi-Strand zu. Er ist mit dem Vríka-Strand über einen Weg verbunden. Wer jedoch den Strand wechselt, sollte vorher seinem Boot Bescheid geben, um Missverständnisse zu vermeiden. Der breite Strand besteht aus Sand und teilweise auch aus groben Kieseln. Viele Einheimische kommen zum Baden, Schnorcheln und Essen am Wochenende nach Voutoúmi. Wegen der geringen Wassertiefe ist der Strand auch für Kinder gut geeignet, selbst 20 m vom Ufer kann man noch stehen.

Nur 50 m vom Strand entfernt gibt es die sehr gute Taverne „Voutoúmi". Die Speisekarte ist klein, dafür wird frisch und schmackhaft gekocht. Die Preise sind fair. Auf der großen Terrasse aus Natursteinen – Schatten spenden Strohmatten –

Siesta am Strand von Antípaxos

lässt sich die Mittagshitze gut überstehen. Abendarrangements für Gäste, die mit eigenem Boot kommen. Um zur zweiten Taverne am Voutoúmi-Strand zu gelangen, zum Haus „Bella Vista", müssen die Strandbesucher erst den Felsen an der Küste hinaufklettern.

Radováni-Strand: Der abgelegenste Strand auf Antípaxos. Er liegt im Nordwesten der Insel, umgeben von senkrechten Felswänden. Der Strand mit drei vorgelagerten Inselchen ist nur per Boot erreichbar. Es gibt keinen Pfad, der nach Radováni führt. Die bequemste und sicherste Möglichkeit, den Beach zu genießen, ist ein Sea-Taxi in Anspruch zu nehmen. Nur wenige Besucher kommen nach Radováni.

Verbindungen   Die Überfahrt von Paxós zu den Sand- und Kiesstränden von Voutoúmi, Vríka oder Mesóvrika an der Ostküste kostet ca. 10 €. „Insider" lassen sich von dort mit den Sea-Taxis zu abseits gelegenen Badebuchten bringen wie Radováni Beach an der Westküste. Die letzten Boote fahren um 17 Uhr ab.

Übernachten   Offizielle Unterkünfte gibt es bislang noch nicht auf Antípaxos. Wer länger bleiben will, ist auf die wenigen **Privatquartiere** angewiesen, wie z. B. das Grape House, ℡ 26620/3417, www.paxosnet.gr. Campen ist hier nicht erlaubt.

 Wanderung 15:
Vom Voutoúmi-Strand zum Inselberg und zum Dorf Vigla   → S. 242
Vom Voutoúmi-Strand steigt man in Serpentinen durch abwechslungsreiche Landschaft ins Hinterland, traumhafte Blicke auf Paxos.

Der Felsbogen Arch Tripitos an der Westküste von Paxós

Kleiner Wanderführer

Kleiner Wanderführer

Korfu und Paxós sind aufgrund ihres Klimas und ihrer üppigen Vegetation ideale Wanderinseln – mit Ausnahme des Hochsommers. Allerdings sind die Inseln teilweise bergig, die Pfade oft schwer zu finden, steinig und längst nicht überall schattig.

Korfu: Auf Korfu gib es seit wenigen Jahren den sog. **Corfu Trail**, eine Wanderroute, die in rund 200 km vom nördlichsten zum südlichsten Punkt der Insel führt. Der Trail verläuft über Ziegenpfade, Schotterpisten und Küstenstraßen und ist mit gelben Zeichen aus Aluminium markiert (allerdings nicht immer zuverlässig, denn der Wegverlauf wurde teilweise verändert, alte Markierungen nicht entfernt). Die Britin Hilary Whitton Paipeti, die den einmaligen Wanderweg 2002 initiiert hat, beschreibt in ihrem Büchlein „Companion Guide to the Corfu Trail" ausführlich die Route. Erhältlich ist es für 10 € in korfiotischen Buchhandlungen, man kann es sich für denselben Preis aber auch im Internet unter www.corfutrailguide.com. herunterladen. Einige der im Folgenden beschriebenen Wanderungen verlaufen auf Teilstrecken des Corfu Trails, sind ansonsten aber unabhängig von ihm konzipiert (teilweise auch GPS-gestützt).

Wandern im Schatten der Olivenhaine

Topografische Wanderkarten stehen für Korfu z. B. von Anavasi zur Verfügung (Maßstab 56:000), ein GPS bietet besonders in den undurchsichtigen Olivenhainen gute Orientierung. Ansonsten stellen der Rother Wanderführer Korfu von Christian Geith (3. Auflage 2016) und der Wanderführer von Dieter Döring (Books on Demand, 2014) eine gute Ergänzung zu diesem Reiseführer dar. Geführte Wanderungen bietet u. a. Jannis Pappas, der mit seiner deutschen Frau seit vielen Jahren auf Korfu lebt (www.servos-korfu.de).

Paxós: Paxós ist besonders im Frühjahr und Herbst ein ideales Wandergebiet. Wer die Insel auf Schusters Rappen erkunden will, sollte neben Kondition und Ausdauer auch ein wenig Abenteuerlust mitbringen. Wanderwege nach unseren Vorstellungen gibt es so gut wie keine, dafür aber unzählige Pfade, die fast alle irgendwo enden. Es bedarf einer gewissen Übung und eines guten Orientierungssinns, will man von einem Punkt zum anderen kommen. Sporadische Farbkleckse und lose Steinpyramiden sind die einzigen Markierungen.

Kap
Drástis
**Canal
d'Amour**
Perouládes
Sidári
Ágios
Stéfanos
Avilíctes
Karousádes
Magouládes
Arílas
Afiónas
Ágios
Geórgios
W 5
Ág.-Geórgios-
Bucht
Arkadádes
Makrádes
Lakones
Angelokastro
**Kloster
Paleokastrítsa**
Paleokast.tsa
Liapádes
Kanakádes
Giannádes
Ropa
Valley
Ermones
Vátos
Kloster Myrtiótissa
Myrtiótissa Beach
Glifáda
Glifáda Beach
(Golden Beach)
Pélekas
Varipatádes
Ágios Górdis-Beach
Sinarádes
Ágios Górdis
Pendáti
Áno
Pavlianá
Paramónas
**Ágios
Matthéos**
W 8
Gardíki
Korission-
Lagune
W 9
Ágios
Geórgios

Kap
Ekaterínis
Antinioti-Lagune
Ágios Spirídon
Acharávi
Róda
Kap
Kassiópi
W 3
Paléo
Perithia
Nímfes
Episkepsi
W 4
Petália
Mt. Pantokrátor
Sokraki
W 1
Sgourádes
Strinílas
911
**Kloster
Pantokrátor**
W 2
Spartilas
Nissáki
Áno
Korakiána
Pirgí
Ipsós
Dassiá
Skriperó
Kap
Koméno
Gouviá
Kontokáli
Vido
Pótamos
Aqua-
land
Alepoú
**Korfu-Stadt
(Kérkira)**
Kastaniá
**Kaiser's
Throne**
Bastoúni
Schloss Mon Repos
Kanóni-Beach
Kanóni
Klosterinsel Vlacherná
Virós
Péragia
Kinoplástes
Gastoúri
Káto
Garoúna
Káto
Pavlianá
Achilleion
Benítses
Strogilí
Moraítika
Messongí
Chlomós
Boukári
Kouspádes
Petrití
Argirádes
Marathiás
Perivóli
Lefkími
Vitaládes
Kap
Lefkími
Dragotiná
Kávos
W 10
**Kloster
Panagía Arkoudíla**
Kap
Asprokávos

Ágios
Thomas
Lákka
W 14
Lóggos
W 13
Kipádi-Beach
Ipapanti-
Seehöhle
Paxós
Panagía
W 11
Ágios Nikólaos
**Petriti-
Höhle**
Gáios
W 12
Arch Tripitos

Vríka-Beach
Voutoúmi-
Beach
Vígla
W 15
Antípaxos

Bleasdale hat eine ausgezeichnete **Wanderkarte** „Walking Map of Paxós" vorgelegt, die einige der nur schwer zu findenden Routen beschreibt. Die in Form eines Ringheftes erhältliche Wanderkarte wird auf Paxós in Kiosken verkauft. Außerdem gibt es für Paxós eine detaillierte Wanderkarte mit Routenvorschlägen des Verlagshauses Anavasi (Maßstab 1:20.000). Auf der Website des Verlags (www.anavasi.gr) ist auch eine digitale Kartenversion erhältlich.

Wanderung 1: Sokráki

Charakteristik: Die Wanderung führt durch landwirtschaftlich genutztes Gebiet und über die ein oder andere Steinmauer oder Ackerterrasse, ein Stock kann dabei durchaus hilfreich sein. Für die Wanderung empfiehlt sich der frühe Vormittag oder der späte Nachmittag, wenn es etwas kühler ist, denn auf dem Rückweg führt unser Weg ein gutes Stück weit ohne Schatten bergauf. Es laden immer wieder schöne Ausblicke zum Verweilen ein. Besonders im Frühjahr ist die Strecke zu empfehlen: Die artenreiche Blumenpracht am Wegesrand lockt viele bunte Schmetterlinge an und ist eine echte Augenweide. Zu empfehlen für die Tour: festes Schuhwerk, Sonnenschutz und lange Hosen (teilweise überwucherte Pfade). **Länge/Dauer:** rund 6 km, ca. 2 Std. **Einkehrmöglichkeiten:** Trinkwasser und Verpflegung sollten mitgenommen werden, entlang der Wanderung gibt es keine Einkehrmöglichkeiten. **Ausgangspunkt/Anfahrt:** Diese Rundwanderung ist ideal für Urlauber mit fahrbarem Untersatz. Im kleinen Bergdorf Sokráki kann man gut am Straßenrand parken (Ortsausgang Richtung Zigos).

Route: Unsere Wanderung beginnt am Ortsende von Sokráki, an der Straße Richtung Zigos. Kurz nach dem Ortsausgangsschild (gegenüber eines weißen Heiligenschreins am Straßenrand) führt rechts ein anfangs betonierter Weg leicht den Berg hinauf. Auf ihm wandern wir durch die immergrünen Hügel leicht bergan – das Hundegebell und Hühnergeschrei klingt noch aus dem Dorf zu uns herüber, ansonsten herrscht hier absolute Ruhe. Nach ca. 10 Min. teilt sich der Weg. Wir gehen geradeaus weiter.

Bald schon verengt sich unser Weg zu einem Pfad und führt durch saftige Macchia leicht bergab. Es bietet sich ein schöner Blick über das Tal hinweg auf das Bergdorf Sgourádes, das sich an den Hang des Pantokrátors schmiegt. Wenig später gelangen wir zu einer kleinen Lichtung und verlassen sie nach rechts. Entlang alter Steinmauern geht es auf dem steinigen Pfad weiter ins Tal hinab. An einem mächtigen Baum auf der linken Seite sehen wir das gelbe Schild des Corfu Trails, der ebenfalls hierher führt. Kurz darauf erreichen wir die

Wanderung 1: Sokráki

Talsohle und folgen dem Hauptpfad durch die im Frühjahr saftige, von bunten Blumen bestandene Wiese (zu unserer Linken befindet sich ein Zypressenhain). Nach etwa 10 Min. gehen wir zwischen einer alten Steinzisterne und einer Steinruine hindurch. Dann geht es weiter durch den schattigen Wald. Unterwegs müssen wir mehrere Terrassenmauern queren (nur bergab). Hier ist Achtung geboten, denn manche von ihnen sind bis zu 1,5 m hoch – ein wenig Kletterei ist hier schon erforderlich, aber durchaus zu meistern.

Etwa 15 Min. später hört die Macchia um uns herum auf: Wir wandern über offene Terrassen mit Oliven- und Feigenbäumen weiter und stoßen kurz darauf auf eine Weinterrasse, umgeben von einer Betonmauer. Unser Weg biegt vor dieser Terrasse nach rechts und führt zu einer geschotterten Landstraße hinauf. Dieser folgen wir nach rechts bergauf. 5 Min. später verzweigt sich der Weg – wir halten uns rechts und ignorieren fortan alle hinzustoßenden Wege. Während wir aufsteigen, bieten sich immer wieder herrliche Ausblicke nach Süden und Osten, auf Korfu-Stadt, die Insel Vido oder Albanien. Nach etwa einer halben Stunde erreichen wir nach einem Rechtsknick eine Wiese links von uns, die wir überqueren. Direkt dahinter stoßen wir auf unseren Hinweg. Wir biegen nach links und sind binnen 10 Minuten wieder in Sokráki.

Wanderung 2:
Entlang der Küste von Nissáki nach Kouloúra

Charakteristik: Die Wanderung führt entlang der Küste von Bucht zu Bucht und kann immer wieder gut für eine Badepause unterbrochen werden. Große Teile des Weges sind auch im Sommer schattig, die Strecke ist den ganzen Tag über gut zu bewältigen. **Länge/Dauer:** Als reine Gehzeit für die rund 5,5 km sollte man mit 1:30 Std. rechnen. Es empfiehlt sich aber, wesentlich mehr Zeit einzuplanen,

damit man an den schönen Stränden unterwegs Rast einlegen kann. **Einkehrmöglichkeiten:** Zahlreiche Tavernen in den einzelnen Orten laden zur Einkehr ein – ausreichend Trinkwasser sollte man dennoch mitnehmen. **Ausgangspunkt/Anfahrt:** Startpunkt der Wanderung ist die Bushaltestelle Kamináki (grüner Bus Richtung Kassiópi) etwas östlich von Nissáki. Hier kann man auch am Straßenrand parken und später mit dem Bus zurückfahren.

**Wanderung 2:
Von Nissáki nach Kouloúra**

Route: Direkt von der Bushaltestelle Kamináki führt ein steiles Sträßchen zum **Kamináki-Beach** hinab. Die traumhafte Kieselbucht mit ihrem glasklaren, türkisfarbenen Wasser besitzt zwei schöne Tavernen direkt am Strand. Am linken Ende der Bucht gelangen wir über ein paar Stufen auf einen von Ölbäumen beschatteten Pfad (er ist Teil des Corfu Trails). Er führt uns binnen 5 Min. an den **Strand von Nissáki**.

Beim Nissáki-Beach-Hotel müssen wir kurz das Hotelgelände durchqueren, um wieder auf unseren Uferpfad zur nächsten Bucht zu gelangen: Am Swimmingpool vorbei halten wir uns oberhalb des Volleyballplatzes, dann geht es weiter an der Küste entlang. Ein paar Minuten später kommt eine traumhafte Bucht (allerdings ohne Strand) in Sicht. Über ihr liegt trutzig die kleine **Kapelle Agios Arsenious**. Über einen Pfad, der wenig später rechts abzweigt, kann man ihr einen Besuch abstatten. Ein wunderschöner Platz für ein Picknick, zum Baden ist er jedoch wegen der vielen scharfkantigen Felsen nicht geeignet.

Kleiner Wanderführer

Unser Weg führt weiter auf dem Hauptpfad: Nach einigen Steinstufen geht man quasi auf einer Terrassenmauer entlang und gelangt wenig später auf einen breiteren Weg, von welchem auf der linken Seite Stufen ein Stück bergauf führen. Oben geht es ein kurzes Stück ebenerdig weiter, bevor es über Stufen wieder bergab geht. Wir folgen dem Pfad an einem verlassenen Rohbau vorbei. Einige Minuten später gelangen wir bei der Taverne „Nikolas" an den **Agní Beach**. Am anderen Ende der Bucht führt unser Pfad weiter. Wir biegen jedoch schon kurz darauf auf einen Pfad nach rechts, der über Felsplatten zu einer unverbauten Nebenbucht führt. Direkt am Anfang dieses herrlichen Strandes steht ein kleiner Betonschuppen. Rechts von ihm gehen wir ein paar Meter landeinwärts und biegen dann nach rechts auf einen Pfad, der zwischen Feldern hindurch auf eine betonierte Straße führt. Auf ihr wandern wir bergauf und halten uns an einer Verzweigung rechts. Kurz darauf erreichen wir bei der Taverne „The White House" den **Strand von Kalámi**. An seinem anderen Ende führt ein Pfad zur Straße hinauf. Auf ihr gelangt man in wenigen Minuten zur **Bucht von Kouloúra** mit ihrem malerischen Hafen. Kurz vorher teilt sich die Straße jedoch und führt links zur Hauptstraße hinauf – dort befindet sich eine Bushaltestelle.

Wanderung 3: Kassiópi

Charakteristik: Unser Weg führt uns hinauf zum winzigen Weiler Budholakos, der genau genommen nicht mehr ist als zwei einsame Bauernhäuser. Der Anstieg

dorthin beträgt gut 350 Höhenmeter, der Pfad führt in Serpentinen bergauf. Tagsüber staut sich die Hitze in dem Tal, deshalb eignet sich für die Tour am besten der frühe Morgen oder Abend, wenn es etwas kühler geworden ist. Achtung: Hier gibt es viele Schlangen, die schon mal den Weg kreuzen! Zu empfehlen sind knöchelhohe Wanderschuhe sowie eine lange Hose, denn der Pfad führt stellenweise durch Gestrüpp. **Dauer:** ca. 2 Std. **Einkehrmöglichkeiten:** Die Wanderung bietet keine Einkehrmöglichkeiten, deshalb an genügend Trinkwasser denken! Am Umkehrpunkt der Wanderung finden sich auch schöne Fleckchen, die zu einem Picknick einladen. **Ausgangspunkt/Anfahrt:** Mit dem Auto nach Imerólia (am Straßenrand parken) oder mit dem grünen Bus nach Kassiópi. Von dort aus bis zum Start der Wanderung sind es nur ein paar Minuten zu Fuß (leider an der Straße entlang bis in das nächste Örtchen).

Route: Wir starten unsere Wanderung an dem kleinen Bushaltehäuschen am Ortseingang von Imerólia. Neben der Haltestelle führt ein Weg ins Tal hinter dem Dorf, vorbei an einem alten Hühnerstall. Wenige Meter weiter gelangen wir zu einem ausgetrockneten, kaum mehr erkennbaren Bachbett, dahinter führt eine Auffahrt zu einer Handvoll Neubauten. Wir biegen vor (!) dem trockenen Bachbett links auf einen Trampelpfad ab.

Der Pfad führt uns eine Weile am Bachbett entlang durch die Talsohle, in der vor allem im Frühjahr Blumen in allen Farben blühen. Ein paar Minuten später überquert der Weg das Bachbett (wir sehen einen weiteren Hühnerstall) und steigt daraufhin leicht links am Hang entlang an. Dann wird der Bewuchs dichter: Im Schatten alter Bäume überqueren wir ein weiteres Mal das Bachbett und wenden uns auf der folgenden kleinen Lichtung nach rechts. Der steinige Pfad führt an einem terrassierten Olivenhain vorbei bergauf. Der Anstieg ist anstrengend.

Wir kommen durch ein kleines Wäldchen, der Pfad windet sich in Serpentinen den Berg hinauf. Eine Weile später wird er flacher; wir gehen an einer niedrigen Steinmauer zu unserer Linken vorbei. Der Pfad verzweigt sich hier oben ab und an, führt jedoch im Groben in dieselbe Richtung, nämlich die Talsohle entlang. Etwa 5 Min. nach der Steinmauer (ein Pfad biegt nach rechts zu einem Olivenhain mit Steinbrunnen) wandern wir links schräg den Hügel empor: Es gibt hier keinen eindeutigen Weg mehr, die vielen Viehpfade verlaufen hier kreuz und quer. Wir lassen uns davon aber nicht beirren und stoßen 1 Min. später auf einen ummauerten Olivenhain. Entlang der Mauer geht es rechts weiter leicht bergan, bis wir am Ende der Mauer hinter ein paar großen Steinen auf einen breiten Feldweg stoßen. Links sehen wir bereits die zwei Bauernhäuser von **Budholakos**, in denen Einheimische Tiere halten und ein wenig Landwirtschaft betreiben. Der Blick zurück über das Tal hinweg bis nach Albanien ist großartig.

Nach einer Rast wandern wir auf demselben Weg zurück. Alternativ kann man zum Abstieg dem Feldweg folgen, der an den beiden Häusern beginnt. Er endet an der Straße, der man dann bis zum Ausgangspunkt der Wanderung folgen muss. Vorteil: Die Variante ist bequemer zu gehen als der steinige Aufstieg (Lesertipp von Ariane und Klaus Gase aus Jena).

Natur pur – und ein Blick auf die albanische Küste

Kleiner Wanderführer

Wanderung 4:
Rundwanderung zum Kloster von Nímfes

Charakteristik: Die Strecke führt uns zu dem verwunschenen Kloster Pantokrátor von Nímfes und durch ein herrliches Tal. Ein großer Teil des Weges liegt im Schatten, die Wanderung ist zu jeder Tageszeit möglich. Feste Schuhe sind ausreichend für die leichte Wanderung. Unterwegs müssen wir allerdings einen Fluss (ohne Brücke!) durchqueren. Wer in ihm seine Füße kühlen möchte, sollte an ein kleines Handtuch denken. Im Frühjahr und Herbst, wenn es häufiger regnet, kann das Wasser über kniehoch sein. Für Abenteuerlustige ist die Strecke jedoch jederzeit ein Vergnügen. **Länge/Dauer:** rund 5,5 km, ca. 2 Std. **Einkehrmöglichkeiten:** Unterwegs gibt es keine Einkehrmöglichkeit, das Mitnehmen von Proviant und Trinkwasser ist daher ratsam (am Dorfplatz in Nímfes gibt es einen Trinkwasserbrunnen!). **Ausgangspunkt/Anfahrt:** Am besten per Auto oder Moped, am Brunnen kann man am Straßenrand parken. Wer auf den Bus angewiesen ist, muss den grünen Bus Richtung Roda nehmen und an der Abzweigung nach Nímfes aussteigen (von der Hauptstraße bis Nímfes ist es gut eine halbe Stunde zu Fuß).

Route: Unsere Wanderung beginnt am Dorfplatz in **Nímfes**, an dessen linker Seite ein Sträßchen bergauf zum Kloster Pantokrátor von Nímfes führt. Wir gehen zunächst an der örtlichen Genossenschaft zur Olivenpressung direkt hinter dem Dorfplatz vorbei. Wenn die Bauern ihre Ernte in Säcken anliefern, ist das Tor geöffnet – ein Blick in das rote Gebäude lohnt sich.

Nach einem kurzen Anstieg biegen wir in einer Kurve rechts auf einen betonierten Weg ab, auf dem wir sanft bergab durch einen Olivenhain wandern. Wir gelangen zu einer kleinen **Kapelle mit Friedhof,** vor der wir rechts abbiegen. Der Hauptweg führt uns im Bogen zum verlassenen **Kloster Pantokrátor von Nímfes** hinab, das verwunschen in einem Zypressenwald liegt. Der Innenhof mit Sitzgelegenheiten eignet sich auch gut für ein Picknick. Auf keinen Fall sollte man sich einen Blick in das Nebengebäude entgehen lassen: Hier ist noch eine riesige, alte Olivenölpresse mit ihren schweren steinernen Mahlsteinen zu bestaunen. Für einen unerwarteten Anblick sorgt das kleine WC (mit Wasserspülung!) direkt hinter dem Gebäude.

Wanderung 4: Zum Kloster von Nímfes

Um unseren Weg fortzusetzen, gehen wir die Stufen hinunter und folgen dem Pfad unter einem umgestürzten Baumstamm hindurch zu einer **Quelle.** Rechts im Gestein am Hang befindet sich eine kleine **Höhlenkapelle.** Der Pfad führt uns durch den Zypressenwald im leichten Zickzack hinab ins Tal. Ab und an sehen wir rote oder blaue Punkte auf Steinen als Wegmarkierung. Unten überqueren wir einen breiteren Weg. Achtung: Unser Pfad führt gegenüber, rechts von einem mit Efeu umwucherten Baum weiter und ist schwer zu erkennen. Wir erreichen einen Bach, den wir überqueren müssen. Da es keine Brücke gibt, heißt es: entweder geschickt klettern oder gleich Schuhe aus! Das Ufer ist zuweilen dicht zugewachsen. Klettern ist vor allem dann eine Herausforderung, wenn der Bach nach Regenfällen auf Kniehöhe anschwillt. Doch auch dann ist er kein überwindbares Hindernis. Auf der anderen Seite steigen wir die Böschung hinauf und gelangen auf eine Kumquat-Plantage.

Unser weiterer Weg verläuft quer zu uns, oberhalb der steilen Böschung. Wir können die Böschung direkt auf einem Pfad erklimmen und landen unmittelbar auf einem Feldweg. Wer jedoch genug vom Klettern hat, kann ein Stück weit die Plantage nach links entlanggehen, bis ein Pfad schräg an der Böschung hinaufführt und zwischen zwei Steinen hindurch auf denselben Feldweg mündet. Auf ihm wandern wir nach rechts weiter durch das herrliche, saftige Tal. Nach ca. 15 Min. teilt sich der Weg, wir halten uns rechts. Bald stoßen zwei Wege von links hinzu, wir biegen wiederum nach rechts ab und überqueren auf einer Betonbrücke den Fluss. Dieser Hauptweg führt uns nun bergauf bis zu einer kleinen Straße, auf der wir nach rechts binnen 5 Min. wieder zum Dorfplatz in **Nímfes** zurückwandern.

GPS-Wanderung 5:
Von Ágios Geórgios nach Makrádes

Charakteristik: Die Rundwanderung verläuft zunächst durch Olivenhaine entlang der Bucht von Ágios Geórgios. Der spektakulärste Teil der Strecke führt über einen alten Eselspfad direkt an den weißen Felsen von Makrádes entlang. Vom Felsentor aus bietet sich ein traumhafter Ausblick. Der Weg führt weiter über Kríni (ein Abstecher zum Angelokastro ist möglich) nach Makrádes. Von dort geht es wieder über das Felsentor und den Eselspfad zurück. Wir folgen auf dem Rückweg dem Corfu Trail, doch der Pfad ist im Gegensatz zur Straße teilweise sehr schmal und steil. Zeitweilig führt er durch dichtes Gebüsch. Gutes Schuhwerk und

Ausblick vom Felsentor über die Bucht von Ágios Geórgios und Afiónas

GPS-Wanderung 5: Von Ágios Geórgios nach Makrádas

Trinken sind zu empfehlen. Am besten startet man die Tour am Vormittag, wenn der Weg hinauf zu den Felsen noch im Schatten liegt. **Länge/Dauer:** ca. 11 km, Gehzeit ca. 3 Std. **Einkehrmöglichkeiten:** Mehrere Tavernen liegen direkt am Weg, zum Beispiel in Kríni das „Café Sunset" oder die Taverne „Colombos" in Makrádes. Weitere Einkehrmöglichkeiten sind die beiden Fischlokale an der Bucht von Ágiós Geórgios, das „Fisherman's" und die Taverne „Akrogiali". **Ausgangspunkt/ Anfahrt:** Ausgangspunkt der Wanderung ist Ágios Geórgios im Nordwesten der Insel. Die Ortschaft liegt abseits der großen Straßen und ist am besten per Auto zu erreichen, von Korfu-Stadt gibt es täglich (außer Sonntag) vier Busverbindungen. Parkmöglichkeiten für Autos entlang der Küstenstraße.

Route: Die Tour beginnt am Südende von **Ágios Geórgios**, in der großen Kurve zwischen der Goldschmiede „Ilios" und der Taverne „Ostrako" **1**. Wir folgen der Küstenstraße, die z. T. unterspült und abgebrochen ist. Schon bald geht sie in eine unbefestigte Sandstraße über. Wir passieren die Fischtaverne „Akrogiali" und folgen der Straße weiter, die nun steil hinauf in weitläufige Olivenhaine führt. Wir kommen am Parkplatz der „Fisherman's" Taverne vorbei.

Nach etwa 2,5 km macht der Weg eine scharfe Kurve, die z. T. betoniert wurde. Wir bleiben auf der Straße, die in Serpentinen bergauf führt. Der dichte Wald lässt erste freie Blicke auf das Meer zu, hohe Zypressen ragen über den Olivenwald hinaus. An der nächsten Weggabelung **2** halten wir uns links, es geht unterhalb der Felsen entlang weiter bergauf.

Schließlich erreichen wir den Einstieg zum **Felsenpfad** **3**, der durch einen auffälligen, sandfarbenen Stein und die Buchstaben C.T. (Corfu Trail) markiert ist. Wir folgen dem alten Eselspfad, der auf der einen Seite von Felsen, auf der anderen Seite von einer kleinen Steinmauer eingerahmt wird. Der Blick über die Bucht von Ágios Geórgios und Porto

Walnusskuchen ist eine Spezialität auf Korfu

Timoni wird mit jedem Höhenmeter großartiger. Vorbei an kleinen Höhlen im Fels, steht am Ende des Pfades das große **Felsentor** ◢, das bei unserem Besuch von einem Rudel Wildkatzen „bewacht" wurde. Dahinter wird die Straße breiter, ein Wendeplatz sowie eine Müllkippe tun sich auf. Wir folgen der Straße und kommen an eine betonierte T-Kreuzung. Der schnellste Weg zur Taverne „Colombos" wird hier nach links ausgeschildert.

Wir biegen trotzdem nach rechts ab und erreichen kurz darauf den **Dorfplatz von Kríni** ◢. Zwischen Kafenion, Obstkramer und Dorfbrunnen versammeln sich die Alten und beobachten die vorbeifahrenden Touristen. Ein Abstecher zum Angelokastro wäre auch zu Fuß machbar (ca. 2 km). Wir folgen der Dorfstraße nach links, vorbei an der Kirche und dem „Café Sunset". Schon kurz darauf stehen wir mitten in **Makrádes** ◢, die zahlreichen Touristenshops und das Busgedränge erscheinen wie ein unwirklicher Gegenentwurf zur beeindruckenden Natur. Ein Bummel macht trotzdem Spaß, neben kitschigen Andenken gibt es auch eine große Auswahl an lokalen Produkten (u. a. Wein, Olivenöl, Honig, Mandeln). Die Taverne „Colombos" ist kaum zu übersehen und liegt auf der rechten Seite.

Der Weg zurück führt uns an der Kreuzung nach Kríni vorbei durch das jetzt ‚untouristische' Makrádes. Von der Hauptstraße biegen wir nach wenigen Metern zweimal links ab. Wir passieren die Erste-Hilfe-Station und nehmen an einem kleinen **Dorfplatz** ◢ die Abzweigung nach links, hinunter auf eine betonierte Straße Richtung Meer. Die Straße führt an zahlreichen Gärten vorbei, später durch Olivenwälder. Wir erreichen wieder die T-Kreuzung vom Hinweg und nehmen denselben Weg zurück zum **Felsentor**. Am Nachmittag steht der Felsenpfad nun in der Sonne.

Als Alternative zum Hinweg kann man am Ende des romantischen Pfades dem **Corfu Trail** folgen. Die Markierung auf dem Stein weist gut erkennbar nach rechts. Die Schotterstraße geht bald über in Asphalt. An der gelben Markierung am Fels

Kleiner Wanderführer

biegen wir links bergab und bleiben auch an der nächsten Kreuzung auf diesem breiten Weg. Der Weg führt nun durch dichte Olivenhaine, an einer betonierten **Zisterne 8** halten wir uns links. Die gelben C.T.-Markierungen sind gut erkennbar, der Weg führt in Serpentinen weiter abwärts. Bei Km 9 wird der Weg unvermittelt sehr schmal. Das Gebüsch wird dichter, man hört bereits das Rauschen der Wellen. Wenige Meter hinter dem Gebüsch führt ein unscheinbarer Abzweig im 90-Grad Winkel links weg. Zahlreiche gelb und rot bemalte Steine markieren die wichtige Abzweigung **9**, die man sonst leicht übersehen würde. Der Pfad ist stark zugewachsen und führt ein kurzes Stück steil bergab, bis man schließlich wieder auf die Fahrstraße **10** Richtung Ágios Geórgios gelangt. Wir folgen ihr nach rechts, passieren erneut die Fischtaverne „Akrogiali" und kehren zurück zum Ausgangspunkt **1**.

Aufgrund eines massiven Erdrutsches ist der Corfu Trail in diesem letzten Abschnitt komplett weggebrochen und war 2015 unpassierbar. Bis auf Weiteres empfiehlt sich deshalb für den Rückweg am Ende des Felsenpfades dieselbe Route wie beim Hinweg zu nehmen.

Wanderung 6:
Durch die Olivenhaine der Mármaro-Berge

Charakteristik: Ein großer Teil des Weges, der durch die uralten Olivenhaine in den Mármaro-Bergen führt, verläuft auf dem Corfu Trail. Hin und wieder sieht man daher die gelben Wegmarkierungen. Da der Weg ausschließlich durch Olivenhaine führt, ist es immer angenehm schattig. Die Wanderung ist leicht zu jeder Tageszeit zu bewältigen, dennoch sollte man feste Schuhe tragen. Ein kurzes Wegstück führt nämlich quer durch einen Olivenhain – der Untergrund kann manchmal recht zugewuchert sein. **Länge/Dauer:** gut 6 km, rund 1:45 Std. **Einkehrmöglichkeiten:** Ausreichend Trinkwasser mitnehmen. Die Mitnahme von Verpflegung ist ansonsten nicht unbedingt nötig, da man sowohl vor der Wanderung als auch nachher auf dem Dorfplatz von Liapádes in einer der kleinen Tavernen einkehren kann. Ein kleiner Kiosk verkauft außerdem kühle Getränke. **Ausgangspunkt/Anfahrt:** Unsere Wanderung beginnt direkt am Dorfplatz in Liapádes. Zu erreichen ist die Ortschaft am besten mit dem Auto. Von Korfu-Stadt fährt mehrmals täglich ein blauer Bus; von Paleokastrítsa verkehrt im Sommer zudem ein lokaler Bus nach Liapádes.

Route: Wir verlassen den **Dorfplatz von Liapádes** in südlicher Richtung. Auf dem gepflasterten Weg geht es durch die Gasse bergauf. Kurz darauf macht das Sträßchen einen Rechtsknick, an Laternenmasten sehen wir die gelben Corfu-Trail-Schilder. Wir wandern weiter bergauf und verlassen den Ort. Auf dem betonierten, schattigen Weg passieren wir ein längliches Steingebäude zu unserer Rechten, links von uns die ersten Ölbäume. Wenig später stoßen wir auf ein asphaltiertes Sträßchen und folgen ihm weiter bergauf durch den Olivenhain. Mit etwas Glück sehen wir alte, traditionell gekleidete Olivenbauern mit ihren Reiteseln bei der Arbeit im Hain.

An einem Rechtsabzweig gehen wir weiter geradeaus – und folgen dem Weg bei der nächsten Verzweigung nach links (an einem Heiligenschrein). Etwa 15 Min. später knickt die Straße scharf nach links ab. Wir gehen geradeaus auf einem geschotterten Nebenweg weiter und passieren ein mit Draht umzäuntes Grundstück, dann geht es weiter durch den schattigen Olivenhain. Besonders im Frühjahr ist es hier wunderschön: Margeriten, Kornblumen, Mohn und Disteln säumen den Weg.

Wenig später sehen wir links im Gesträuch die Reste einer alten **Steinhütte**. Der Weg setzt sich hier in einem leichten Rechtsbogen fort. Wir halten uns jedoch geradeaus und gehen dicht an der Steinruine auf einem engen Pfad weiter, der sich kurz darauf im Olivenhain verliert. Wir gehen einfach weiter und stoßen etwa 1 Min. später auf eine Landstraße, die quer zu unserer Route verläuft. Auf ihr wandern wir nach links weiter, zwischen uralten Ölbäumen hindurch mit ihren knorrigen, hohen Stämmen. Nach etwa 10 Min. sehen wir rechts einen Rohbau. Dahinter biegen wir rechts ab und sofort wieder links, gehen also im Grunde etwas versetzt geradeaus weiter und ignorieren fortan alle hinzukommenden oder abzweigenden Wege.

Wanderung 6: Durch die Olivenhaine der Mármaro-Berge

Eine ganze Weile später kommen wir an einer großen **Weinplantage** auf der linken Seite vorbei, kurz darauf gabelt sich der Weg vor einer Steinmauer. Hier gehen wir links und folgen dem Hauptweg abwärts nach Liapádes zurück. Wir stoßen auf eine Asphaltstraße, die auf die Dorfstraße mündet. Sie führt uns links zurück zum Dorfplatz.

GPS-Wanderung 7:
Von Vátos zum Myrtiótissa-Strand

Charakteristik: Die Strecke führt zunächst über asphaltierte Straßen durch Vátos, die aber bald in Schotterwege übergehen. Sobald die Anhöhe bei den Antennen erreicht ist, bieten sich beeindruckende Panorama-Ausblicke auf die Westküste von Korfu. Durch schattige Olivenhaine führt die Route schließlich zum Kloster Myrtiótissa und weiter zum gleichnamigen Sandstrand. Der Weg zurück verläuft entlang der Straße wieder bergauf, später auf einem Fußweg durch die Olivenhaine zurück nach Vátos. Als beste Tageszeit empfiehlt sich der Vormittag, vor allem um die heißen Mittagsstunden zu vermeiden. Ausreichend Wasser mitnehmen. **Länge/Dauer:** rund 7 km, Gehzeit ca. 1–2 Std. **Einkehrmöglichkeiten:** Direkt am Strand von Myrtiótissa gibt es einen mobilen Getränke- und Snackstand, an dem Softdrinks und Sandwiches verkauft werden. Die Taverne „Bella Vista" zwischen Kloster und Strand ist höchstens für eine kurze Erfrischung geeignet, die Sanitäranlagen befinden sich in keinem guten Zustand. Zur längeren Einkehr bietet sich das Restaurant „Elia" etwas oberhalb des Strandes, auf dem Rückweg nach Vátos an. **Ausgangspunkt/Anfahrt:** Die Wanderung beginnt am westlichen Ende von Vátos, die Ortschaft ist am leichtesten mit dem Auto zu erreichen. Von Pélekas fährt auch ein Bus nach Vátos. Ausgangspunkt unserer Tour ist der Mini Markt Linda im Ortsteil Killia, braune Schilder weisen auf die Kirche Ágios Nikolaos aus dem 13. Jh. hin. Auf dem Feld neben dem Markt kann man parken, schattige Plätze sind jedoch rar.

Route: Vom Parkplatz bei **Lindas Mini Markt ❶**, wo man sich mit kalten Getränken und Proviant eindecken kann, führt der Weg zunächst auf der Straße Richtung Vátos. Grüne Holzschilder weisen bereits den Weg zum Strand, doch wir folgen der

Straße und passieren die Siedlung. An der Kreuzung mit der Hauptstraße halten wir uns links in Richtung Vatós. Schon kurz darauf kommen wir an eine aufgestellte **Wanderkarte 2** und Corfu-Trail-Markierung, die uns links abzweigen lässt.

Der Weg führt an der Schule und dem Basketballplatz vorbei, die befestigte Straße geht schon bald in eine Sandstraße über. Bei den **Sendemasten 3** ist der höchste Punkt erreicht, der Blick öffnet sich auf das beeindruckende Bergmassiv des Ágios Geórgios. Mit 390 m ist er der zweithöchste Berg im südlichen Teil Korfus. Die grobe Schotterstraße führt in Serpentinen abwärts und bietet tolle Küstenpanoramen, Pinienbäume spenden vereinzelt Schatten. Der Weg führt nun in einen Olivenhain und eine Hütte kommt in Sichtweite. Vor der **Hütte 4** biegen wir nach links ab und folgen dem Weg bergab. Kurz darauf treffen wir auf eine Ruine, vor der wir links abbiegen. Vom Geröllpfad geht wenig später ein weniger steiniger, ebener Weg  links ab, der parallel zum Meer verläuft. Nachdem wir eine breite Auslassung im Zaun passieren, steuert der Weg geradewegs auf das Meer zu und biegt dann im

90-Grad-Winkel nach links auf einen kleinen, sandigen Pfad **6** ab, der von hohem Gras umgeben ist. Diese Passage ist eine der schönsten der Tour: Der Pfad führt durch einen wild bewachsenen Wald parallel zum Meer, von rechts hört man bereits die Wellen rauschen.

Schon bald kommen die weißen Mauern des Klosters in Sicht. Ein Besuch des **Klosters 7** und bei Pappa Daniel lohnt sich allemal. Wir folgen der frisch betonierten Straße vom Kloster zum Strand und passieren die Taverne „Bella Vista". Der **Strand von Myrtíotissa 8** ist meist gut besucht und als Nacktbadestrand bekannt.

Wir setzen unsere Wanderung fort und folgen der steilen, betonierten Straße bergauf. Wer sich stärken möchte, kommt sobald am **Café-Restaurant „Elia"** vorbei, wo Segel über der Terrasse Schatten spenden. Kurz darauf führt ein Abzweig von der Fahrstraße wieder zurück auf

Die Küste bei Myrtíotissa

einen **Fußweg 9**. Der Weg wird stellenweise sehr schmal und führt durch endlose Olivenhaine, zum Teil auch durch Gebüsch. Wir halten uns immer geradeaus, die rosa Kirche von Ágios Nikolaos kommt in Sicht und wir kommen zurück auf die Straße von Killia/Vátos **10**. Wir biegen nach rechts ab und sind wieder an unserem Ausgangspunkt **1** angelangt.

Wanderung 8:
Von Ágios Matthéos auf den Pantokrátor

Charakteristik: Die Wanderung zum Pantokrátor, dem höchsten Berg im Inselsüden (463 m), ist aufgrund des großen Höhenunterschieds anspruchsvoll. Sie führt auf alten Wegen, die vor ein paar Jahren zu einer breiten Schotterstraße vergrößert wurden, zu dem verlassenen Kloster auf der Bergkuppe. Der Aufstieg zum Pantokrátor, der sich wie ein Kegel von der Küste aus erhebt, ist nicht immer überschattet. Es kann somit um die Mittagszeit ziemlich heiß werden. Es empfiehlt sich am frühen Morgen aufzubrechen. Der Großteil des Weges verläuft an der Ostseite des mächtigen Berges – ideal, um einen Sonnenaufgang über dem Süden von Korfu zu erleben. Alternativ empfiehlt sich ein Aufstieg am späten Nachmittag. Dann kann man vom Gipfel den Sonnenuntergang über dem Meer genießen. **Dauer:** ca. 3 Std. **Einkehrmöglichkeiten:** Man sollte ausreichend Trinkwasser für den bisweilen anstrengenden Weg mitnehmen. Auf der Strecke gibt es keine

natürlichen Quellen. Auch oben auf dem Gipfel gibt es kein Café oder Taverne.
Ausgangspunkt/Anfahrt: Ágios Matthéos ist relativ gut mit den grünen Bussen von Korfu-Stadt aus zu erreichen.

Route: Unsere Wanderung beginnt am südlichen Ende von **Ágios Matthéos**. An der Hauptstraße weist ein braunes Schild zum Pantokrátor-Kloster (150 m südlich von der Dorfapotheke). Diesen Weg nehmen wir zum Gipfel. Zuerst führt er auf einer Länge von rund 1 km über eine Asphalt-Schotter-Straße bergauf. Vorbei an einer windschiefen Holzhütte geht es zunehmend bergauf. Der breite Weg besteht teilweise aus Geröll. Die dichten Eichenwälder unterhalb des Gipfels machen den Aufstieg zu einem unerwarteten Naturerlebnis.

**Wanderung 8:
Von Ágios Matthéos
auf den Pantokrátor-Berg**

Nach rund 4 km treffen wir auf eine kleine Lichtung. Hier steht das verlassene, von grauen Mauern umgebene **Kloster**, dessen Ursprünge bis ins 4. Jh. zurückreichen. Links von der Klostermauer führt ein Pfad nach oben, über Treppen geht es auf den **Gipfel**. Auf dem Gipfel trifft der Wanderer schließlich auf einen herzförmigen Steinhaufen und eine rund 1,20 m hohe Steinsäule, die allerdings umgestürzt ist. Der Blick vom 463 m hohen Pantokrátor ist faszinierend. Er reicht über die Koríssion-Lagune bis zum Südkap von Korfu. Achten Sie auf jeden Schritt, denn die Steine sind nicht befestigt (Verletzungsgefahr).

Auf unserem Rückweg können wir uns das Kloster genauer ansehen. Der architektonisch nicht besonders reizvolle Bau ist leider in der Regel verschlossen. Leben kommt hier alljährlich nur am 6. August auf, denn dann wird hier oben mit Speis und Trank die Kirchweih gefeiert. Nördlich vom Kloster sind es nur wenige Schritte zu einem schönen **Picknickplatz** auf einer Lichtung.

Für den Rückweg gibt es zwei Möglichkeiten. Wir können den 15 m rechts vom Picknickplatz gelegenen Pfad bergab nehmen (er trifft wieder auf den Hauptweg) oder wir benutzen zurück zum Dorf den Hinweg. Der Rückweg ist insbesondere am Abend ein Vergnügen, denn er liegt größtenteils auf der Schattenseite. Es bietet sich ein schöner Blick auf das ursprüngliche Bauerndorf Ágios Matthéos und das Messongí-Tal.

Wanderung 9: Durch die Koríssion-Lagune

Charakteristik: Die Wanderung verläuft auf einer anfangs noch einigermaßen befestigten Piste. Später wird es immer sandiger. Der Weg durch die Dünen am westlichen Rand der Lagune ist für Autos gesperrt. Dennoch halten sich manche Badegäste und Wildcamper nicht daran, vor allem die erste Kilometer sind befahren und verschmutzt. Der gesamte Weg bietet keinen Schatten. Auf alle Fälle den Nachmittag vermeiden, denn dann kann die Wanderung durch die Sanddünen zum Martyrium werden. Uns gefiel am besten der Abend. Das milde Licht, bevor die Sonne untergeht, gibt diesem Naturparadies einen besonderen seidigen Glanz. Als Alternative bietet sich auch der frühe Morgen an. Für die heißen Stunden des Tages relaxt man am besten an dem kilometerlangen, wenig besuchten Strand. Festes Schuhwerk ist zu empfehlen. **Dauer:** ca. 2 Std. **Einkehrmöglichkeiten:** Abgesehen von den Tavernen am nördlichen Ende der Lagune gibt es keine weiteren gastronomischen Einrichtungen. Ausreichend Wasser mitnehmen! **Ausgangspunkt/Anfahrt:** Zum nördlichen Ende der Koríssion-Lagune, 2 km südwestlich von der Burgruine Gardíki, gelangt man nicht mit dem Bus. Der Besucher ist auf das Auto oder Zweirad angewiesen. Unsere Wanderung beginnt bei der Taverne „Nikolas", gleich daneben befinden sich Parkmöglichkeiten. Wer die ersten 500 m sparen möchte, kann auch direkt bis zum Strand vorfahren und dort parken.

Route: Unsere Wanderung beginnt an der **Taverne „Nikolas"** ganz im Norden der Lagune. Hier startet der Weg auf einer sandigen Schotterpiste. Auf den ersten Metern bekommen wir einen Eindruck von der Größe des Naturparadieses. Die lang gestreckte Lagune ist rund 6 km^2 groß (mit dem See, den sie umschließt, 11 km^2). Das sind immerhin rund 2 % der Gesamtfläche von Korfu. Die Straße führt sichelförmig um die Bucht. Nach etwa 500 m erreichen wir den **Strand**. Vor uns liegt das Meer, links die Lagune: Unser Weg führt dazwischen schnurgerade auf der Nehrung in Richtung Süden.

Die Lagune wird von den umliegenden Gemeinden intensiv für die Fischzucht genutzt. Doch vor allem ist Koríssion ein unverbautes und weitgehend unerschlossenes Naturparadies. In dem für die Ionischen Inseln einmaligen Feuchtbiotop zählten Ornithologen rund 130 Vogelarten. Vor allem im Frühjahr und Herbst ist die Lagune eine wichtige Station für Zugvögel. Kormorane und Graureiher machen hier gerne zum Leidwesen der Fischzüchter Station. Auch botanisch wird einiges geboten: Mehr als ein Dutzend Orchideenarten blühen hier.

Nach rund 1 km stoßen wir auf einen Bungalow am Strand, in dem Getränke ausgeschenkt werden und abends laut Musik gehört wird. Bis hierhin fahren oft Autos durch die Lagune und verwandeln den Wanderweg in eine Staubpiste. Nach 3,5 km auf der Nehrung, die zunehmend breiter wird, treffen wir auf einen schmalen **Kanal**, der den See mit dem Ionischen Meer verbindet. Der Kanal trennt die Südhälfte von der Nordhälfte der Lagune. Hier trifft man auch auf das bescheidene Häuschen eines Wärters. Er sorgt dafür, dass der Zugang des Sees zum Meer vor allem während der Frühjahrs- und Herbststürme frei bleibt. Über eine schmale Holzbrücke gelangt man auf die südliche Halbinsel der Lagune. Wir kehren hier um. Die Strecke ist Teil des Corfu Trails, wie man an den gelben Aluminium-Schildern unschwer erkennen kann. Der Weg führt nämlich über einen dünenartigen Zedernwald auf eine immer breiter werdende Landzunge zum touristisch voll erschlossenen Badeort Ágios Geórgios, den wir auf unserer Wanderung vermeiden wollen.

Wer am Kanal, der die Nehrung in zwei Hälften teilt, zum Strand läuft, kann im Frühjahr Schwalben, Eisvögel und andere Höhlenbrüter beobachten. Sie nutzen den steilen Sandhang für die Aufzucht ihres Nachwuchses. Hier lässt sich auch eine Ruhepause einlegen. Zurück geht es wieder auf dem gleichen Weg, nur diesmal in Richtung Norden, zu unserem Ausgangspunkt bei der Taverne „Nikolas".

GPS-Wanderung 10:
Rund um die Südspitze von Korfu

Charakteristik: Der abwechslungsreiche Rundweg bietet viele schöne Ausblicke und führt zunächst von Kávos über eine breite Sandstraße zur Klosterruine Arkoudíla. Über einen schmalen Waldpfad gelangt man zum Strand von Arkoudíla. Am Ende der Bucht führt der Weg hinauf nach Sparterá. Über einen Fußweg kommt man zurück nach Kávos. Gutes Schuhwerk, Badesachen, Sonnenschutz sowie ausreichend Wasser und Proviant sind dringend zu empfehlen. Für eine verkürzte Variante der Tour kann man vom Strand die Fahrstraße zurück zum Ausgangspunkt nehmen. **Länge/Dauer:** ca. 11 km, reine Gehzeit rund 3 Std. **Einkehrmöglichkeiten:** Am Strand von Akoudíla gibt es eine kleine Bude, die Softdrinks verkauft. Die nächste Einkehrmöglichkeit findet sich in Sparterá mit der Café/Bar „Bella Vista" (auch Mini Markt). Direkt am Endpunkt der Tour liegt die Taverne „The Rose Tree" in Kávos. **Ausgangspunkt/Anfahrt:** Kávos ist mit dem Bus von

GPS-Wanderung 10: Rund um die Südspitze von Korfu

250 m

Korfu-Stadt leicht zu erreichen. Es gibt werktags täglich 10 Busse. Der erste Bus fährt um 5 Uhr (!) los, zur Rückfahrt startet der letzte um 21.30 Uhr. Auch mit dem Auto ist das südlichste Dorf bequem und einfach zu erreichen. Unsere Wanderung beginnt am südlichen Ortsende, nahe der Taverne „The Rose Tree" an einem braunen Wegweiser mit der Aufschrift „Monastery of the blessed Virgin Mary". Ausgeschildert ist an der Kreuzung auch schon der Strand von Arkoudíla.

Route: Die Tour beginnt am Südende von **Kávos**, an der Abzweigung zum Arkoudíla-Strand **1**. Zuerst führt ein unbefestigter Schotterweg vorbei an schattenspendenden Zypressen- und Olivenbäumen. Nach kurzer Zeit gabelt sich der Weg; nach rechts führt er direkt zum Strand, wir biegen jedoch links zum Kloster ab. Links vom Weg wurden in den letzten Jahren ein paar Häuser errichtet. Auf der rechten Seite trifft man bald auf ein kleines Gehöft. Nach 400 m geht es in Serpentinen (teilweise Betonpiste) über einen Bergrücken. An der anschließenden Weggabelung **2** halten wir uns links (braunes Hinweisschild vorhanden), rechts geht es zum Strand. Nun kommt man durch eine Senke. Von fern ist die südliche Landspitze, Kap Asprókavos, mit einer Höhe von maximal 170 m zu sehen. Der landschaftliche Reiz dieser einsamen Gegend wird nur durch eine Müllkippe beeinträchtigt, auf die wir unweigerlich treffen. Eine Betonpiste führt zu den sandigen Klippen, die noch immer zum Wegkippen von Unrat benutzt werden. Nach 500 m teilt sich der sandige Weg. Der rechte, breitere Weg führt geradewegs zur Klosterruine. Wir folgen ihm und durchqueren einen Wald aus Zypressen, Eichen, Eschen und Erdbeerbäumen, bevor wir zum **Kloster 3** gelangen.

Von hier aus bietet sich ein wunderbarer Blick auf die Südspitze von Korfu und zur Nachbarinsel Paxós. Vorsicht: Die Klippen fallen steil ab (Absturzgefahr!). Das Kloster – der Heiligen Jungfrau von Arkoudíla geweiht – ist längst verfallen. Es ist Vorsicht geboten, unmittelbar hinter dem

Entlang des Corfu Trail: einsame Strände und Natur pur

Eingang geht es steil bergab – deshalb nur vorsichtig durch die Maueröffnung schauen. Die Gebäude in dem Zypressenwald entstanden um 1700. Nur der barocke Glockenturm hat die Jahrhunderte einigermaßen überstanden. Unter einer Eiche findet sich der längst nicht mehr benutzte Brunnen.

Wir passieren das Kloster und folgen der Straße bis zum Sackgassen-Schild, hinter dem ein schmaler Fußweg in den Wald führt. Nach einiger Zeit nimmt der Bewuchs stark zu, der Pfad geht für einige Meter sehr steil bergauf. Hier muss man sich kurz klein machen und durchschlüpfen. Kurz dahinter mündet der Weg auf eine Betonstraße **4**, der wir nach links Richtung Meer folgen. Nach ca. 600 m erreichen wir den breiten **Sandstrand von Arkoudíla 5**. Auch hier gibt es inzwischen eine kleine Strandbude, ein paar Strandliegen und Sonnenschirme. Touristen kommen jedoch nur wenige, der Strand ist noch sehr ursprünglich und ruhig.

Die Route führt am Strand entlang in nordwestlicher Richtung, unter Umständen muss man einen großen Felsen durch das seichte Wasser umqueren. Am Ende der Bucht, an einer kleinen Hafenmole, führt eine Betonstraße bergauf. Wir folgen ihr und biegen an der ersten Abzweigung nach rechts auf einen **Schotterweg 6** ab, der in vielen Serpentinen steil bergauf führt. Der Blick zurück ist atemberaubend schön. Doch die Straße bietet kaum Schatten, allein der leichte Wind bringt etwas Abkühlung. Wir folgen dem Weg weiter aufwärts durch Olivenhaine und passieren ein Wegmarterl in Form einer Kirche. Kurz darauf endet der Weg an einer T-Kreuzung **7**, wir biegen nach rechts ab und steigen weiter bergauf. Nach etwa 300 m geht der Weg in eine Betonstraße über und ein gelbes Haus mit weißen Säulen kommt in Sicht. Der höchste Punkt der Tour ist nun erreicht (142 m).

Nach weiteren 200 m treffen wir auf die wenig befahrene Fahrstraße nach **Sparterá**, auf die wir rechts abbiegen. In dem kleinen Dorf lädt die **Café/Bar „Bella Vista" 8** zur Einkehr ein. Von der schattigen Terrasse hat man einen schönen Ausblick, neben kühlen Getränken gibt es auch kleine Speisen. Der Wirt war sehr zuvorkommend und füllte unsere Wasservorräte kostenlos auf.

Wir folgen der Hauptstraße ortsauswärts, nach ca. 1 km nehmen wir den Abzweig nach rechts auf einen **Sandweg 9**. An der ersten Kreuzung halten wir uns geradeaus. Der Weg führt durch landwirtschaftlich genutztes Gebiet: Neben Olivenbäumen und Bambusfeldern wird hier auch Wein angebaut. Auf der rechten Seite taucht ein Gehöft auf, das wir passieren. An den nächsten beiden Kreuzungen halten wir uns links. Nach kurzer Zeit passieren wir ein rotes Haus und kommen in **Kávos** an einer großen, rosa Appartementanlage an. Unmittelbar dahinter mündet der Weg wieder auf die Fahrstraße **10** nach Sparterá. Wir biegen nach rechts ab und sind nach wenigen Metern zurück am Ausgangspunkt **1** der Wanderung.

Wanderung 11:
Von Gáios zur Halbinsel Mongonísi (Paxós)

Charakteristik: Der Weg an der Küste entlang ist anfangs noch geteert, dann geht es auf Schotter weiter. Am besten startet man früh morgens, da es wenig Schatten auf der Route gibt und es somit ziemlich heiß werden kann. Da der Weg an der Ostküste entlangführt, kann man zudem den Sonnenaufgang über der Küste genießen. Als Alternative bietet sich auch der Abend an. **Länge/Dauer:** 9 km, rund 2 Std. Gehzeit. **Einkehrmöglichkeiten:** Am Ziel erwartet uns eine schattige Taverne, es empfiehlt sich trotzdem ausreichend Trinkwasser mitzunehmen. **Aus-**

Goldleuchtende Olivenhaine

gangspunkt/Anfahrt: Unsere Wanderung beginnt an der Hafenpromenade von Gáios. Anfahrt per Schiff oder mit dem Auto. Parkplätze stehen in Gáios nur begrenzt zur Verfügung, z. B. am südlichen Ende der Hafenstraße oder auf dem ausgeschilderten, öffentlichen Parkplatz am Ortseingang.

Route: Die Route an der südöstlichen Küste von Paxós ist einfach zu finden und einfach zu laufen. Vom Ortszentrum in **Gáios** geht es vorbei am Inselmuseum und zahlreichen Tavernen in Richtung Süden. Mit jedem Meter mehr wird der Verkehr weniger. Links geht der Blick auf die mit Pinien bestandene Insel Ágios Nikólaos, die dem Hafen von Gáios seinen besonderen Charme verleiht.

Bald stößt man auf die kleine **Défteri-Bucht**, die sich auch zum Baden eignet. Vor allem bei Einheimischen sind die kleinen Kiesstrände in unmittelbarer Umgebung von Gáios sehr beliebt. Auf der Asphaltstraße geht es immer weiter an der Küste entlang, vorbei an dem **Paxós Beach Hotel**, das aber schon mal bessere Zeiten gesehen hat. Das Hotel besteht aus mehreren Häusern, die sich am Hang um eine Badebucht verteilen. In den letzten Jahren entstanden rund um Gáios zahlreiche neue Häuser. Meist gehören sie Paxioten, die sie in den Sommermonaten vermieten.

Nach 2 km erreichen wir die kleine **Halbinsel Lianiskári**. Von hier bietet sich ein schöner Blick auf unser Ziel: die bergige Halbinsel Mongonísi. Die Küste verengt sich hier trichterförmig. In der **Oziás-Bucht** ankern im Sommer zahlreiche Segler. Die Bay ist ähnlich wie Gáios oder Lákka vor den gefährlichen Westwinden in idealer Weise geschützt. Nach 2,5 km trifft man in der Oziás-Bucht auf die Ruine der frühchristlichen **Kirche Agia Marina**. Gegenüber ist auch ein kleiner Badestrand mit Kieselsteinen.

In einem weiten Bogen geht es nun um die Bay. Unser Ziel ist der bis zu 6 m breite Sandstrand auf der Halbinsel Mongonísi. Er ist bereits zum Greifen nahe. Bevor wir aber unser Ziel erreichen, stoßen wir auf einen kleinen, natürlichen **Kanal**. Bevor wir die Brücke über den Kanal überqueren, nehmen wir rechter Hand einen schmalen Pfad durch das Macchia-Gestrüpp. Er führt in 10 Min. an das südliche Ende von Paxós. Hier gilt es aufzupassen, denn an den scharfkantigen Felsen kann man sich leicht verletzen. Schließlich verliert sich der Weg in der Steinwüste. Von hier aus bietet sich ein atemberaubender Blick auf Antípaxos.

Die nur wenige Kilometer entfernte Nachbarinsel ist gebirgig und wird vorwiegend für den Wein- und Gemüseanbau genutzt. Das Hauptgeschäft ist mittlerweile längst nicht mehr die Landwirtschaft, sondern es sind die Strände an der Ostküste von Antípaxos. Sie zählen zu den schönsten der Ionischen Inseln.

Zurück geht es auf dem gleichen Pfad bis zum Kanal. Dort windet sich eine Betonpiste relativ steil nach oben. Nach wenigen hundert Metern sind wir am Ziel: dem Strand und der terrassenförmig angelegten Taverne (guter Fisch) von **Mongonísi**. Vorbei an den beiden Löwen am Eingang sind es nur noch wenige Meter bis zum Beach. Vom kleinen **Sandstrand** (Achtung Seeigel-Gefahr!) geht rechts ein Weg zur Mole mit meist vielen Jachten. Die in einem Olivenhain gelegene Taverne ist vor allem bei Seglern sehr beliebt – nicht zuletzt wegen der romantischen Sonnenuntergänge.

Wanderung 11: Von Gáios zur Halbinsel Mongonísi (Paxós)

Der Rückweg nach Gáios ist der gleiche wie unser Hinweg. Angesichts der neuen Perspektiven auf die abwechslungsreiche Küstenlandschaft wird es nie langweilig. Ein Tipp für Gehfaule: In den Sommermonaten fahren unregelmäßig auch Boote von Mongonísi nach Gáios.

GPS-Wanderung 12: Zum Arch Tripitos (Paxós)

Charakteristik: Die Rundwanderung führt vom Hafen in Gáios über Ozias zur Westküste von Paxós. Wir folgen alten Pfaden durch die Olivenhaine und erreichen schließlich den imposanten Felsbogen Tripitos. Das letzte Stück an den Klippen ist stark ausgesetzt und unbefestigt. Alpine Erfahrung (Trittsicherheit, Schwindelfreiheit) und festes Schuhwerk sind dringend empfohlen. Da der Weg teilweise zugewachsen ist, schützen lange Hosen vor Dornen. Highlight der Tour sind die spektakulären Ausblicke am Felsbogen. Der Weg zurück führt über ausgebaute Wege nach Gáios. **Länge/Dauer:** ca. 7 km, Gehzeit 3 Std. **Einkehrmöglichkeiten:** Entlang der Wanderung liegt eine kleine Kaffeebar mit Mini Markt in Ozias, die nächsten Einkehrmöglichkeiten befinden sich erst wieder in Gáios. Der Tripitos-Bogen eignet sich perfekt für eine ausgedehnte Rast, Essen und Trinken deshalb am besten mitnehmen. **Ausgangspunkt/Anfahrt:** Die Wanderung beginnt im Zentrum von Gáios, am unteren Eingang der Fußgängerzone gegenüber des Supermarktes Tsoutsis.

Beeindruckender Felsbogen: der Arch Tripitos

Route: Unsere Wanderung zum Arch Tripitos führt zunächst von der **Hafenpromenade** ∎ in die Altstadtgassen, vorbei am Supermarkt Tsoutsis. Wir biegen links ab, passieren einen kleinen Kirchplatz in Richtung Ozias. Wer die geteerte Straße vermeiden will, nimmt nach kurzer Zeit die weiß markierten **Stufen** ∎, die rechts zu den oberen Häusern führen.

Nach kurzem, steilem Anstieg erreicht man einen parallel zur Straße verlaufenden Weg. Wir folgen den roten Markierungen nach links und kommen nach kurzer Zeit auf eine betonierte Straße, die rechter Hand hinauf in einen Olivenhain führt. Bei den nächsten zwei Abzweigungen halten wir uns links und folgen weiter den roten Markierungen, vorbei an schmucklosen, modernen Anwesen. An einer Bauruine endet der Weg an einer T-Kreuzung, an der wir rechts abbiegen. Kurz dahinter erreichen wir die gelb gestrichenen **Kirche Agios Pandeleimon** ∎. Wir nehmen die Treppen hinter der Kirche und gelangen zurück auf die Hauptstraße, der wir bis **Ozias** und der Kirche Paraskevi folgen. Gegenüber der Kirche liegt ein kleines **Café mit Bar/Mini Markt** ∎. Die Wanderung führt uns links an der Kaffeebar vorbei, über einen betonierten Weg. An der nächsten Kreuzung folgen wir der Straße rechts bergauf. Nach einem kurzen Anstieg und einer scharfen Rechtskurve geht der Weg in Schotter über. Schließlich kommen wir zu einem kleinen **Fußweg** ∎, der von der Straße rechts abzweigt. Er ist durch Steinhaufen und rote Pfeilmarkierungen gut erkennbar.

Der Fußweg führt uns lange zwischen hohen Steinmauern durch die Olivenhaine. Stellenweise ist er stark zugewachsen, dornige Ranken können für Verletzungen

Kleiner Wanderführer

sorgen. Wir biegen nach kurzer Zeit einmal nach links Richtung Meer ab. Doch Achtung: Die roten Wegmarkierungen weisen etwas später auf einen Weg zum Arch Tripitos hin, den wir aber ignorieren. Wir biegen hier nicht nach links ab, sondern folgen dem Pfad, der weiter parallel zum Meer und relativ eben entlang führt.

Der dichte Wald öffnet sich langsam **6** und gibt den Blick nach Antípaxos frei. Dahinter wird der Weg für einige Meter sehr eng, kurz darauf wird er aber schon wieder breiter und geht in einen Schotterweg über. Wir folgen dem Weg geradeaus und stoßen auf einen größeren Schotterweg, den wir nach wenigen Metern nach links verlassen (roter Punkt). Vorbei an einem Steinhaus mit verwildertem Olivengarten, der noch von einem verrosteten Gartentor verschlossen wird, kommen wir schließlich auf eine ausgebaute Schotterstraße. Ein **Holzschild** auf der Steinmauer **7** weist den Weg zum Felsenbogen. Wir biegen links ab und passieren eine kleine Steinhütte. Ganz in der Nähe konnten wir mehrfach Fasane beobachten. Die Jagd ist immer noch beliebt, wie die Patronenhülsen auf dem Boden beweisen. Kurz darauf, an einer kleinen Steigung zweigt ein unscheinbarer, **nicht markierter Pfad 8** rechts ab. Er führt entlang der Steinmauer durch enges Gestrüpp Richtung Meer hinab. Schon bald öffnen sich ein großartiges Panorama und erste Blicke auf den **Felsenbogen**. Ungeübte Wanderer sollten hier umkehren, der weitere Weg ist stark ausgesetzt und fast alpin. An der äußersten **Westspitze 9** genießt man eine traumhafte Aussicht auf die außergewöhnliche, rund 40 m hohe Felsformation.

Der Weg nach Gáios führt uns zunächst auf derselben Route zurück, die wir gekommen sind. Am Holzschild **7** biegen wir jetzt aber links ab und folgen der großen Straße, die uns vorbei an Hühnerställen und einer bunt bemalten Steinhütte führt. Wir passieren die ersten Häuser, die Straße geht in Asphalt über und wir erreichen die **Kirche Agios Ekaterini 10**. Links von der Kirche beginnt eine Schotterstraße, die uns an meterhohen Stapeln bunter Kisten vorbeiführt.

GPS-Wanderung 12: Zum Arch Tripitos (Paxos)

200 m

Ein Schild weist auf die nah gelegene Olivenpresse hin. Wir folgen der Schotterstraße und treffen schon bald wieder auf die große Asphaltstraße ⑪, der wir rechter Hand folgen. Kurz darauf erreichen wir die BP Tankstelle, unsere Wanderung endet schließlich auf dem **großen Kirchplatz von Gáios**, direkt am Hafen ⑫.

Wanderung 13:
Von Lóggos zum Kipádi-Strand (Paxós)

Charakteristik: Der Weg ist anfangs leider eine Asphaltstraße, später aber Schotter und Pfade. Er führt im letzten Stück durch Macchia-Gestrüpp, eine lange Hose ist durchaus von Vorteil. Angesichts des schönen Strandes empfiehlt es sich, Badezeug mitzunehmen. Die Tour eignet sich fast zu jeder Tageszeit – nur heiße Nachmittage sollte man tunlichst vermeiden. Auf der Strecke gibt es immer wieder Schatten. **Länge/Dauer:** ca. 4,2 km, etwa 1:30 Std. Gehzeit. **Einkehrmöglichkeiten:** Man sollte auf alle Fälle ausreichend Trinkwasser mitnehmen, denn am Ziel gibt es weder Taverne noch Quelle. **Ausgangspunkt/Anfahrt:** Unsere Wanderung beginnt an der Hafenmole von Lóggos. Hier halten auch die Inselbusse aus Gáios oder Lákka.

Route: Die Wanderung von Lóggos zum Kipádi-Strand ist eine leicht zu bewältigende Tour mit relativ geringem Höhenunterschied. Der Weg beginnt an der **Hafenmole** und führt auf der Asphaltstraße nach Gáios in Richtung Süden. Am Ortsende trifft man linker Hand auf den populären **Levréchio-Strand**.

Nach 1,2 km bergauf, vorbei an Oliven- und Zypressenwäldern sowie einer Ölmühle, trifft man auf ein hellgelbes Haus auf der linken Seite. Dort weist ein Schild in Griechisch auf die Streusiedlung **Kondogianátika** hin. Hier beginnt der Weg durch den Olivenhain (so gut wie kein Autoverkehr).

Nach 200 m gibt es eine Weggabelung. Geradeaus geht es zum Poúnda-Strand. Es sind nur 500 m zu dem abgelegenen, verträumten Strand. Ein steiler Pfad führt am Ende hinunter zum Meer. Wir biegen allerdings nach rechts zum Kipádi-Strand ab. Nach 300 m wieder rechts halten. Auf einer Schotterpiste geht es bergab durch Olivenhaine. Dann wieder rechts ab (nicht geradeaus bergauf gehen). Auf der linken Seite öffnet sich bereits der Blick auf den schönen **Kipádi-Strand**. Oberhalb der traumhaften Bucht stehen zwei Villen. Der ideale Badestrand ist rund 150 m breit. Von unserer breiten, am Schluss

sehr steinigen Straße führt nun ein Pfad 200 m steil bergab zum Meer. Inmitten einer fast menschenleeren Landschaft erscheint der Beach mit dem türkisen Wasser und den feinen, elfenbeinfarbenen Kieseln wie eine Fata Morgana. Nur am südlichen Ende werden die Steine größer. Die wenigen Besucher des Kipádi-Beach kommen meist mit dem Boot. Wer in Richtung Süden blickt, erkennt in der Ferne bereits die ersten Häuser in der Umgebung des neuen Hafens von Gáios.

Auf gleichem Weg geht es wieder zurück nach Lóggos.

Wanderweg bei Lákka: Ruhe und Meer

Wanderung 14: Von Lákka zum Leuchtturm und zum Pláni-Strand (Paxós)

Charakteristik: Der Weg ist anfangs befestigt, später Schotter und kann von geländegängigen Fahrzeugen befahren werden. Angesichts des schönen Strandes empfiehlt es sich, Badezeug mitzunehmen. Vorsicht an den Felsen am Strand, die Steine sind oft messerscharf. Beste Tageszeit für die Wanderung ist der frühe Morgen oder Abend. Auf der ersten Hälfte der Strecke gibt es Schatten, nach dem Erreichen des Leuchtturms allerdings nur noch Sonne. Wer früh aufbricht, kann beispielsweise den Tag am Pláni-Strand verbringen. Die Wanderung am Abend zu unternehmen, bietet den Vorteil die schönen Sonnenuntergänge an der Westküste genießen zu können. **Länge/Dauer:** ca. 4 km, etwa 1:30 Std. Gehzeit. **Einkehrmöglichkeiten:** Man sollte auf alle Fälle Trinkwasser mitnehmen, denn unterwegs gibt es weder Taverne noch Quelle. **Ausgangspunkt/Anfahrt:** Die Wanderung beginnt im Ortszentrum von Lákka. Zu erreichen ist der Ort im Norden von Paxós am einfachsten per Auto, Motorroller oder dem Inselbus, der die Ortschaften Gáios, Lóggos und Lákka verbindet.

Route: Die Wanderung von Lákka zum Leuchtturm und zum kleinen Pláni-Strand ist ein leicht zu bewältigendes Vergnügen. Der Weg beginnt im **Ortszentrum** und führt anfangs an der Straße nach Gáios entlang. Am Ortsende trifft man linker Hand auf einige Müllsammelstellen. Hier geht es rechts ab. Nach nur wenigen Metern trifft man auf die ehemalige **Olivenölfabrik** mit ihrem braunen Tor.

Der Asphaltweg beginnt sich nun in Serpentinen den Osthang von Lákka hochzuschlängeln. Nach rund 900 m hält man sich rechts. Es geht leicht bergab. Bei der Villa Yotta rechts ab, hier steht ein Schild, das zum „Lighthouse" weist. Auf einer

Betonpiste geht es durch Olivenhaine nach oben und bald wieder bergab. Bei einer folgenden Weggabelung hält man sich links. Der Weg ist mit einem Holzschildchen „Lighthouse" gekennzeichnet. Von hier hat der Wanderer einen tollen Ausblick auf die türkisfarbene Bucht von Lákka. Die Betonpiste endet nun. Es geht weiter auf einem Schotterweg. Bei der Weggabelung hält man sich rechts. Durch einen idyllischen Zypressenwald geht man geradeaus zum Leuchtturm, abzweigende Wege ignoriert man. Der von einer Steinmauer umgebene **Leuchtturm** samt Häuschen ist leider nicht zu besichtigen. Die Distanz bis zum Leuchtturm beträgt 1,4 km.

Der Weg zum Pláni-Strand ist einfach und bietet schöne Ausblicke über die unzugängliche und unbewohnte Westküste. Auf dem gleichen Weg geht es vom Leuchtturm 200 m zurück. Dann hält man sich rechts und trifft auf eine recht breite Schotterpiste, die in Serpentinen zum Strand führt. Der Weg kann in der Mittagszeit aber zur Qual werden, denn es gibt keinen Schatten. Die letzten Meter wird aus der Schotterstraße ein Pfad. Der **Pláni-Strand** ist nur rund 50 m breit. Es gibt keine Bar, keine Liege, aber dafür viel Sonne. Der Beach ist ideal für Schnorchler. Die zerklüftete Westküste ist ein Eldorado für Fische und Krustentiere. Aber Achtung: Das Meer an der Westküste ist nur selten ruhig. Bei rauem Seegang und angesichts der scharfen Felsenriffel besteht hohe Unfallgefahr.

Auf dem gleichen Weg geht es wieder zurück nach Lákka.

Sonnenplatz Pláni-Strand

Ankern am Voutoúmi-Strand

Wanderung 15: Vom Voutoúmi-Strand zum Inselberg und zum Dorf Vigla (Antipaxós)

Charakteristik: Die Wanderroute besteht anfangs aus einer breiten Piste, teilweise mit Steinen befestigt, auf dem Bergrücken ist es dann die betonierte Hauptstraße des Inseldorfes, am Schluss handelt es sich nur noch um einen Pfad. Eine lange Hose empfiehlt sich für alle diejenigen, die auf einem schmalen Pfad, umgeben von teilweise bauchhoher Vegetation, zur Nordspitze laufen möchten. Die Wanderung empfiehlt sich im Laufe des Vormittags. Nicht nur wegen der Hitze bietet sich eine Wanderung am Morgen an, sondern auch wegen der vielen an- und abfahrenden Boote am Voutoúmi-Strand in der Hauptsaison. **Länge/Dauer:** 6 km, ca. 1:30 Std. **Einkehrmöglichkeiten:** Man sollte auf alle Fälle ausreichend Trinkwasser mitnehmen, denn unterwegs gibt es weder Taverne noch Quelle – auch nicht im Inseldorf. Am Voutoúmi-Strand gibt es eine Taverne. **Ausgangspunkt/Anfahrt:** Unsere Wanderung beginnt am Voutoúmi-Strand. Der Beach ist leicht von allen drei Häfen der Nachbarinsel Paxós per Sea-Taxi zu erreichen. Wer ein Boot gemietet hat, kann leicht in der kleinen Bucht vor Anker gehen.

Route: Die Wanderung zum fast verlassenen Inseldorf Vigla ist relativ einfach. Trotzdem machen sich nur wenige Ausflugsgäste auf den Weg. Ein breiter Schotterweg führt geradeaus auf den Inselberg zu. Links lässt man die Strandtaverne „Voutoúmi" liegen. Nach rund 300 m gibt es eine Weggabelung. Während der rechte Weg zum Vríka-Beach führt, laufen wir geradeaus.

Es geht stetig bergauf, vorbei an Zypressen, dann haben wir einen schönen Blick auf die Badebucht mit ihrem türkisfarbenen Wasser. An klaren Tagen reicht vom Zypressenwald der Blick zum griechischen Festland hinüber. In Serpentinen nähern wir uns dem Inseldorf **Vigla**. Nach rund 1,2 km treffen wir auf eine Weggabelung. Hier laufen wird geradeaus. Auf der rechten Seite sind bereits die ersten großen **Weingärten** zu sehen. Von Ferne hört man ab und zu eines der wenigen Autos, die auf Antípaxos unterwegs sind. Nach rund 1,5 km treffen wir auf die Hauptstraße. Der betonierte Weg verbindet den Weiler mit dem Leuchtturm an der Ostspitze und dem kleinen Naturhafen Agrapidia. Nun halten wir uns rechts (beim Hinweisschild „Church of Ayios Aimilianos"); zwischen Weingärten geht es leicht bergauf. Nach rund 200 m gibt es eine erneute Weggabelung. Die Betonpiste ist hier zu Ende. Es geht nun auf einem einfachen Weg zwischen den Gärten mit Wein, Zitronen-, Birnen- und Feigenbäumen weiter. Nach nur 50 m halten wir uns halbrechts, nach 500 m bei einem blau gestrichenen, ausgebrannten Traktor links. Ein mit groben Steinen befestigter Weg führt weiter bergauf, nach 300 m geht der Weg u-förmig um ein bewohntes Haus. Nach einem kleinen Steinfeld beginnt die Macchia. Es lohnt sich, den fast zugewachsenen Weg (hier kann man die lange Hose gut gebrauchen, Achtung Schlangen!) ein Stück weiter zu gehen. Denn es eröffnet sich ein traumhafter Blick auf Paxós. Eine nahe Möwenkolonie sorgt oft für einen ohrenbetäubenden Lärm.

Für den Rückweg gibt es zwei Möglichkeiten. Die kürzere Variante: Wieder den Hinweg benutzen. Die längere Variante: Zurück ins Inseldorf und dort den nördlichen Weg zum Vríka-Beach nehmen. Der gabelt sich nach 750 m. Rechts geht es dann in weitem Bogen zum **Votoúmi-Strand** zurück. Wer den linken Weg nimmt und bis zum Vríka-Strand läuft, ist sozusagen in der Sackgasse. Entweder er läuft wieder bis zur Weggabelung zurück oder nimmt einfach ein Sea-Taxi zum Voutoúmi-Strand.

Hier will man nie wieder weg

Kleiner Sprachführer

Keine Panik: Neugriechisch ist zwar nicht die leichteste Sprache, lassen Sie sich jedoch nicht von der fremdartig wirkenden Schrift abschrecken – oft erhalten Sie Informationen auf Wegweisern, Schildern, Speisekarten usw. auch in lateinischer Schrift, zum anderen wollen Sie ja erstmal verstehen und sprechen, aber nicht lesen und schreiben lernen. Dazu hilft Ihnen unser „kleiner Sprachführer", den wir für Sie nach dem Baukastenprinzip konstruiert haben: Jedes der folgenden Kapitel bietet Ihnen Bausteine, die Sie einfach aneinanderreihen können, sodass einfache Sätze entstehen. So finden Sie sich im Handumdrehen in den wichtigsten Alltagssituationen zurecht, entwickeln ein praktisches Sprachgefühl und können sich so nach Lust und Notwendigkeit Ihren eigenen Minimalwortschatz aufbauen und erweitern.

Wichtiger als die richtige Aussprache ist übrigens die Betonung! Ein falsch betontes Wort versteht ein Grieche schwerer als ein falsch oder undeutlich ausgesprochenes. Deshalb finden Sie im Folgenden jedes Wort in Lautschrift und (außer den einsilbigen) mit Betonungszeichen. Viel Spaß beim Ausprobieren und Lernen!

© Michael Müller Verlag GmbH. Vielen Dank für die Hilfe an Dimitrios Maniatoglou!

Das griechische Alphabet

Buchstabe groß	klein	Name	Lautzeichen	Aussprache
A	α	Alpha	a	kurzes a wie in Anna
B	β	Witta	w	w wie warten
Γ	γ	Gámma	g	g wie Garten (j vor Vokalen e und i)
Δ	δ	Delta	d	stimmhaft wie das englische „th" in the
E	ε	Epsilon	e	kurzes e wie in Elle
Z	ζ	Síta	s	stimmhaftes s wie in reisen
H	η	Ita	i	i wie in Termin
Θ	θ	Thíta	th	stimmlos wie englisches „th" in think
I	ι	Jóta	j	j wie jagen
K	κ	Kápa	k	k wie kann
Λ	λ	Lámbda	l	l wie Lamm
M	μ	Mi	m	m wie Mund
N	ν	Ni	n	n wie Natur
Ξ	ξ	Xi	x	x wie Xaver
O	o	Omikron	o	o wie offen
Π	π	Pi	p	p wie Papier
P	ρ	Ro	r	gerolltes r
Σ	ς/σ	Sígma	ss	ss wie lassen
T	τ	Taf	t	t wie Tag
Y	υ	Ipsilon	j	j wie jeder
Φ	φ	Fi	f	f wie Fach
X	χ	Chi	ch	ch wie ich
Ψ	ψ	Psi	ps	ps wie Psalm
Ω	ω	Omega	o	o wie Ohr

Da das griechische und lateinische Alphabet nicht identisch sind, gibt es für die Übersetzung griechischer Namen in die lateinische Schrift oft mehrere unterschiedliche Schreibweisen, z. B. Chorefton (auf Pilion) - auch Horefto, Horefton, Chorefto; Kalkis - auch Chalkis oder Halkida.

Elementares

Grüße

Guten Morgen/ guten Tag (bis Siesta)	kaliméra
Guten Abend/ guten Tag (ab Siesta)	kalispéra
Gute Nacht	kaliníchta
Hallo! Grüß' Sie!	jássou! oder jássas!
Tschüß	adío
Guten Tag und Auf Wiedersehen	chérete
Alles Gute	stó kaló
Gute Reise	kaló taxídi

Gespräch

Wie geht es Ihnen?	ti kánete?
Wie geht es Dir?	ti kánis?
(Sehr) gut	(polí) kalá
So lala	étsi ki étsi
Und Dir?	ke essí?
Wie heißt Du?	pos se léne?
Ich heiße ...	to ónoma mou íne ...
Woher kommst du?	apó pu ísse?
Ich komme aus ...	íme apó ...
... Deutschland	... jermanía
... Österreich	... afstría
... Schweiz	... elwetía

Sprechen Sie Englisch (Deutsch)?	miláte angliká (jermaniká)?
Ich spreche nicht Griechisch	den miló eliniká
Wie heißt das auf Griechisch?	pos légete aftó sta eliniká?
Ich verstehe (nicht)	(dén) katalawéno
Verstehst du?	katálawes (katalawénis?)
In Ordnung (okay)	endáxi

Minimalwortschatz

Ja	nä
Nein	óchi
Nicht	dén
Danke (vielen Dank)	efcharistó (polí)
Bitte (!)	parakaló(!)
Entschuldigung	singnómi
groß/klein	megálo/mikró
gut/schlecht	kaló/kakó
viel/wenig	polí/lígo
heiß/kalt	sesstó/krío
oben/unten	epáno/káto
ich	egó
du	essí
er/sie/es	aftós/aftí/aftó
das (da)	aftó
(ein) anderes	állo
Welche(r), welches?	tí?

Fragen und Antworten

Gibt es (hier) ...?	ipárchi (edó) ...?
Wo ist ...?	pu íne ...?
Ich möchte (nach) ...	thélo (stin) ...
Wann geht (fährt, fliegt)?	póte féwgi?
Um wie viel Uhr?	ti óra?
Wann kommt ... an?	póte ftáni ...?

Wie viel Kilometer sind es?	pósa chiliómetra íne?	*Von wo …*	apó pu
Wie viel kostet es?	póso káni?	*… von Iraklion*	…apó to Iráklio
Wissen Sie … ?	xérete …?	*Wie viel(e)…*	pósso (póssa) …
stündlich	aná óra	*Wohin …*	jia pu …
um 4 Uhr	tésseris óra	*nach /zum …*	tin/stin …
… der Hafen …	… to limáni	*… nach Athen*	… stin Athína
… die Haltestelle	… i stási	*links*	aristerá
Ich weiß nicht	dén xéro	*rechts*	dexiá
Haben Sie … ?	échete …?	*geradeaus*	ísja
… nein, haben wir nicht …	dén échoume	*die nächste Straße*	o prótos drómos
Ja, bitte? (hier, bitte!)	oríste?/!	*die 2. Straße*	o défteros drómos
Wann	póte	*hier*	edó
Wo	pu	*dort*	ekí

Unterwegs

Abfahrt	anachórisis	*Straße*	drómos
Ankunft	áfixis	*Fußweg*	monopáti
Gepäck-aufbewahrung	apotíki aposkewón	*Telefon*	tiléfono
		Ticket	isitírio
Information	pliroforíes	*Reservierung*	fílaxi
Kilometer	kiliómetra		

Flugzeug/Schiff

Deck	katástroma
Fährschiff	férri-bot
Flughafen	aerodrómio
das (nächste) Flugzeug	to (epómene) aeropláno
Hafen	limáni
Schiff	karáwi
Schiffsagentur	praktorío karawiú

Bus/Eisenbahn

Bahnhof	stathmós
(der nächste) Bus	(to epómene) leoforío
Eisenbahn	ssidiródromos
Haltestelle	stásis
Schlafwagen	wagóni ípnu
U-Bahn	ilektrikós
Waggon	wagóni
Zug	tréno

Auto/Zweirad

Ich möchte …	thélo …
Wo ist … ?	pu íne …?
… die nächste Tankstelle?	… to plisiésteron wensinádiko?
Bitte prüfen Sie …	parakaló exetásete …
Ich möchte mieten (für 1 Tag)	thélo na nikiásso (jiá mia méra)

(Die Bremse) ist kaputt	(to fréno) íne chalasméno
Wie viel kostet es (am Tag)?	póso káni (jia mía méra)?
Benzin (super/ normal/bleifrei)	wensíni (súper/ apli/amóliwdi)
Diesel	petréleo
1 Liter	éna lítro
20 Liter	íkosi lítra
Auto	aftokínito
Motorrad	motossikléta
Moped	motopodílato
Anlasser	mísa
Auspuff	exátmissi
Batterie	bataría
Bremse	fréno
Ersatzteil	andalaktikón
Keilriemen	imándas
Kühler	psijíon
Kupplung	simbléktis
Licht	fos
Motor	motér
Öl	ládi
Reifen	lásticho
Reparatur	episkewí
Stoßdämpfer	amortisér
Wasser (destilliertes)	to (apestagméno) neró
Werkstatt	sinergíon

Bank/Post/Telefon

Post und Telefon sind in Griechenland nicht am selben Ort! Telefonieren kann man in kleineren Orten auch an manchen Kiosken und Geschäften.

Wo ist	pu íne?
… eine Bank	… mia trápesa
… das Postamt	… to tachidromío
… das Telefonamt	to O. T. E.
Ich möchte …	thélo …
… ein Tel.-Gespräch	… éna tilefónima
… (Geld) wechseln	… na chalásso (ta chrímata)

Wie viel kostet es (das)?	póso káni (aftó)?
Bank	trápesa
Brief	grámma
Briefkasten	grammatokiwótio
Briefmarke	grammatósima
eingeschrieben	sistiméno
Euro-/Reisescheck	ewrokárta

Geld	ta leftá, ta chrímata		*Telefongespräch*	(na anangílo)
Karte	kárta		*(anmelden) (nach)*	éna tilefónima (jia)
Luftpost	aeroporikós		*Telefon*	tiléfono
Päckchen	paketáki		*Telegramm*	tilegráfima
Paket	déma		*Schweizer Franken*	elwetiká fránka
postlagernd	post restánd			

Übernachten

Haben Sie?	échete?		*Ich möchte …*	thélo na nikiásso
Gibt es …?	ipárchi …?		*für 5 Tage mieten*	… jia pénde méres
Zimmer	domátio		*Kann ich sehen …?*	boró na do …?
Bett	krewáti		*Kann ich haben …?*	boró na écho …?
ein Doppelzimmer	éna dipló domátio		*ein (billiges/gutes) Hotel*	éna (ftinó/kaló) xenodochío
Einzelzimmer	domátio me éna krewáti		*Pension*	pansión
mit …	me …		*Haus*	spíti
… Dusche/Bad	dous/bánjo		*Küche*	kusína
… Frühstück	proinó		*Toilette*	tualétta
Wo ist?	pu íne?		*Reservierung*	krátissi
Wie viel kostet es (das Zimmer)?	póso káni (to domátio)?		*Wasser (heiß/kalt)*	neró (sesstó/krío)

Essen & Trinken

Haben Sie?	échete?		*(eine) Limonade (Zitrone)*	(mia) lemonáda
Ich möchte …	thélo …		*(eine) Limonade (Orange)*	(mia) portokaláda
Wie viel kostet es?	póso káni?		*(ein) Kaffee*	(éna) néskafe
Ich möchte zahlen	thélo na pliróso		*(ein) Mokka*	(éna) kafedáki
Die Rechnung (bitte)	to logariasmó (parakaló)		*… sehr süß*	… varí glikó
Speisekarte	katálogos		*… mittel*	… métrio
			… rein (ohne Zucker)	skéto
			Tee	tsái
			Milch	gála

Getränke

Glas/Flasche	potíri/boukáli
ein Bier	mía bíra
(ein) Mineralwasser	(mia) sóda
Wasser	neró
(ein) Rotwein	(éna) kókkino krassí
(ein) Weißwein	(éna) áspro krassí
… süß/herb	glikós/imíglikos

Griech. Spezialitäten

Fischsuppe	psaróssupa
Suppe	ssúpa
Garnelen	garídes
Kalamari („Tintenfischchen")	kalamarákia

Fleischklößchen	keftédes
Hackfleischnauflauf mit Gemüse	musakás
Mandelkuchen mit Honig	baklawás
Gefüllter Blätterteig	buréki
Gefüllte Weinblätter (mit Reis & Fleisch)	dolmádes
Nudelauflauf mit Hackfleisch	pastítsio
Fleischspießchen	suwlákia

Sonstiges

Hähnchen	kotópulo
Kartoffeln	patátes
Spaghetti (mit Hackfleisch)	makarónia (me kimá)
Hammelfleisch	kimás
Kotelett	brisóla
Bohnen	fasólia
Gemüse	lachaniká

Einkaufen

Haben Sie?	échete?	Klopapier	hartí igías
Kann ich haben?	bóro na écho?	Kuchen	glikó
Geben Sie mir	dóste mou	Marmelade	marmeláda
klein/groß	mikró/megálo	Milch	gála
1 Pfund	misó kiló	Öl	ládi
1 Kilo/Liter	éna kiló/lítro	Orange	portokáli
100 Gramm	ekató gramárja	Pfeffer	pipéri
Apfel	mílo	Salz	aláti
Brot	psomí	Seife	sapúni
Butter	wútiro	Shampoo	sambuán
Ei(er)	awgó (awgá)	Sonnenöl	ládi jia ton íljon
Essig	xídi	Streichhölzer	spírta
Gurke	angúri	Tomaten	domátes
Honig	méli	Wurst	salámi
Joghurt	jaoúrti	Zucker	sáchari
Käse/Schafskäse	tirí/féta		

Sehenswertes

Wo ist der/die/das?	pu íne to/i/o?	Burg	kástro (pírgos)
Wo ist der Weg zum …?	pu íne i ódos jia …?	Dorf	chorió
Wie viel Kilometer sind es nach …?	póssa chiliómetra íne os to …?	Eingang	ísodos
		Fluss	potamós
rechts	dexiá	Kirche	eklissiá
links	aristerá	Tempel	naós
dort	ekí	Platz	platía
hier	edó	Stadt	póli
Ausgang	éxodos	Strand	plas
Berg	wounó	Höhle	spilíon, spiliá
		Schlüssel	klidí

Hilfe & Krankheit

Gibt es (hier) …?	ipárchi (edó) …?	Abführmittel	kathársio
Haben Sie …?	échete …?	Aspirin	aspiríni
Wo ist (die Apotheke)?	pu íne (to farmakío)?	die „Pille"	to chápi
Arzt	jatrós	Kondome	profilaktiká
Wann hat der Arzt Sprechstunde?	póte déxete o jiatrós?	Penicillin	penikelíni
Ich habe Schmerzen (hier)	écho póno (edó)	Salbe	alifí
		Tabletten	hapía
Helfen Sie mir bitte!/Hilfe!	woithíste me parakaló!/woíthia!	Watte	wamwáki
		Ich habe …	écho …
Ich habe … verloren	échassa …	Ich möchte ein Medikament gegen …	thélo éna jiatrikó jia …
Deutsche Botschaft	presvía jermanikí	Durchfall	diária
Krankenhaus	nossokomío	Fieber	piretós
Polizei	astinomía	Grippe	gríppi
Touristinformation	turistikés plioforíes	Halsschmerzen	ponólemos
		Kopfschmerzen	ponokéfalos
Unfall	atíchima	Magenschmerzen	stomachóponos
Zahnarzt	odontíatros	Schnupfen	sináchi
Ich bin allergisch gegen …	egó íme allergikós jia …	Sonnenbrand	égawma
		Verstopfung	diskiljótita
Ich möchte (ein) …	thélo (éna) …	Zahnschmerzen	ponódontos

Zahlen

½	misó	9	ennéa	60	exínda
1	éna	10	déka	70	efdomínda
2	dío	11	éndeka	80	ogdónda
3	tría	12	dódeka	90	enenínda
4	téssera	13	dekatría	100	ekató
5	pénde	20	íkosi	200	diakósia
6	éxi	30	triánda	300	trakósia
7	eftá	40	sarránda	1000	chília
8	ochtó	50	penínda	2000	dio chiliádes

Zeit

Morgen(s)	proí	heute	ssímera
Mittag(s)	messiméri	morgen	áwrio
Nachmittag(s)	apógewma	übermorgen	méthawrio
Abend(s)	wrádi	gestern	chtés

vorgestern	próchtes
Tag	méra
jeden Tag	káthe méra
Woche	ewdomáda
Monat	mínas
Jahr	chrónos

Uhrzeit

Stunde	óra
Um wie viel Uhr?	piá óra (ti óra)?
Wie viel Uhr (ist es)?	tí óra (íne)?
Es ist 3 Uhr (dreißig)	íne trís (ke triánda)
Stündlich	aná óra
Wann?	póte?

Achtung: nicht éna, tría, téssera óra (1, 3, 4 Uhr), sondern: mía, trís, tésseris óra!! Sonst normal wie oben unter „Zahlen".

Wochentage

Sonntag	kiriakí
Montag	deftéra
Dienstag	tríti
Mittwoch	tetárti
Donnerstag	pémpti
Freitag	paraskewí
Samstag	sáwato

Monate

Ganz einfach: fast wie im Deutschen + Endung „-ios"! (z. B. April = Aprílios).

Ianuários	Januar
Fewruários	Februar
Mártios	März
Aprílios	April
Máios	Mai
Iúnios	Juni
Iúlios	Juli
Áwgustos	August
Septémwrios	September
Októwrios	Oktober
Noémwrios	November
Dekémwrios	Dezember

Zucchiniblüten sind in Olivenöl frittiert eine populäre Spezialität

Abruzzen • Ägypten • Algarve • Allgäu • Allgäuer Alpen • Altmühltal & Fränk. Seenland • Amsterdam • Andalusien • Andalusien • Apulien • Australien – der Osten • Azoren • Bali & Lombok • Barcelona • Bayerischer Wald • Bayerischer Wald • Berlin • Bodensee • Bretagne • Brüssel • Budapest • Chalkidiki • Chiemgauer Alpen • Chios • Cilento • Cornwall & Devon • Comer See • Costa Brava • Costa de la Luz • Côte d'Azur • Cuba • Dolomiten – Südtirol Ost • Dominikanische Republik • Dresden • Dublin • Düsseldorf • Ecuador • Eifel • Elba • Elsass • Elsass • England • Fehmarn • Franken • Fränkische Schweiz • Fränkische Schweiz • Friaul-Julisch Venetien • Gardasee • Gardasee • Genferseeregion • Golf von Neapel • Gomera • Gomera • Gran Canaria • Graubünden • Hamburg • Harz • Haute-Provence • Havanna • Ibiza • Irland • Island • Istanbul • Istrien • Italien • Italienische Adriaküste • Kalabrien & Basilikata • Kanada – Atlantische Provinzen Karpathos • Kärnten • Katalonien • Kefalonia & Ithaka • Köln • Kopenhagen • Korfu • Korsika • Korsika Fernwanderwege • Korsika • Kos • Krakau • Kreta • Kreta • Kroatische Inseln & Küstenstädte • Kykladen • Lago Maggiore • Lago Maggiore • La Palma • La Palma • Languedoc-Roussillon • Lanzarote • Lesbos • Ligurien – Italienische Riviera, Genua, Cinque Terre • Ligurien & Cinque Terre • Limousin & Auvergne • Limnos • Liparische Inseln • Lissabon & Umgebung • Lissabon • London • Lübeck • Madeira • Madeira • Madrid • Mainfranken • Mainz • Mallorca • Mallorca • Malta, Gozo, Comino • Marken • Mecklenburgische Seenplatte • Mecklenburg-Vorpommern • Menorca • Midi-Pyrénées • Mittel- und Süddalmatien • Montenegro • Moskau • München • Münchner Ausflugsberge • Naxos • Neuseeland • New York • Niederlande • Niltal • Norddalmatien • Norderney • Nord- u. Mittelengland • Nord- u. Mittelgriechenland • Nordkroatien – Zagreb & Kvarner Bucht • Nördliche Sporaden – Skiathos, Skopelos, Alonnisos, Skyros • Nordportugal • Nordspanien • Normandie • Norwegen • Nürnberg, Fürth, Erlangen • Oberbayerische Seen • Oberitalien • Oberitalienische Seen • Odenwald • Ostfriesland & Ostfriesische Inseln • Ostseeküste – Mecklenburg-Vorpommern • Ostseeküste – von Lübeck bis Kiel • Östliche Allgäuer Alpen • Paris • Peloponnes • Pfalz • Pfälzer Wald • Piemont & Aostatal • Piemont • Polnische Ostseeküste • Portugal • Prag • Provence & Côte d'Azur • Provence • Rhodos • Rom • Rügen, Stralsund, Hiddensee • Rumänien • Rund um Meran • Sächsische Schweiz • Salzburg & Salzkammergut • Samos • Santorini • Sardinien • Sardinien • Schottland • Schwarzwald Mitte/Nord • Schwarzwald Süd • Schwäbische Alb • Schwäbische Alb • Shanghai • Sinai & Rotes Meer • Sizilien • Sizilien • Slowakei • Slowenien • Spanien • Span. Jakobsweg • St. Petersburg • Steiermark • Südböhmen • Südengland • Südfrankreich • Südmarokko • Südnorwegen • Südschwarzwald • Südschweden • Südtirol • Südtoscana • Südwestfrankreich • Sylt • Teneriffa • Teneriffa • Tessin • Thassos & Samothraki • Toscana • Toscana • Tschechien • Türkei • Türkei – Lykische Küste • Türkei – Mittelmeerküste • Türkei – Südägäis • Türkische Riviera – Kappadokien • Umbrien • USA – Südwesten • Usedom • Varadero & Havanna • Venedig • Venetien • Wachau, Wald- u. Weinviertel • Westböhmen & Bäderdreieck • Wales • Warschau • Westliche Allgäuer Alpen und Kleinwalsertal • Wien • Zakynthos • Zentrale Allgäuer Alpen • Zypern

Reisehandbuch   MM-City   MM-Wandern

Register

ISBN 978-3-95654-206-0

© Copyright Michael Müller Verlag GmbH, Erlangen 2004–2016. Alle Rechte vorbehalten. Alle Angaben ohne Gewähr. Druck: Westermann Druck Zwickau GmbH.

Klimaschutz geht uns alle an.

Der Michael Müller Verlag verweist in seinen Reiseführern auf Betriebe, die regionale und nachhaltig erzeugte Produkte bevorzugen. Seit Januar 2015 gehen wir noch einen großen Schritt weiter und produzieren unsere Bücher klimaneutral. Dies bedeutet: Alle Treibhausgasemissionen, die bei der Produktion der Bücher entstehen, werden durch die Ausgleichszahlung an ein Klimaprojekt von myclimate kompensiert.

Der Michael Müller Verlag unterstützt das Projekt »Kommunales Wiederaufforsten in Nicaragua«. Bis Ende 2016 ermöglicht der Verlag in einem 7 ha großen Gebiet (entspricht ca. 10 Fußballfeldern) die Wiederaufforstung. Dadurch werden nicht nur dauerhaft über 2.000 t CO_2 gebunden. Vielmehr werden auch die Lebensbedingungen der lokalen Bevölkerung deutlich verbessert.

In diesem Projekt arbeiten kleinbäuerliche Familien zusammen und forsten ungenutzte Teile ihres Landes wieder auf. Eine vergrößerte Waldfläche wird Wasser durch die trockene Jahreszeit speichern und Überschwemmungen in der Regenzeit minimieren. Bodenerosion wird vorgebeugt, die Erde bleibt fruchtbarer. Mehr über das Projekt unter **www.myclimate.org**

myclimate ist einer der weltweit führenden Anbieter im Bereich der freiwilligen CO_2-Kompensation. myclimate Klimaschutzprojekte erfüllen höchste Qualitätsstandards und vermeiden Treibhausgase, indem fossile Treibstoffe durch alternative Energiequellen ersetzt werden. Das Projekt »Kommunales Wiederaufforsten in Nicaragua« ist zertifiziert von Plan Vivo, einer gemeinnützigen Stiftung, die schon seit über 20 Jahren im Bereich Walderhalt und Wiederaufforstung tätig ist und für höchste Qualitätsstandards sorgt.

www.michael-mueller-verlag.de/klima